书写

WRITING Making Your Mark

一部创造印记的历史

[英] 尤安·克莱顿（Ewan Clayton）主编
孟雨慧 译

北京联合出版公司
Beijing United Publishing Co.,Ltd.
· 竹石

图书在版编目（CIP）数据

书写：一部创造印记的历史 /（英）尤安· 克莱顿主编；孟雨慧译. -- 北京：北京联合出版公司，2024. 5

ISBN 978-7-5596-6299-6

Ⅰ. ①书… Ⅱ. ①尤… ②孟… Ⅲ. ①文字—历史—世界—普及读物 Ⅳ. ①H02-49

中国版本图书馆CIP数据核字(2022)第113843号

Writing: Making Your Mark edited by Ewan Clayton
First published 2019 by The British Library

书写：一部创造印记的历史

[英] 尤安 · 克莱顿（Ewan Clayton） 主编
孟雨慧 译

出 品 人：赵红仕
出版监制：刘 凯 赵鑫玮
选题策划：联合低音
责任编辑：马晓茹
封面设计：L_L 李高
内文排版：聯合書莊

关注联合低音

北京联合出版公司出版
（北京市西城区德外大街83号楼9层 100088）
北京联合天畅文化传播公司发行
北京华联印刷有限公司印刷 新华书店经销
字数216千字 710毫米 × 1000毫米 1/16 20印张
2024年5月第1版 2024年5月第1次印刷
ISBN 978-7-5596-6299-6
定价：98.00元

Similiter autem necesse est et de loco physicum sicut de infinito cognoscere si est aut non, et quomodo est et quid est. Et enim omnes quae sunt opinantur esse alicubi; quod enim non est nusquam: ubi enim tragelaphus aut sphinx? Et motum qui communis maxime et magis proprius qui secundum locum, quem vocamus lationem. Habet autem multas dubitationes quid forte sit locus; non enim idem videtur considerantibus ex omnibus quae insunt. Amplius autem nihil habemus ab aliis nec dubitatum nec expositum de ipso. Quod quidem igitur locus sit videtur manifestum esse ex transmutatione: ubi namque nunc est aqua, hinc exeunte sicut ex vase iterum aer inest, aliquando autem eundem locum aliud aliquid corporum tenet. Hoc autem ab aliis quae insunt et transmutantur alterum ab omnibus esse videtur: in quo enim nunc aer, in hoc prius erat aqua; quare manifestum quod erat locus aliquid et receptaculum alterum ab utrisque, in quod et ex quo mutata sunt. Amplius autem et loci mutationes physicorum corporum et simplicium, ut ignis et terrae et talium, non solum ostendunt quod aliquid est locus, sed quod habet quandam potentiam. Fertur enim unumquodque in suum locum non prohibitum, hoc quidem sursum illud autem deorsum; haec autem sunt loci partes et species, sursum et deorsum et reliquae sex distantiarum. Sunt autem haec non solum ad nos dextrum et sinistrum, sursum et deorsum: nobis quidem enim non semper idem, sed secundum positionem, ut utique convertamur, fit; unde et multotiens dextrum et sinistrum, sursum et deorsum et ante et retro. In natura autem determinatum est unumquodque seorsum. Non enim quod contingit sursum est, sed ubi fertur ignis et leve; similiter autem et deorsum non quod contingit, sed quo quae habent gravitatem et terrea sunt, tamquam non positione differant solum sed potentia. Ostendunt autem et mathematica; cum enim non sint in loco, tamen secundum positionem ad nos habent dextra et sinistra, quare solum intelliguntur propter positionem, non habentia natura horum unumquodque. Amplius vacuum affirmantes esse locum dicunt; vacuum enim utique locus erit privatus corpore. Quod quidem igitur sit aliquid locus praeter corpora et omne corpus sensibile est in loco, per haec aliquis suscipiat. Videtur autem utique et Hesiodus recte dicere faciens primum chaos. Dicit igitur: omnium primum chaos factum est, postea autem terram latam, tamquam indigens primum esse receptaculum his quae sunt, propter id quod opinatur, sicut multi, omnia esse alicubi et in loco. Si autem hic;

贡献者名录

尤安·克莱顿（Ewan Clayton）

英国桑德兰大学设计系教授，也是大英图书馆“书写：创造你的印记”（Writing: Making You Mark）特展外部顾问。他是英国皇家绘画学校的核心教员，也是一位书法家。他关于书写史的著作《笔下流金：西方文字书写史》于 2013 年由大西洋出版社出版。

阿德里安·S. 爱德华兹（Adrian S. Edwards）

大英图书馆印刷遗产馆藏团队主任，在其中工作超过 25 年。他是“书写：创造你的印记”特展首席策展人，此前策划过“演变中的英语：一种语言，多种声音”特展（2010—2011 年）和“漫画揭秘：英国的艺术和无政府主义”特展（2014 年）。

迈克尔·詹姆斯·埃尔德曼（Michael James Erdman）

大英图书馆土耳其语和突厥语馆藏部门策展人。2018 年，他凭借研究 20 世纪早期土耳其和苏联书写历史的论文获得博士学位。此前，他曾在中东和拉丁美洲担任加拿大全球事务部的管理和领事官员。他曾为《第一次世界大战及其后果：塑造现代中东》（2015 年），以及即将出版的关于吉尔吉斯

对页图　正文为哥特菱足体，边缘注释为书记速写体。亚里士多德，《自然》（*Libri Naturalis*）。手抄本（羊皮纸）。可能来自牛津（英格兰），约 1265—1270 年。大英图书馆：Harley MS 3487, fol. 22

史和奥斯曼帝国的阿拉伯语的书籍撰写过一些章节。

艾玛·哈里森（Emma Harrison）

大英图书馆中国馆藏部门策展人。她拥有牛津大学的东方学研究学位，于2012年开始在大英图书馆工作，作为国际敦煌学项目的一部分，她曾共同策划“纸张之外：3000年的中国书写”特展（2015—2016年）。她的兴趣包括中国传统书籍文化、中国文字的发展，以及幽默和文字游戏的机制。

斯坦·奈特（Stan Knight）

《历史上的字体：从古典时代到文艺复兴》（*Historical Scripts: From Classical Times to the Renaissance*，A&C Black和Oak Knoll，1984年，1998年，2003年）与《历史上的印刷字体：从古登堡到阿辛顿》（*Historical Types: From Gutenberg to Ashendene*，Oak Knoll，2012年）的作者。他是伦敦抄写员及泥金师协会前任主席，并在英国和美国从事设计方面的教学工作。他为《世界书写系统》（*The World's Writing Systems*，牛津大学出版社，1996年）撰写了罗马字母综述。

安德鲁·鲁宾逊（Andrew Robinson）

文字、笔迹和破译相关书籍的作者。作品包括《文字的故事：字母、象形文字和象形符号》（*The Story of Writing: Alphabets, Hieroglyphs and Pictograms*）、《文字与手写字通识读本》（*Writing and Script: A Very Short Introduction*）、《失落的语言：世界未破解文字之谜》（*Lost Languages: The Enigma of the World's Undeciphered Scripts*），以及两本传记：《破译线形文字B的人：迈克尔·文

特里斯的故事》(*The Man Who Deciphered Linear B: The Story of Michael Ventris*)和《破解埃及密码：商博良的革命人生》(*Cracking the Egyptian Code: The Revolutionary Life of Jean-François Champollion*)。

彼得·托特(Peter Toth)

大英图书馆西方遗产馆藏部门古代和中世纪手稿策展人。他从事古典学和埃及学研究，并获得古典学博士学位。他的主要兴趣为古代晚期和中世纪通过将文本和思想从一种语言和传统翻译到另一种语言和传统而产生的文化互动。

安吉拉·韦布(Angela Webb)

心理学家，专门研究发展性协调障碍儿童的学业需求。直到不久之前，她还在伦敦市中心的一个联合医疗机构工作，并在伦敦大学教育学院(现伦敦大学学院教育学院)兼职授课。12年来，她一直担任英国手写协会主席，该协会是一个为健康和教育专业人士提供咨询与支持的慈善机构，为儿童服务。她的研究探讨了手写能力和书面创作内容质量之间的关系。

目　录

引言
Introduction

尤安 · 克莱顿

书写是人类一大了不起的成就。本书旨在帮助我们思考书写在整个生活和社会中扮演的角色，更深入地了解全世界不同的书写系统，从功能性和美学相结合的角度出发去欣赏书写之美，进而让我们可以投入关乎书写未来的思辨当中。

全世界至少有四种文明发展出了完整的书写系统，它们彼此独立，区别显著。最早的证据出现在公元前 3300 年的美索不达米亚。在隔了一个多世纪后，埃及也诞生了书写系统。在中国，完全成体系的书写系统在公元前 1300 年前后出现；中美洲则始于公元前 900 年。这些书写系统令上述社会开启了跨越时间与空间的交流，这种交流是个体无法企及的。书写由此帮助人们建立了口头传统无法实现的社会与协作组织、经济制度、文学和概念体系。

到 20 世纪末，书写已经成了许多人几乎每天都会不经意地行使的一项技能。如今，我们在手机和笔记本电脑上写入电子信息；我们在书本、屏幕和杂志上阅读印刷出来的信息；我们亲手写下“待办事项”、问候卡片、

对页图 玛雅雕文。石碑，玛雅古典期晚期。石灰岩雕刻。普西利亚（Pusilá，伯利兹），公元 600—800 年。大英博物馆：Am1928, Q.79

考试卷，并签上自己的名字。在街上，在家中，在工作地，文字无处不在。事实上，正因文字无处不在，我们很少会留意到身边环绕着大量书面材料。

然而，书写在一些社会中曾经是一项仅限于精英阶层掌握的技能。古埃及古王国时期（约为公元前 2575 年至公元前 2150 年），全国人口在 100 万徘徊。据估计，仅有 1% 的人会读或写。[1] 这一比例一直持续到希腊－罗马时期（公元前 332 年之后）才开始上升。

如今在英国，成年人口中拥有功能性读写素养者的比例在 85% 上下。[2] 这一数字代表了一种理想中的范式转移；我们相信，在可能的情况下，所有社会成员都应该具备一定程度的文化素养。“功能性的”（functional）意味着拥有书写、阅读、交谈和使用简单算术的能力，其水平足以让一个人参与群体的日常文学生活。在欧洲，如此之高的识读率是几个世纪以来普及教育的奋斗成果。就在距今并不遥远的 19 世纪，在欧洲，女性若被教导得具备与男性相当的书写水平还会受到歧视。

书写的格局继续转变。越来越多的文字以电子形式呈现。地球上有 70 多亿人口，保守估计，有大约 50 亿个移动电话账户。全球超过一半的人可以访问万维网，2017 年新增用户就达 2.5 亿。[3] 这一变革的规模如此之巨，有人不禁要问，书写的未来在何方？难道视频与音频已经准备好接管书写曾经拥有的大部分功能吗？ 2018 年，在网络世界中，平均每分钟有 1870 万封电子邮件、1800 万条短信和 3800 万条 WhatsApp（一款用于智能手机之间通信的应用程序）信息被发送，还有 370 万个谷歌搜索词条被查询。[4] 在书写史上的这一刻，如此多的习惯瞬息万变，向我们自己发出叩问；进一步思考我们希望书写在生活中扮演的角色，无论在个人层面还是社会层面可能都是有益的。

几个世纪以来，在每个存在书写的社会中，书写都响应人类的需求而进化。其最早的用途体现在命名和物品计数、声明所有权、将声音传递到来世并记住些什么上。随着族群将书写推向法律世界、贸易市场、学习、宗教、政治和故事讲述之中，书写传播到社会生活的不同领域；每一项用途都微妙地重新塑造了人类生产造物的形态与性质。这种情况今天仍在继续，大型跨国企业将书写及其产物配置为可供挖掘的大数据。

书写的发展之路也牵涉人体工程学、人体动觉和美学因素。在某些时期和地区，书写的功能性可能显得弱一些，因为生活节奏加快，人们需要写得更快一些。所以，手、硬笔和软毛笔开始从形态上找寻捷径（这就是罗马大写字母如何衍生出罗马小写字母的过程）。或者在形态上，字母开始合并，两两相连从而诞生出连字（ligature，举个例子，& 符号衍生自 e 和 t 的连写，et 在拉丁语中的意思是“和”）。这类因素在背后推动了许多手写系统的发展。在中国，到 4 世纪末所用的几大书体——篆书、楷书、隶书、行书和草书，每种都反映出形式感与流畅性之间不同的平衡。

有时，更快捷的形式会被取用为新的标准。它们会再次成为更规整、更美观的结构：或许是以垂直取代倾斜，或许是先前粘连的草书重新被拆分为三个独立的字母［比如意大利文艺复兴时期，意大利斜体（italic）字母由手写体向印刷体转变］。[5]10 世纪，阿拉伯的书写系统中也发生过这一转变。伊本·穆格莱，阿拔斯王朝三任哈里发的维齐尔，设想出一种围绕菱形点系统建立的新比例手写体。当时，相当松散随意的字体有可能形成系统性设计。

新技术与新材料的引入也会导致书写形态与用途发生改变。书写见证了多少技术的沉浮，我们用来书写的材料（基质）也发生过几次重大转变。

在中国，书写材料包括骨头、铜、竹片与木头，一直到公元1世纪改进了造纸术。在罗马文化中，基督教时代早期曾发生过一次重大转变。从莎草纸卷轴形态变为书本形态，书页由莎草、薄木片和经过特殊处理的动物皮（犊皮纸）加工而成。这些书簿最终发展为装饰华丽的手抄本。后来到了中世纪晚期，犊皮纸让位给传统纸张。每种基质及其制作媒介都具有不同的潜在特质：有些相较于他者更耐久（石头和青铜），有些更易于运输（纸张和电子设备），有些更易于复制（数字化显示屏和印刷品）。它们承载的文本类型和设计与这些可能性相呼应。

作为大批量复制生产文字制品的一种方式，印刷不啻为一项重要的革新。在远东，最早可追溯至公元8世纪，就出现了雕版印刷——木板上雕刻整页的文字，有些也与插图紧密结合。这一技术被证实为一种可以大批量复制书籍和其他文件的可靠方法，且成本低廉。500年前，欧洲使用的铅活字印刷术为求知若渴的读者开启了不同际遇，他们都将之牢牢把握。书面文本的出现又与欧洲国家许多人自我认识的转变同步，进而影响了他们对周边世界的探索。

不可否认的是，我们正经历着“文字世界秩序”领域又一次地震般的巨变，犹如身处一个革命时代。触发因素之一便是一项新技术的发展，当然这还远没有结束。使用键盘与显示屏的电子书写，让另一种书写形式成为可能。现在的书写能够更快地进行，也更易于复制与传播，其传播系统也非常便利。因为书写是一种“社交生活”，换言之，书写与行动有关，它创造了人类社会，并将它们捆绑在一起，这些变化带来的影响是巨大的。与文字相关的所有领域几乎都多多少少遭遇了身份危机，包括图书馆、出版、版权、广告、世界金融，以及我们对于隐私与真实性的理解——你可以“相信某人的话”。这些挑战影响了全球各地的书写系统。这种具有世界性的影响力进一步造成我们目前面临的转型是前所未有的。

在我们这样的时代，如果只是简单地将书写的故事与单个字母或文字系统联系起来，或是将讨论简化为到底用钢笔还是键盘的二元化辩论，甚至试着将情况归结为一种图腾式对象（如印刷的书籍或社交媒体网站，或我们所接触的新闻的可靠性）的命运，那我们绝对低估了书写的意义。将书写视为一种生态，可能更为务实。这一浑然一体的生态糅合了形态、关系、工具与技术，以及为迫切想要交流的人带来秩序的社会组织。所有这些因素有助于形成当前的秩序。

迄今为止，我们对这些不断变化的时代做出的分析，并没有全面覆盖手头任务的规模或我们对所见周遭巨大变化的理解。有些人哀悼这一体系的消亡，书写已经死了。有些人的反应则包裹在一种对“消逝的墨水”以及由精美的书写工具和信笺组成的闪闪发亮的日子的浪漫幻想中。不过，也有人觉得没什么可担心的，我们应该尽快、尽情地投入崭新的数字化未来。

然而，书写是一门如此庞大的学问，不仅囊括诸多文字系统，还有许多额外的内容，要把大约一百件藏品用一本书或一个展览说尽，限制范围就很有必要了。

英语的 writing 一词有多种含义。它可以指使用传统标记记录语言的系统，为这些标记带来意义的实际过程，书写层面上这些标记本身，创造性写作（一本书、一篇博客）或一种具有专业性的职业。如果我们再深挖一下语言，就会发现 shipwright（造船工）中的 wright（制造者）含有“制造”的意思，而 rite 意为在某种程度上改变我们的仪式或典礼。这些巧合给了那些具有想象力的头脑以暗示，书写是一种创造，具有改变事物的力量。我们正置身于咒语与强大宣言的领域之中。

本书的首要关注点是与制造标记这一活动本身有关的一切——字母和字符的形成，它们如何形成现在的形态，它们如何在一个书写系统中发挥作用，以及支持这些活动的工具和材料。说到这里，这些东西本身可以被看作一个窗口。通过这一窗口，我们可以观察到人性的方方面面，实际上也可以观察到我们身处的不同社会背后的悠久历史。

在欧洲，对于书写的通识性定义是它与记录语音相关，但是很难找到一个适用于所有情况的定义。在中东，许多早期的书写形态囊括了我们今天所称的“辅音”，而没有一个“元音”。在今天的一些系统中，这一情况依然存在。它们实际上描述了我们如何利用舌头、牙齿和嘴巴的结构，通过部分收缩或停止空气流动来中断喉咙发出的声音。当人们将这些符号朗读出声后，朗读者会提供一个额外的元音，从而形成一个口语音节，但是这类元音往往没有书面记录留存下来。所以这类书写系统哪怕“记录”了语音，让一个非母语的说话者正确读出相关文字也是不可能的。由于这个原因，我们无从知晓古埃及语听起来是什么样的。希腊人发明了一种将元音也能写下来的方式。在这一点上，书写与言语获得了同等的意义——所有声音都能被记录，而文字本身也可以被大声朗读出来，并且与言语一样能完美地表达意义。

亚里士多德（公元前 384—公元前 322 年）率先将这种与言语的联系作为他的写作定义的一部分。作为一个希腊人，这对他来说是有意义的。然而，它掩盖了这样一个事实——即便是字母文字也可能包含许多与语音完全无关的符号，例如数字，以及一些同样带有含义的美学见地，如颜色，或字体风格的变化，从罗马体到意大利斜体或哥特体。

与言语相比，书写的功能既多也少。多的方面在于，书写能够囊括范围广泛的文本，远比一名说话者能够承受与产生的多得多。书写能够以图文并茂的形式提供言语无法企及的信息，如表格与对比图表、图示和索引。它能够与说话者脱离，传播的时间与空间范围远非我们的寿数可企及。就距离而言，它如今的传播速度非常快。人们可以在全世界任何一座城市里瞬间下载到一页文本，甚至一本书。另一方面，我们在书写中缺乏的是与说话者的实际存在相关的一切——语气与手势、语速，还有声音与面部表情的细微变化，这些都为我们提供了人们所说话语的背景。对文本的书法渲染是弥补这一损失的一种方式。在这里，标记本身就具有表现力，可以传达额外的“声音”或情感的强弱，但它仍然无力替代活生生的存在。

书写随着时间的推移承载了不同的文化意义，这也给下定义留下了又一个难题。在古希腊与古罗马社会中，演说术（oratory）被赋予的尊重远比书写文字要多。默读是不寻常的，所有人都出声朗读，所以阅读书面文本涉及你将自己的发声器官借给另一个人（作者），你允许这个人通过你来说话。在一个认为人的精神寄托于呼吸中的社会里，这被视作一件不体面的事，就好比你让其他人占据了这一重要元素一样。在一些古希腊与古罗马语境下，对阅读的比喻和对卖淫的比喻是一样的。书写不仅与声音联系在一起，更与呼吸相连。阅读与书写是雇用那些受过教育的奴隶来做的事情。自由民的领域在于口头的言语。

在中国，文字由不同的根源发展而来：由占卜行为开始。商朝晚期（约公元前 1300—约公元前 1050 年）的甲骨文就已包含多达 6000 个符号，大多数可以被确认为当今中文汉字的祖先。卜骨曾被用于仪式。最早的卜师至少可以追溯到公元前 3000 年，他们通过研读牛骨或龟甲炙烤后的裂痕来洞察事件的走向，而且心中往往有一些特定的问题：这个即将出生的孩子是男孩还是女孩？这次突袭附近蛮族是否会成功？到了商朝晚期，问题

早期汉字。卜骨，商朝。兽骨。中国，约公元前 1300—约公元前 1050 年。大英图书馆：Or. 7694/1554 和 1592

与答案都写于卜骨之上。尽管卜师读到的是卜骨上的裂痕，上面的刻画只是简单地记录了这一交流，但是文字与类似的裂痕都被认为源于自然现象。它们不是随意的标记，而是新生事物的标志，它们是一种自然力量在宇宙中运行的鲜活痕迹。这也部分解释了为什么书法家落笔时都把自己理解为参与了自发运“气”的活动，即“生命的运动”。在构建汉字时，书法家应当与自然中的种种协同一致，并让字在书写者体内以类似的力量移动、生长并融合在一起。想要写字，想要成为一名书法家，就要在源源不绝的现实流动中畅游。人们相信书法家都会很长寿，因为他们培养并引导着生命本身的能量。这也部分解释了为什么书法这一艺术形式可以收获至上的敬意。

从公元 1 世纪开始，书写在中国就被明确地视为一种艺术。从 8 世纪开始，中国发展出一种书法批评，对不同墨的质量、毛笔和纸张的优劣，以及个人情志在书写中的作用做出思辨。在古代中国，文字不仅代表声音，符号本身就是自然之力。对于古希腊与古罗马世界的书写者来说，个人的表达看上去并非一项重要的考量。甚至当古典时代被基督教欧洲所取代时，这一点也无足轻重。因为大多数书写者是无名的抄写员，他们在宗教社团中为上帝更伟大的荣耀而工作。正是出于这样的原因，语言学家弗洛里安·库尔马斯（Florian Coulmas）写道：“任何对书写下单一普遍定义的企图都有可能是刻意的或不合时宜的，或是受到了文化偏见的影响。”[6]

对于一个完整书写系统所取得的成就，最宽泛的定义或许是由汉学家德范克（John DeFrancis）提出的。他将书写描述为“一个可以用来传达任一或所有思想的图形符号系统”[7]。抑或是伊尼亚斯·J. 盖尔布（Ignace J. Gelb）提出的“一个通过传统标记相互交流的系统”。在本书中，我们认为

书写最初是与言语联系在一起的，但并非完全如此。安德鲁·鲁宾逊在第1篇中对这个问题有更多论述。戴维·利维（David Levy）在第5篇中补充了他的评论，指出每个定义在某种程度上都是一种政治选择，多多少少顺应了我们行为的某个方面。

其他图形符号系统有些是基于人类创造力的方方面面发展起来的，但这些方面与语言或言语毫无关系。舞蹈符号是其中之一，有的系统可以追溯到18世纪。音乐符号是另一种，这一系统可以追溯到1000多年前。虽然得承认这些符号系统的存在，但它们并不是本书所要讨论的内容。它们是各自独立的主题，就像代码和密码、速记（虽然我们在讨论记事的时候会涉及），以及数学和代数的书写习惯一样。

◇◇◇

不同文化中与书写起源相关的神话故事都支持着一种对书写的认知，这一认知可以追溯到很远的人类历史。哪怕是4000年前——依我们现在的标准来看，书写尚是“年轻”的时候，多数文明都已经和它的起源失去了联系。在中国，文字的发明归功于仓颉——上古神话中黄帝的占卜者，此人双瞳四目，可同时上观天象，俯瞰凡间。在来自公元8世纪前半叶的一个神话版本中，仓颉视觉敏锐，能观察星宿运动的轨迹，察觉鸟兽的踪迹乃至自然界的整个动态。他将其中的基本运动提炼出来，创造了可以书写的汉字。在对页的插图中，他的形象被描绘为一名官员，不具神通，更为世俗。

在埃及，文字被看作诸神的发明。尤其是在古埃及，人们相信文字是

对页图 仓颉，传说中汉字的创造者。中国，19世纪。大英图书馆：Or. 2262, fol. 13

工作中的抄写员。索尔兹伯里的约翰，《论政府原理》。英国，公元 12 世纪最后 25 年。大英图书馆：Royal MS 12 F Ⅷ，fol. 73v（局部）

由长着朱鹮首的神祇托特发明的。他的女儿（也有可能是他的王妃）是塞莎特，专门守护书写、记录与测量的女神。在美索不达米亚，最早与书写有关联的神祇也是一位女性，她就是掌管谷物的农业女神尼萨巴，她成了书写与记录的女神，并充当“诸神的抄写员”。在玛雅文明中，神话《波波尔乌》告诉我们，掌管抄写员的两位神祇半人半猴，他们是天堂之子的对手。还有帕瓦图恩（Pawahtuun），他是一名主持历代纪年、掌管天地的古神。围绕着美索不达米亚谷物女神的传说确实暗示了“两河流域”的记录制度最初是由农业记账系统催生出来的，而希腊的故事或许才最接近书写

对页图 象头神，印度教中的学识之神。出自 61 幅插图本《罗摩衍那》。纸面水彩。1803—1804 年。大英图书馆：MSS Eur C116/1

体系起源的真相。希腊人将文字的到来归功于一位英雄人物——卡德摩斯，正是他将文字的种子从埃及经由腓尼基传入希腊。

显然，书写源于久远之前，其根源深埋在史前时代。某种程度上，书写与我们物种的一项能力息息相关，那就是运用视觉作为人类交流与表达的途径，并以相似的方式来运用手势。据我们所知，最早的装饰性标记创作来自印度尼西亚，可以追溯到50万年前的直立人时代。最早的装饰性作品由10万年前的智人创造，发现于南非的布隆伯斯洞窟。法国拉斯科洞窟群的艺术作品比前者还晚了两万年。这类纹样创作中的所有标记集合了几何图形与动物生活的描绘，与早期书写的图形词汇相似。

◇◇◇

许多个体欣然接受挑战，发明出属于自己的书写系统用于虚拟作品。托马斯·莫尔（亨利八世的大法官）为其著作《乌托邦》（1516年）中的社会创造了一套字母。在更近的时代中，J. R. R. 托尔金围绕着他设计的多个字母系统创造出神话故事。其中最知名的要数用来书写精灵语的腾格瓦（Tengwar）。其冒险史诗《魔戒》（1954年）中，出现在魔戒上的文字便是腾格瓦字母。在《星球大战》系列电影（始于1977年）中，衣服与书本上的书法题词均以奥利贝什文（Aurebesh）写成。这种棱角分明的方块形字体用于转录银河标准语（Galactic Basic），是银河系中最常用的语言之一。

不过，也有一些社会在没有书写存在的情况下发展繁荣，甚至在一个完全不一样的基础上发明出一种记录系统。举例来说，南美洲安第斯山脉的印加帝国使用了一种结绳系统。奇普（quipu）是一种高效的工具。这些绳结不仅记录包括税收欠款之类的财务信息，还作为圣诗与编年史的记忆工具。一捆捆绳结由专门的奇普师解读，大型的聚落地区往往都有几个这样的人。他们观察绳结相连的方式、沿线的绳结、绳结的顺序和类型、线束本身的缠绕方式，以及线的颜色。每捆线束最高可能重达 3 千克。印加帝国拥有 3200 公里的道路，每隔 40 公里就有一座驿站，里面驻扎着几名送信人，以便迅速地将线束和信息送往各个地方。书写，据我们所知，即使在一个复杂的大型社会中，也并非一定能够存在。

◇◇◇

现代世界，书写包围了我们。它是如何发展成我们如今使用的系统的？另外，鉴于 21 世纪的发展，它的未来会如何？当我们将本书与这个聚焦书写的展览结合到一起时，以上便成了我们最关心的问题。

此次的展品主要来自大英图书馆本身的馆藏。通过一百多件藏品，我们将追溯书写的故事——就从 5000 多年前它首次出现在美索不达米亚与埃及开始。我们要赞颂世界文字系统的多样性，从古埃及的圣书字到现代加拿大北部的因纽特文。当今全球三分之二的地区有字母书写系统。例如阿拉伯语、希伯来语与西里尔语，甚至还有梵文与泰文，这些多样化的系统，最初都起源于地中海东南沿岸诞生的书写系统。我们从 2800 年前埃及圣书字的发展开始追根溯源。我们还将研究英国如今采用的罗马字母，以及它过去发生的诸多风格变化。在这些变化繁多的形态中，产生了我们现在所拥有的字母的模板。

本书并非一本讲述世界书写系统的通史。如果想要了解完整历史，我们推荐读者去看由大英图书馆出版、艾伯丁·高尔（Albertine Gauer）撰写的《书写的历史》（1992 年）。不过，本书检视了服务于书写的工具与技术。我们审视着钢笔和羽毛笔、平板电脑与触控笔、古代与现代。目前，我们掌握了一大关键信息——尽管新兴书写技术在飞速发展，但这并非剥夺了我们的选择，而是扩大了我们的选择范围。

我们选择的藏品来自一个策展小组一年多来的讨论成果：首席策展人阿德里安·S. 爱德华兹，西方印刷馆藏部门（藏品范围从 1450 年至 2000 年）主管；迈克尔·詹姆斯·埃尔德曼，策展人，来自土耳其语和突厥语馆藏部门；艾玛·哈里森，策展人，来自中国馆藏部门；彼得·托特，策展人，来自古代和中世纪手稿馆藏部门；以及尤安·克莱顿，历史学家、书法家和桑德兰大学设计系教授，项目学术顾问和本书编者。每位策展人都会在篇章之间的空当详细阐述一件令他们特别着迷的藏品。

为本书做出贡献的作者包括安德鲁·鲁宾逊，他是一位古代文字方面的作者和学者。安德鲁描述了人类历史上书写系统演变的重要时间和地点，这些系统的本质以及如今主要采用的系统。斯坦·奈特是一位书法家，也是研究罗马字母系统与文字的历史学家，他介绍了罗马字母书面和印刷的不同风格变化。尤安·克莱顿研究了书写的物质基础及其社会维度。第 5 篇讨论书写的未来，克莱顿采访了华盛顿大学信息学院教授戴维·利维和居住在比利时的文字艺术家与书法家布罗迪·诺伊施万德。

作为本书主体内容的总结，教育家兼研究员安吉拉·韦布博士将书写当作一项认知和肌肉任务来研究，并讨论了关于我们如何学习书写以及我们在日常生活中如何使用书写的最新证据。这些可资当今教师和书写学习者参考，包括那些在书写方面遭遇困难的人。大英图书馆本项目首席策展人阿德里安·S. 爱德华兹在后记中概述了大英图书馆为该领域研究人员所做的工作。

早期汉字。卜骨，商朝晚期。兽骨。中国，约公元前 1300—约公元前 1050 年。大英图书馆：Or. 7694/1535

1 书写的起源

THE ORIGINS OF WRITING

安德鲁·鲁宾逊
ANDREW ROBINSON

一人出发了：他的尸身入土。
他的同辈已经离开了这片土地。
但是文字会保存他的记忆，
在一个人口中说出的字句。
一本书胜过造一幢房子，
胜过在西方建造的坟墓。
它远远美过一座美丽的别墅，
也美过庙宇中的一块石碑。

——古埃及第十九王朝（即拉美西斯二世所处王朝）的莎草纸，
约公元前 1190 年，劝导读者成为书吏[1]

如果没有文字，这个世界就没有永久的记录，不存在历史，当然，也就不存在书本了。文字的诞生使得统治者的命令和印记可以远远超越他的视野和声音，甚至可以在他死后继续存在。比如说，如果没有罗塞塔石碑，世界上几乎就没有人知道平平无奇的埃及国王托勒密五世埃皮法尼斯（Epiphanes[1]，公元前 205—公元前 180 年在位）。而他的祭司于公元前 196 年 3 月 27 日用三种不同的文字——圣书字、世俗体和（希腊）字母文字，在这块石头上颁布了国王的法令。

文字是如何起源的？一直到 18 世纪启蒙运动之前，多数人相信文字是神创的。今天，许多（可能是大多数）学者则认为最早的文字是从会计工作发展而来的。在古代美索不达米亚和古代克里特岛的书面记录中，清点和计算无疑是至关重要的。令人困惑的是，在现存的古埃及、古印度、古

对页图 手印和斑点。红赭石。派许摩尔洞窟（法国），公元前 20000—公元前 16000 年

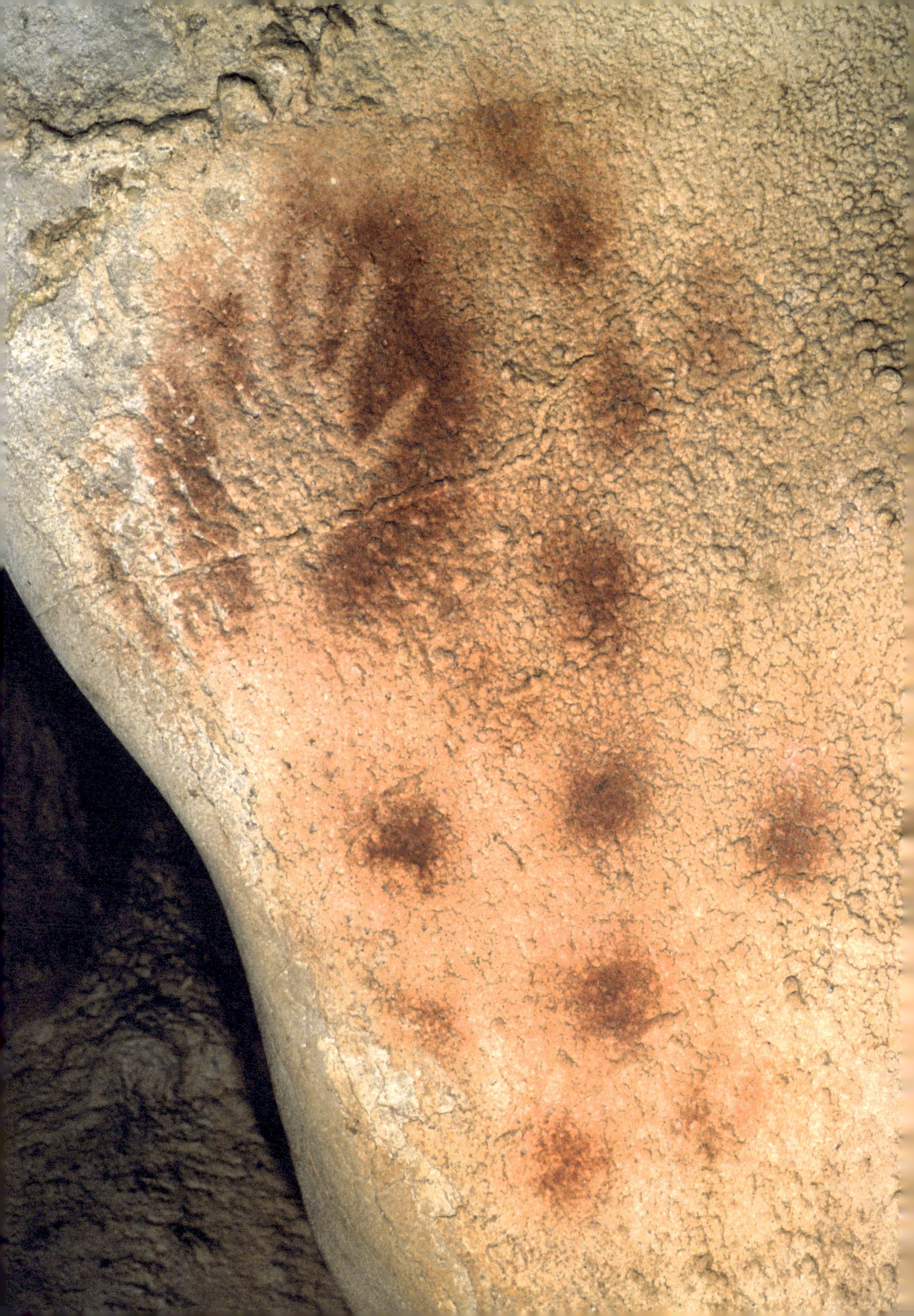

代中国和古代中美洲的文字记录中几乎看不到它们（但并不排除这些早期文明可能更早地就将商业记录留在了像竹子这类易腐的材质上）。换言之，在公元前 4 千纪晚期的某个时候，在被誉为“文明摇篮”的美索不达米亚的苏美尔城中，贸易与管理的复杂程度已经快要超出统治精英记忆力的临界点了。将事务以不可置疑的永久形式记录下来变得至关重要。

一些学者认为，公元前 3300 年前后，某个不知其名的苏美尔人在乌鲁克城（《圣经》中的以利）有意识地寻找这个问题的解决方法，从而产生了文字。还有人相信，文字是群体作品，可能是明智的管理者与商人的杰作。还有一些人觉得，文字根本不是一项发明，而是一个意外的发现。许多人认为，文字的诞生并非灵光一闪，而是长期演变的结果。还有一种尤为受到关注的理论 [由考古学家丹尼丝·施曼特 - 贝瑟拉（Denise Schmandt-Besserat）倡导] 认为，文字是由一种长期存在的陶筹（token）计数系统发展而来的。这种筹——有的是朴素的圆碟，也有更为复杂、经过雕凿的形状，其确切用途不详——在许多中东考古遗址中均有发现，年代为公元前 8000 年至公元前 1500 年。根据这一理论，用泥土中的二维符号代替这些三维记号是迈向文字的第一步。一个重大难点在于，这些陶筹在苏美尔楔形文字出现后的很长一段时间（将近 2000 年）内仍然存在；另一个难点则是，泥板上的二维符号可能会被认为比三维的陶筹的概念要落后，而不是更先进。看来，陶筹很可能伴随着文字的诞生而出现，就像统计表一样，并非它们催生出了文字。

除了那些陶筹，还存在数不清的例子可以被定义为“原始文字”。它们包括在法国南部洞窟中发现的冰期留下的符号，可以追溯到约两万年前。在洛特省的派许摩尔洞窟中，有一幅极为生动的冰期涂鸦，上面有一个手

早期楔形文字。行政记录，乌鲁克时代晚期。陶土板。美索不达米亚，公元前 3300—公元前 3100 年。大英博物馆：1989, 0130. 3

印，还有红色点点的图案。这很可能只是表示“我在这里，跟我的牲口在一起”。或许它们有着更为深刻的象征意义。其他史前图画展示了马、野牛和雄鹿头等形象，上面还涂抹了标记；人们还发现了带缺口的骨头，显然是用作阴历的。

“原始文字”还不是完全意义上的文字。汉学家德范克（John DeFrancis）是一位研究文字的学者，他对“成熟文字”的定义是“能够被用来传达所有思想的图像符号系统”：这一定义简单明了，具有影响力。[2] 根据他的说法，“原始文字”不仅包含洞窟里的冰期符号与中东地区的陶筹，还有在今苏格兰地区发现的皮克特人刻有符号的石碑、南美洲安第斯山脉印加人迷人的奇普绳结，以及现代符号系统，比如国际交通标识、高速公路标记、计算机图标、表情符号和数学与音乐符号。这些古代与现代的系统没有一个可以传达“任何及所有思想”，但每个系统都有专门的交流领域。

想要全方位表达人类的思想，需要一个与口语紧密相关的书写系统。正如现代语言学奠基人费尔迪南·德·索绪尔在 1883 年写道，语言也许可以被比作一张纸：“思想是正面，声音是反面。我们不能切开正面而不同时切开反面，同样，在语言里，我们不能使声音离开思想，也不能使思想离开声音。”[3][2]

象形符号往往被认为是最先成为“成熟”书写系统的，比如一个罐子、一条鱼或一个下颌打开的头（表示吃的概念）之类标志性的图画。人们在美索不达米亚和埃及都发现过这类符号，时间可以追溯到公元前 4 千纪中期，还有公元前 3 千纪的印度河流域（今巴基斯坦和印度）。根据一些中国考古学家的说法，在中国，这类符号最早可以追溯到公元前 5 千纪。在许多例子中，它们的象形性质很快就变得十分抽象，几乎让我们理解不了。下页的图表展示了苏美尔象形符号是如何发展为刻在泥版上的楔形文字的，后者在大约 3000 年中占据着中东地区文字的主导地位。

然而，象形文字不足以表达那些无法描绘的单词及其组成部分。与有限的、纯象形的“原始文字”相比，对发展“成熟文字”至关重要的是画谜原则（rebus principle）的发现。这一革新性理念源自拉丁语单词 rebus，意为通过事物，它可以让音值（phonetic value）通过象形符号表示

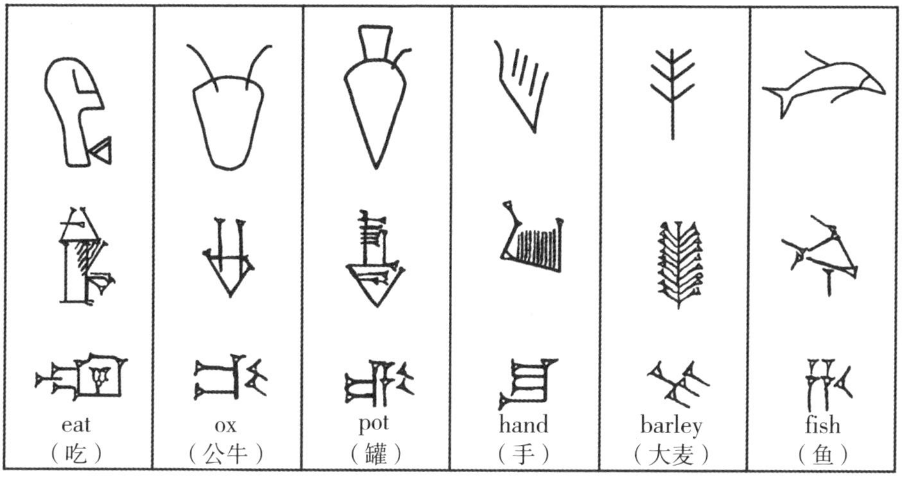

苏美尔象形符号（顶行），约公元前 3000 年，后发展为楔形符号

出来。可以这么看，在英语中，一只蜜蜂（bee）的图像在数字 4（four）旁边，可能表示“之前”（before）——要是有人会这么想的话；一只蜜蜂（bee）的图像在一只托盘（tray）旁边，可能表示“背叛”（betray）；一只蚂蚁（ant）的图像在一只嗡嗡作响的蜂巢旁边，可能代表人名“安东尼”（Anthony），即 ant+honey(蜂蜜)，这个例子不太明显。埃及的圣书字充满了画谜。举例来说，“太阳”这个符号，发音为 /R(a)/ 或 /R(e)/，是法老的名字拉美西斯圣书字拼写的第一个符号。在早期苏美尔人的会计石板中，“报销”这一抽象词语用芦苇的图像表示，因为“报销”和“芦苇”在苏美尔语中具有相同的音值 gi。

当这种“成熟文字”被发明，或是被偶然发现，或是演化出来后，这种能够表达完全范围言语和思想的系统是否经由美索不达米亚传遍了全球呢？埃及似乎是在公元前 3100 年出现了这种文字，印度河文明的印章铭文（尚未破译）始于公元前 2500 年，克里特岛的线形文字 A（Linear A，尚未破译）始于公元前 1750 年，中国的甲骨文始于公元前 1200 年，墨西哥的奥尔梅克文字（尚未破译）始于公元前 900 年：以上这些文字时期相近，更有新的考古发现作为支持。在此基础上，人们似乎有理由认为文字的概念（而不是某种特定文字的符号）可能是从一种文化逐渐传播到更遥远的文化的。毕竟，印刷的概念从中国传到欧洲还需要六七百年光景 [我们姑且不把神秘生僻的斐斯托斯圆盘（Phaistos Disc）算作"印刷术"的产物，它在 1908 年出土于克里特岛，可追溯到公元前 1700 年]，而纸的概念传到欧洲用的时间就更久了，那么文字从美索不达米亚传到中国怎会不花费更长的时间呢?

然而，由于没有确凿证据证明这种传播论（即使是在美索不达米亚和埃及这样地理意义上更为接近的文明之间），大多数学者倾向于文字是在古代世界的重要文明中各自独立发展起来的。乐观主义者，或者说反帝国主义者，会强调人类社会的智慧和创造力。悲观主义者则对历史持比较保守的看法，倾向于假设人类更偏好尽可能忠实地复制已有的东西，将它们的创新限制在绝对必要的情况下。古希腊人借用了地中海东部腓尼基文明的字母（约公元前 1 千纪初），又在这一过程中加入了腓尼基字母中没有的元音符号，这可以很好地解释上述保守的看法。另一个借用文字的知名例子是公元 1 千纪中日本对中国汉字的使用，并将其融入一个高度复杂的文字系统，其中混杂了几千个汉字 [日本称为漢字（kanji）] 和不到一百个且简单得多的日本音节符号（平假名与片假名）。要是世界上最偏僻的居住

印度河文字。烧制皂石印章铭文。印度河流域，公元前2600—公元前1900年。大都会艺术博物馆：49.40.1

地——太平洋东南部拉帕努伊岛（复活节岛）的朗格朗格文（Rongorongo）能被破译，或许就能解开那个耐人寻味的谜题：拉帕努伊人到底是从18世纪首次上岛的欧洲人那里借来的文字，还是乘着独木舟从波利尼西亚借来的，抑或是独立发明了朗格朗格文。朗格朗格文一旦被破译，且能证明它是在拉帕努伊岛上被独立创造出来的，就足以让人确信文字有多个起源，而不是由单一起源（如美索不达米亚）辐射产生的。

当然，破译（decipher）永远都是理解古代文字系统的关键，罗塞塔石碑因此举世闻名。英国人托马斯·赫伯特（Thomas Herbert）于1677年最早使用"破译"这一术语。他曾提及波斯君主大流士的楔形文字碑文，这些公元前500年镌刻于波斯波利斯的碑文堪称世界的奇迹，一度几乎是不解之谜。赫伯特这样评价它们："完全值得那些乐于与晦涩艰深艺术打交道或沉迷于破译练习的聪明人仔细深究一番。"[4]

ヱ je	ア a	ヤ ja	ラ ra	ヨ	チ tsii	イ i
ヒ fi	サ ſa	マ ma	ム mu	タ ta	リ ri	ロ ro
モ mo	キ ki	ケ ke	ウ u	レ re	ヌ nu	ハ fa
セ se	ユ ju	フ fu	ヰ i	ソ so	ル ru	ニ ni
ス su	メ me	コ ko	ノ no	ツ tsu	ヲ wo	ホ fo
京	ミ	エ je	オ o	ネ ne	ワ wa	ヘ fe
	シ ſi	テ te	ク ku	ナ na	カ ka	ト to

在一般语境下，破译某人“无法辨识的”笔迹就是要弄清笔迹的含义，但这并不意味着能读懂每一个字。从更具技术性的角度来说，在古文字的范畴下，“破译”对于不同的学者有着不同的意味。有一个极端的例子，大家都知道埃及的圣书字已被破译，因为所有接受过训练的埃及学家对于某一篇特定圣书字碑文中的每一个词都能给出几乎同样的理解（尽管每个人各自的翻译会有所不同，这和同一部作品被翻译成不同语言会产生各自独立的译本是一样的）。还有另一个极端，学者们普遍认为，印度河文明中那些精心镌刻的皂石印章是无法破译的，因为没有人可以对印章及其他铭文作出令人满意的解释。在这些极端案例之间还存有多种观点。比如，多数学者一直认为中美洲玛雅象形文字的大部分（比例高达 85%）碑文可以得到有意义的解读。然而，依然有数量庞大的单个玛雅符文留有争议或晦涩不明。判断一种文字是否被破译不存在所谓的语言标准，我们应该说的是某种文字的破译程度。最有用的判据是提出的破译结果能够在新的文本中生成连贯一致的解读，这最好由最初的破译者以外的人给出。

从这个意义来看，19 世纪 20 年代让－弗朗索瓦·商博良等人破译了古埃及圣书字；亨利·克雷齐克·罗林森（Henry Creswicke Rawlinson）等人在 19 世纪 50 年代破译了古巴比伦楔形文字；迈克尔·文特里斯（Michael Ventris）在 1952 至 1953 年间破译了迈锡尼文明的线形文字 B（Linear B）；玛雅象形文字则由尤里·克诺洛索夫（Yuri Knorosov）等人于 20 世纪 50 年代及之后破译——这些是成功破译的重大成果。还有大量尚未破译的重要文字，如来自今意大利的伊特鲁里亚文字、今巴基斯坦和印度的印度河文字、克里特岛的线形文字 A、今苏丹的麦罗埃文字（Merotic）、今伊朗和伊拉克的原始埃兰文（ProtoElamite）、拉帕努伊岛的朗格朗格文，

对页图　日语片假名。七五调《伊吕波歌》，印刷本。京都（日本），大英图书馆 : Or. 75. h. 4.(1.), fol. 10v

以及今墨西哥的奥尔梅克文、萨波特克文与地峡文字。这些文字可归为三个基本类型：用于书写已知语言的未知文字、用于书写未知语言的已知文字和用于书写未知语言的未知文字。玛雅象形文字在20世纪末被破译之前属于第一类，因为今天还有人在说玛雅人的语言。萨波特克文可能也属于第一类，如果其书写体与现代萨波特克语有关的话。伊特鲁里亚文属于第二类，因为伊特鲁里亚文字与希腊字母基本相同，但未知的伊特鲁里亚语与包括希腊语和拉丁语在内的印欧语系语言没有关系。印度河文字属于最后一类，这种文字与其他任何文字都不相像，而且印度河文明的语言似乎也没有留存下来［除非像一些学者猜测的那样，现已灭绝的印度河语言与今印度南部的达罗毗荼语系（如泰米尔语）有联系］。

每个未破译的案例都采用了成功破译案例中的技巧，获得了各种各样结果。文特里斯——或许是众多破译者中最机智的一位，在没有像罗塞塔石碑一类双语辅助的情况下，他独力就破译的科学与艺术做出了一份精妙总结。在这不久之前，他宣布破译出线形文字B实为古希腊语的一种古老表达形态：

> 每一步操作需要分为三个阶段来计划：对现存所有碑文中的符号、文字和上下文进行详尽的分析，旨在提取关于拼写系统、意义和语言结构的所有可能的线索；对音值进行实验性替换，以给出已知或假定语言中可能的词语和屈折变化；进行决定性检查，最好借助原始材料，以确保一目了然的结果不是由于臆想、巧合或循环论证造成的。[5]

文特里斯的合作者，古典学家约翰·查德维克（John Chadwick）在

对页图　玛雅文字。刻花石灰岩楣板。雅克奇兰（墨西哥），725年。大英博物馆：Am1923, Maud.5

1983年曾反思：

> 要取得破译成果……需要艰苦的分析与准确的判断。与此同时，也需要天赋的组成，能够跨越黑暗，接着在另一头找到坚实的落脚点。很少有发现是仅靠逻辑推理过程来达成的。在某种程度上，研究者不得不选择做些猜想，大胆提出一个不切实际的假设；真正要点在于他能否控制住纵身一跃般的想象，还能够葆有真诚，清醒地评估结果。只有经过纵身一试之后，才可能回到工作中，并发现为其提供必要跳板的逻辑基础。[6]

公元前1450年至公元前1200年使用的线形文字B原来是音节文字系统，与后来的古希腊文字系统不同。后者的字母表发明于公元前800年前后，其中的符号表示元音与辅音，而不是音节。文字系统是如何划分的呢？在欧美，一般识读水平要求认出并写出52个字母符号（26个大写字母和它们对应的小写字母），以及其他各种符号，包括数字、标点符号和“全词”的语义符号，如+、=、&、%、£和$，这些符号一般称为语标（logogram）。相比之下，日文读者往往需要知道并能够写出约2000个符号；如果是受过高等教育的人，则必须识记超过5000个符号。欧美与日本的情况看上去截然不同。然而，这两种文字系统并非像乍看上去那样天差地别，实际上有些相似。

与大多数人的想法相反，一切属于“成熟文字”范畴内的系统（如前文德范克定义的那样）都遵循一项基本原则。字母文字和汉字、日文都用符号来表音（也就是语音符号），所有文字系统都混合着这样的语音符号与

线形文字 B 石板。女工口粮记录，烧制黏土。克诺索斯（克里特岛），约公元前 1400—公元前 1375 年。阿什莫林博物馆：AN1910. 214

语标符号（也就是语义符号）。文字之间的区别在于——当然，除了符号的形态——语义符号中语音符号的比例。语音在某种文字中占的比例越高，就越容易猜测出某个单词的发音。英文中语音的比例高，而中文中语音的比例低，所以英语拼写所代表的逐个发音的准确度要强于汉字传达出的普通话言语。芬兰语的语音效率尤其高，而中文（与日文）的语音符号严重不足，如第 035 页图表所示。

所以，并不存在“纯粹的”文字系统，也就是说，一个“成熟文字”系统能够通过字母、音节符号或语标符号完全表达意思：一切“成熟文字”系统都是语音符号与语义符号的混合。如今，怎样更好地给文字系统分类是一个具有争议性的话题。举个例子，有些学者拒绝承认在希腊字母之前还有别的字母系统存在，理由在于腓尼基字母只标示辅音，没有元音（就和早期的阿拉伯文字一样）。无论如何，分类标签有利于提醒我们不同系统的显著本质。第 035 页下方的树状图就是根据这个标准而不是每种文字的年代来划分文字系统的。它并没有展示某种书写系统是如何在历史上促成了另一种文字的诞生（虚线表示某一文字系统有可能影响了另一个系统，比如汉字对日文音节中平假名、片假名的影响）。所以，腓尼基文字被打上了“辅音字母”系统的标签，强调辅音，却没有显著的语标。相比之下，在隶属于“语标－辅音”系统的埃及圣书字中，语标占据主导，与此同时也拥有建筑在辅音之上的语音元素：24 个圣书字符号，每个符号都代表一个辅音。这张树状图上的术语一目了然，除却“音位”（phoneme）一词：音位是语言声音系统中最小的对比单位。举例来说，英语单词 set 与 sat 的元音音位分别为 /e/ 和 /a/，bat 和 pat 的辅音音位分别为 /b/ 和 /p/。

如果说文字的诞生充满了谜团，那首个字母系统的诞生之谜更是扑朔迷离。那个自古希腊沿用至当今世界的字母系统为人所熟知——英语中，alphabet（字母表）一词来自 alpha 和 beta，即 25 个古希腊字母的头两个——α 和 β。但这一字母系统到底是在何时，又是如何在希腊出现的，我们没有确切的答案。希腊人是怎么想到在已有的辅音符号之外加入代表元音的字母的呢？更根本地来看，字母系统的概念是如何在公元前 2 千纪于地中海东端前希腊时代的社会中出现的呢？最早被证实的字母系统来自古代乌加里特，即如今叙利亚海岸的拉斯沙姆拉。公元前 14 世纪，那里的人开始使用拥有 30 个楔形符号的字母系统。公元前 2 千纪末期，迦南（今以色列和黎巴嫩一带）的腓尼基人使用 22 个辅音字母。

学者们倾尽一生去探寻这些问题的答案，然而证据稀少，不足以形成

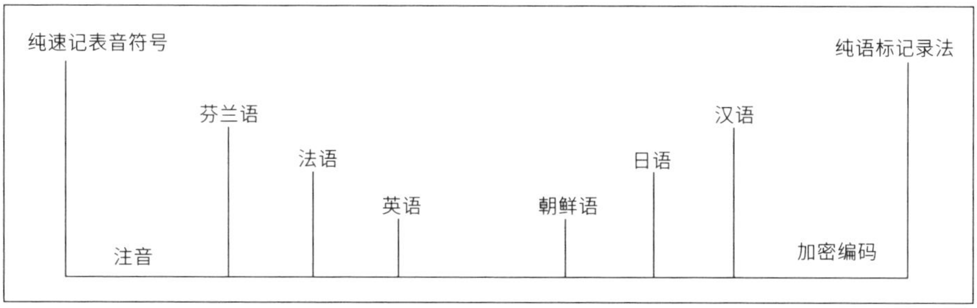

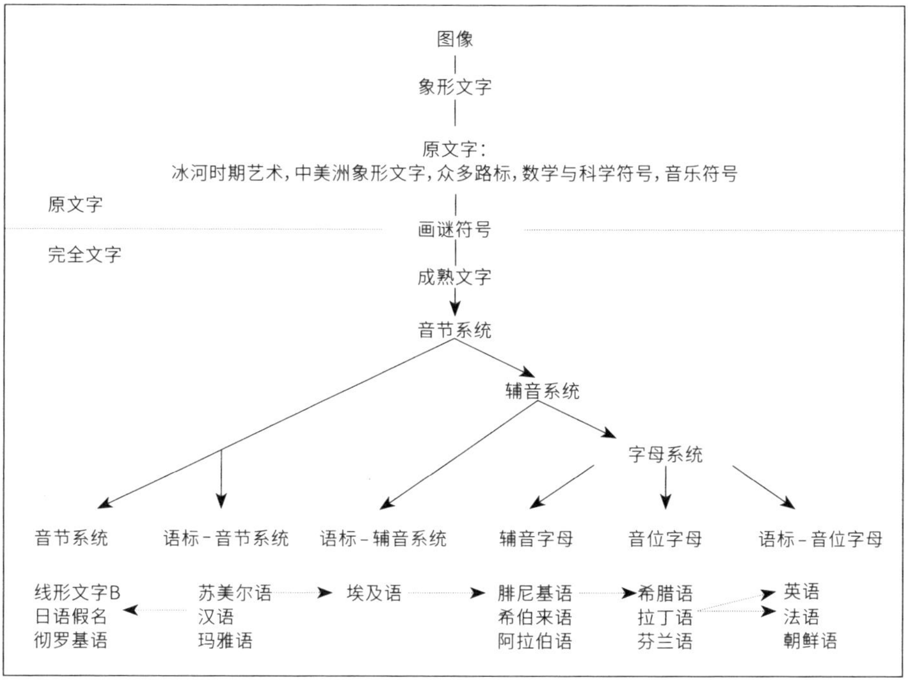

上图 所有书写系统都是语音与语标（语义）符号的混合体，但是每种语言中符号的比例各有不同。芬兰语在语音上是最高效的，而中文是最弱的。

下图 该图表的文字系统是根据它们的性质（而不是它们的年代，也不是根据某一文字系统在历史上促成另一系统诞生的过程）分类的。虚线表示某一文字系统有可能影响了另一个系统。

确切的结论。没有人知道这一字母系统到底是从美索不达米亚的（楔形）文字、埃及的圣书字和克里特岛的线形文字 A 与线形文字 B 发展而来的，还是来自某个无名者的“灵光一闪”。也没有人知晓为什么字母系统的出现被视为必然。字母系统似乎更像是商业活动的必然产物。换言之，商业活动需要一种比古巴比伦楔形文字或埃及圣书字更简单迅捷的方式来记录交易，地中海周边各帝国和族群也需要一种更便捷的方式记录因为建造巴别塔而诞生的庞杂语言。如果是这样，在早期的希腊字母铭文中居然没有贸易与商业活动的迹象，也着实令人意外。因为这点加上其他考量，不少专家做出了尚有争议的推测：希腊字母系统的发明是用于记录公元前 8 世纪口述的《荷马史诗》。

在缺乏证据的情况下，传闻逸事与神话传说填补了空缺。孩子们常被认为是字母系统的发明者，因为他们不像成年书写者那样有先入为主的概念，也没有和大人一样对现有文字的执着。有这样一种可能，在叙利亚北部，有个聪明的迦南孩子学厌了不得不学的复杂巴比伦楔形文字和埃及圣书字，又借用了圣书字中一小部分符号代表单个辅音的熟悉概念，接着发明出一些新的符号来代表自己闪米特语言中的基本辅音。或许这孩子最初只是把这些符号涂鸦在某条灰扑扑的老街上：一座房子的简单轮廓，闪米特语 beth（alphabet 中的 bet）成了代表 b 的符号。到了 20 世纪，吉卜林《字母表是如何创造的》一书的小主人公塔菲迈，创造出一种被她称为“吵闹图画”的设计。字母 A 是一幅鲤鱼的图画，它的嘴张得大大的，像一个倒 V 形，它的唇须则形成了 A 的横笔画。塔菲迈告诉父亲，这看起来就像他张开嘴发出 /ah/ 的声音。字母 O 与鸡蛋或石头的形状相近，就像她父亲发 /oh/ 时的嘴形。字母 S 代表蛇，还有爬行动物发出的咝咝声。用这种有

些牵强的方式，塔菲迈创造出一个完整的字母系统。

引用18世纪诗人威廉·布莱克在《耶路撒冷》中的诗句："上帝……在神秘西奈的骇人山洞中/将伟大的书写艺术赐予众人。"在大英博物馆中，一尊小型斯芬克斯像一度能证明布莱克或许是对的，至少在字母系统的起源上是对的。这尊狮身人面像于1905年在西奈半岛的赛拉比特·埃尔哈迪姆（Serabit el-Khadim）出土。著名的埃及学家弗林德斯·皮特里（1853—1942年）在远离文明的荒僻古代矿场中发现了这尊石像。当时，他正在发掘几个活跃于古埃及时期的绿松石矿场。根据皮特里的断代，这尊石像的年代可追溯至古埃及第十八王朝中期（公元前1550—公元前1295年）。如今，它的年代被推断为公元前1500年，不过也有可能更早，在公元前1800年前后。石像的一侧有一处奇怪的铭文，另一侧及两爪中间还有更多同类铭文，以及几个埃及圣书字："挚爱的哈托尔，绿松石的女主人。"在这个偏远的地方，还有类似的铭文被篆刻在石头上。

皮特里猜测这些未知的文字很有可能是一套字母，因为它是由不到30个符号（而文本字符的数量要多得多）组成的。他认为这一语言很有可能是闪米特语，因为他知道来自迦南的闪米特人曾经在这些矿场里做工，很多情况下他们都是埃及人的奴隶。

早期腓尼基铭文，铜制箭头。腓尼基，公元前11世纪。大英博物馆：1989,0409.1

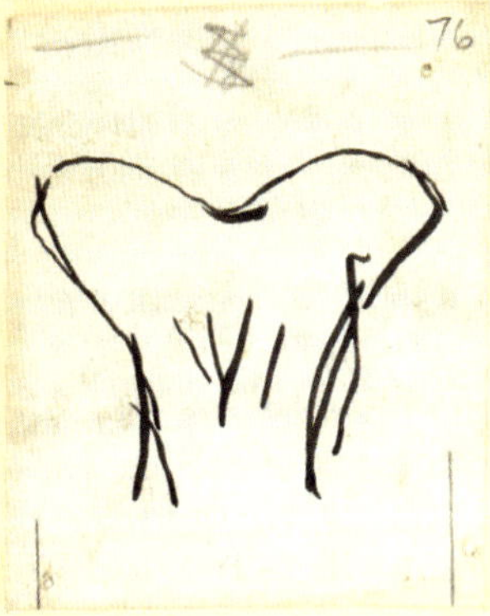
76

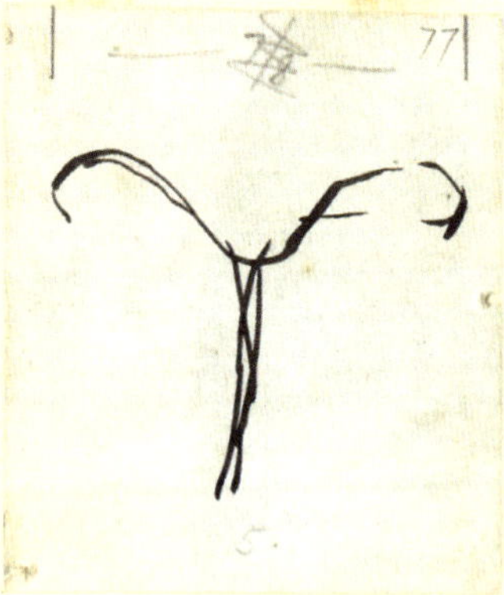
77

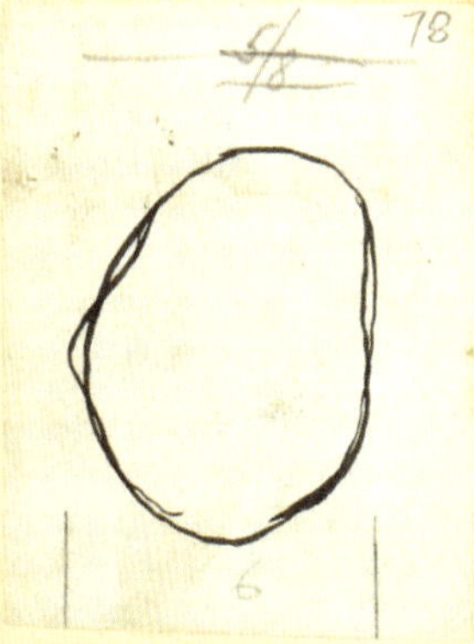
78

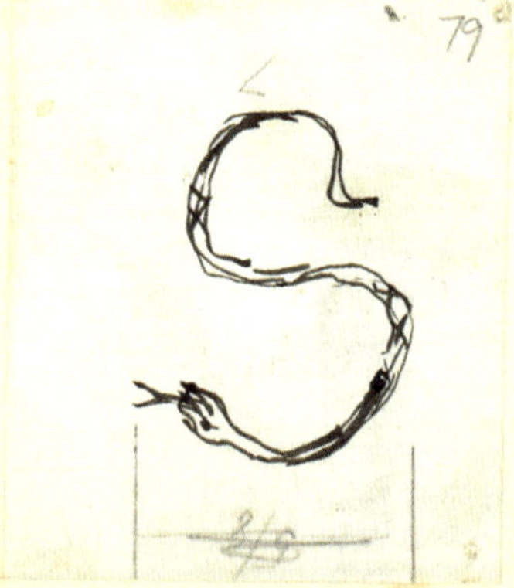
79

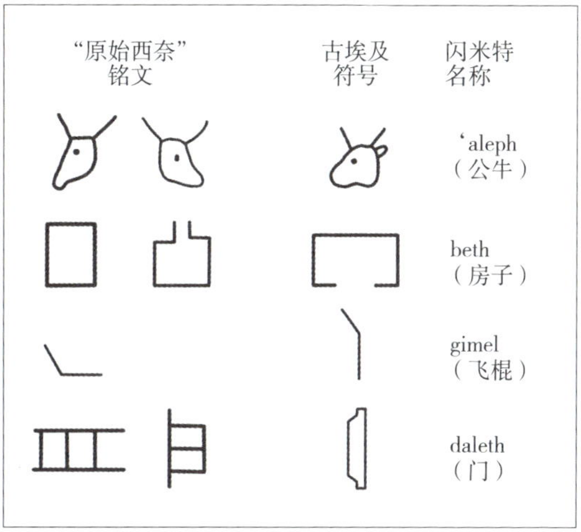

“原始西奈”
铭文
古埃及
符号
闪米特
名称
‘aleph
（公牛）
beth
（房子）
gimel
（飞棍）
daleth
（门）

左图　“原始西奈”铭文。砂岩斯芬克斯像，人称赛拉比特的斯芬克斯（Serabit Sphinx）。西奈半岛（埃及），公元前 1800—公元前 1500 年。大英博物馆 : 1905, 1014118

右图　一些与古埃及圣书字相似的“原始西奈”符号

十年后，另一名杰出的埃及学家艾伦·加德纳（Alan Gardiner，1879—1963 年）研究了“原始西奈”符号，并注意到一部分符号与部分埃及圣书字象形文字有相似之处。当时，加德纳用与埃及语相对应的闪米特语为每个符号命名（这些闪米特语是通过《圣经》研究得出的），如 beth 代表房子、gimel 代表飞棍（见本页右图）。这些闪米特名称与希伯来字母表上的字母名称相同：这一事实并没有让加德纳感到意外，因为他知道希伯来人在公元前 2 千纪末期曾经在迦南生活过。尽管名称一样，希伯来字母的形状与原始西奈符号不同，可见它们之间不存在直接关联。

加德纳的假想促使他把出现在赛拉比特·埃尔哈迪姆斯芬克斯像上的铭文翻译为 Baalat，在英文转写中，他拼出了元音（希伯来文和其他闪米特文字没有标明元音；读者可以根据自身语言知识来推测，下文会详述）。

对页图　约瑟夫·鲁德亚德·吉卜林《字母表是如何创造的》。签名手稿。英格兰，1902 年。大英图书馆 : Add MS 59840, ff. 76r

加德纳的解读是有意义的，Baalat 意为女士，而在西奈半岛，这被公认为女神哈托尔的闪米特名字。所以，斯芬克斯像上的铭文似乎是一份埃及文和闪米特文的双语记录。遗憾的是，没有进一步的破译被证明是站得住脚的。这主要是由于缺乏素材，实际上，许多原始西奈符号并没有对应的埃及圣书字。学者们想要在这些刻痕中找到《出埃及记》故事的希望怕是破灭了。无论如何，我们也可以想到，摩西就是用与皮特里和加德纳研究中的原始西奈文相似的文字在石板上写下了《十诫》。

尽管看上去有可信度，加德纳在 1916 年做出的猜测是否正确至今仍不得而知。距离皮特里在西奈半岛的发现过了几十年后，这些铭文被认为是埃及圣书字、乌加里特楔形文字与腓尼基字母之间的“缺失环节”。但是，在荒僻的西奈半岛，这些地位低下——极有可能不识字——的矿工曾创造出一个字母体系似乎并不令人信服；表面上看，他们似乎不会是发明者。后续在黎巴嫩和以色列的发现表明西奈字母系统的理论实为一个浪漫的虚构故事。这些可追溯到公元前 17 世纪和公元前 16 世纪的铭文——比原始西奈文字早一点点——表明生活在迦南地带的人才是字母系统的真正发明者，这样说是合理的。他们周游于埃及、赫梯、巴比伦与克里特岛等帝国的交会处从事贸易活动。这些人并不拘泥于使用一种现成的文字系统。他们需要的文字得学起来简单、写起来快，而且没有歧义。尽管未经证实，最早使用字母系统的极有可能是（原始）迦南人。

到了 20 世纪 90 年代末，埃及的一项新发现使图景变得更为复杂，加德纳的理论经过修正后变得可信了。1999 年，埃及学家约翰·达内尔和黛博拉·科曼·达内尔宣布，他们在底比斯以西的恐怖峡谷（Wadi el-Hol）发现了字母性质的文字，当时他们正在调查埃及南部沙漠的古代旅行路线。

这些铭文的年代约为公元前 1900 至公元前 1800 年，比黎巴嫩和以色列的铭文早得多，是已知最早的字母文字。

这两篇短短的铭文用闪米特文字写就。据专家说，这些字母很可能是从类似埃及文字的半草书形式发展起来的。书写者被认为是一位与一群佣兵（当时有许多这样的佣兵为法老工作）同行的书吏。如果达内尔的理论被证明是正确的，那么字母系统的理念或许就是受到了埃及圣书字的启发，是在埃及而不是迦南被发明的。然而，这些证据绝非定论，在埃及寻找更多字母形态铭文的工作还在继续。

没有人清楚字母系统是如何在地中海东岸诞生的，而使用字母规则的文字广为传播：向西（通过希腊语）传至罗马，再到现代欧洲，有许多语言使用罗马字母书写；向东（极有可能通过阿拉姆语）传至印度，再到东南亚。到了 20 世纪，作为欧洲帝国殖民的结果，除了中国人与日本人，全世界大多数人口都使用字母文字书写。这些文字平均使用 20 到 30 个基本符号；数量最少的是巴布亚新几内亚的罗托卡特语，只有 12 个字母，最多的则是柬埔寨的高棉语，字母数量达到 74 个。

从字母上将希腊人与罗马人联系到一起的是伊特鲁里亚语。这一点可追溯到公元前 6 世纪伊特鲁里亚器物上清晰刻写的希腊字母，后来这些文字又被早期的拉丁铭文借用（尽管印欧语系的希腊语和拉丁语与上述非印欧语系的伊特鲁里亚语并不相似，但文字的转移还是发生了，见第 030 页）。早期罗马人从希腊人那里获取的文字可以解释某些现代欧洲字母造型与现代希腊字母之间的差异。获取的文字建立在希腊后期一种被称为“伊奥尼亚”的字母系统之上，它在公元前 403 年至公元前 402 年成为希腊的标准字母。

公元前 5 世纪，在美索不达米亚，许多楔形文字文件上有意义的标记都是以阿拉姆字母表中的 22 个字母表示的，它们以蘸着墨水的软毛笔记录在石板上。这一突出的事实证明了东方字母系统之间的联系。从亚历山大大帝时代（公元前 356—公元前 323 年）开始，楔形文字越来越多地被阿拉姆文字取代，最终约在基督教时代开启之际被彻底废止。最后的楔形文字铭文可以追溯到公元 75 年。紧接着，在埃及，圣书字让位于科普特字母系统（由 24 个希腊字母加上 6 个借自埃及世俗体的文字组成）。最后的埃及圣书字铭文可以追溯到公元 394 年。

早期希腊优卑亚岛铭文。香薰油瓶。库迈（意大利），公元前 670 年。大英博物馆：1885, 0613. 1

伊特鲁里亚铭文。亮黑釉布切罗康塔罗斯陶酒壶。意大利，约公元前 600 年。大英博物馆：1953, 0426.1

阿拉姆文字是现代阿拉伯文和以色列使用的现代（“方块”）希伯来文的滥觞。（另一种希伯来文，一般称为旧希伯来文，脱胎自腓尼基文字，随着犹太人的散居，于公元前 6 世纪在世俗使用中湮灭。）首个独立的阿拉伯王国，即位于如今约旦佩特拉中心的纳巴泰王国说的是一种阿拉伯语，却用阿拉姆文字书写——这些阿拉姆铭文中某些特别的阿拉伯文字形态与词语最终还是让位于纳巴泰的阿拉姆文字。这就是阿拉伯文字的前身，阿拉伯文字产生于公元 5 世纪前后，取代了阿拉姆文字。

阿拉伯文字与希伯来文字都只写辅音，不写元音。在各自的闪米特语言体系中，阿拉伯文使用 28 个字母，希伯来文使用 22 个字母。因此，在现代希伯来文中代表 sfr 或 spr 的三个字母可能有以下含义：sefer，一本

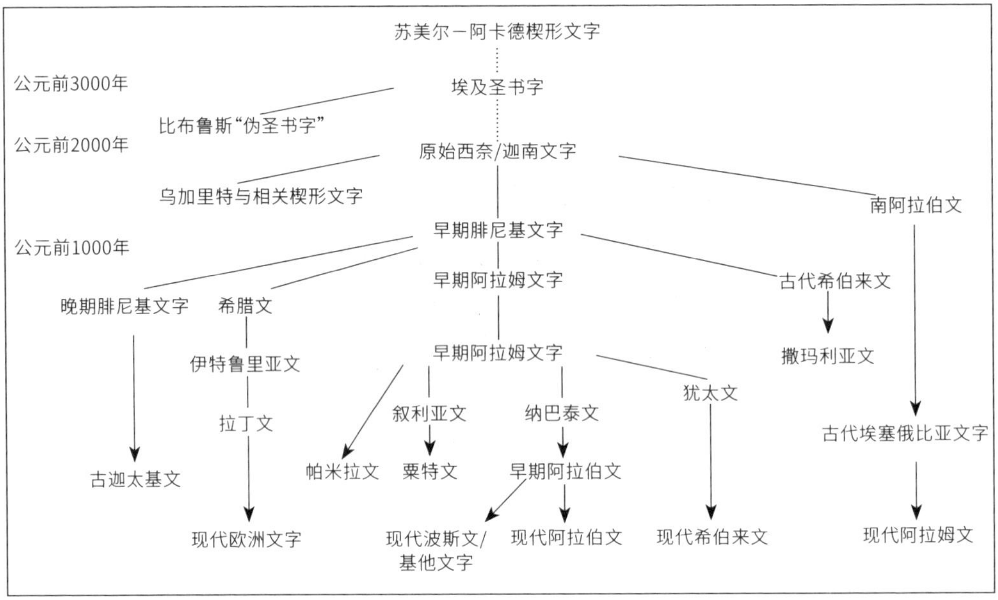

按相似时间尺度展示的主要字母系统的演变（参考约翰·F. 希莱《早期字母表》）

书；safar，动词“数”的过去式，比如“他数过了”；sapr，一个理发师；甚至 sefar，边界、边境或边缘。然而，在实际使用中，还发展出了各种各样附加符号来帮助诵读者发出“丢失的”阿拉伯语元音或希伯来语元音。其中最常见的是在字母上方和下方放置圆点的系统，在希伯来语中被称为 niqqudot（圆点）。另一种不同的系统出现得还要早许多，被称为 matres lectionis——拉丁语中意为阅读之母，使用三个半元音，w、y 和 '(alph) 来表示长元音符号，而不是辅音值。

本页的时间表展示了从公元前 2 千纪的原始西奈 / 迦南文字开始，现代字母文字的主要诞生路线。这张表没有包括印度文字及其在东南亚的衍生形式，因为这些文字与阿拉姆文字的关联尚存疑问，甚至严格来说，未经证实（不包括未破译的公元前3千纪的印度河文字，最古老的印度文字要属佉卢文与婆罗米文，它们是公元前3世纪中期阿育王石刻诏书中的文字）。这张表也没有展示晚期的字母系统，比如俄国使用的、改编自公元9世纪希腊字母表的西里尔字母，还有朝鲜王朝时期世宗大王在1443年发明的朝鲜谚文系统，以及1821年出现在美国，由美洲原住民酋长塞阔雅设计的所谓切罗基字母表（本质上只是一份音节表）。这份音节表也没有包括卢恩符文。卢恩字母表可追溯到公元2世纪或更早，尽管它显然受到了罗马字母的影响，但它的起源依然无人知晓。

除了中国与日本，字母文字在世界范围内取得了毋庸置疑的胜利，这也催生了字母的神秘感。人们经常说字母系统是民主发展的必要条件，因为其简易性帮助无数民众学会了读写，唤醒了他们的政治觉悟。有人宣称，公元2千纪，西方世界之所以能在全球占据优势地位，尤其是在科技方面，多半要归功于所谓的“字母效应”。他们将西方与中国以及二者的文字进行比较：两地都在发展科学，西方世界却产生了类似牛顿和爱因斯坦这类分析性思维，将中国抛在了后面。因为这些思想家是按照（字母表所固有的）逐字原则培养的。最粗浅的说法就是，字母系统被认定宣扬了还原论思维，中国的汉字则是整体论思维。

第一个说法与民主和字母系统相关，具有一个真实的内核。但是，是字母文字帮助了民主的发展，还是新生的欧洲对民主的渴望促成了字母表的诞生？从某种意义上说，古埃及人在公元前3000年发明了字母系统，他们为辅音创造了24个符号。但是，埃及人并没有使用这个简单的系统来书写自己的语言，而是选择了有数百个符号的圣书字。也许古埃及人没有在他们的法老式政治体系中感受到民主的强烈冲动？

第二个说法是关于科学的，尽管它可能对某些人很有吸引力，却是一个谬论。可以想象，中国的文字系统，由于其巨大的复杂性，阻碍了识读在中国的普及。但将这一种深刻的文化趋势，即所谓的中国缺乏分析性思维，与较语音符号而言占主导地位的语标联系起来是可笑的。为了解释深刻的文化差异，我们需要全面地去审视文化，而不是单独挑出一个方面，比如一种文化的书写系统，不管这一点看起来有多重要。毕竟，如果艾萨克·牛顿和阿尔伯特·爱因斯坦能够理解万有引力和相对论，他们肯定也能掌握使用汉字、埃及圣书字或巴比伦楔形文字来传授这些知识。

汉字还拥有一种神秘感。中国文字的复杂性促使人们以为它的运作方式与其他现代文字系统不同。其起源的不确定性——或多或少可能涉及美索不达米亚文字之类外来文字的激发——加强了其令人瞩目的独特性。现代汉字的古老属性——人们还能辨认出许多公元前 1200 年的商代甲骨文中的汉字——进一步强化了这一观点。中华民族对汉字系统的源远流长展现出的自豪感更是助长了这一观点。汉字的寿命超过了古巴比伦楔形文字，与埃及圣书字相当。

最重要的说法是，汉字是“表意的”(ideographic)：现代学者一般避免使用这个词，代之以更确切的“语标的”（logographic）。也就是说，人们相信汉字可以在没有语音或者口语干预的情况下传达思想。这一说法似乎得到了以下事实的支持：使用不同中国方言的人，如普通话和粤语，在开口说话时可能无法完全理解对方，仍然可以使用相同的字符书写。即使是说汉语的人和说日语的人，有时也能通过使用两种文字中共同的字符来达到某种程度的相互理解。当然，这对只说英语、法语、德语或意大利语等一种语言的人来说是无法想象的，尽管他们都使用同一种（罗马）文字。

然而，这种说法是错误的。正如先前阐述的那样，不存在哪种“成熟文字”系统能脱离口语的声音。大多数汉字同时由一个语音部分与一个语义部分组成，这也是阅读者需要学会识读的。语音部分提供了这个汉字读音的线索，而语义部分对应其意义。这两部分也往往是各自独立的汉字字符，具有自身的读音与意义。举例来说，一个简单的汉字——羊，普通话读 yáng，指羊这种动物。它构成了复合结构汉字“洋”的发音，而后者意为海洋。“洋”字左侧的三道笔画是这个汉字的语义部分，是水的意思，为这个汉字提供了相当宽泛的意义类别。在普通话之外的方言中，简单的汉字“羊”与复合字“洋”依然有着相同含义与音值。比如，一个说粤语的人会知道这两个字分别是什么意思，但念出来发音不是 yáng。要是有个中国人想用汉字和一个日语使用者交流，那此人最好希望自己用的汉字不仅还在日语中使用，而且在现代日语中依然保持着它在汉语中原本的意义与形态（汉语和日语中“羊”“洋”的写法是一样的）。

日语在语音、语法及句法上与汉语有着巨大的差别。尽管如此，正如之前提到的那样，日语的文字系统依然基于汉字。早在公元 1 千纪最初的几个世纪里，日本人就采用了中国的汉字，但使用的是他们自己的发音，有时以日本本土的言语为基础，有时则是根据日语的发音对汉语原先的发音做了改编（实际上，日语中“漢字”一词的发音 kanji 就改编自汉语中“汉字”的发音，现代普通话中“汉字”的发音为 hànzì）。随着时间的推移，日本人逐渐发展出两套规模很小的补充音标，即音节假名（现在规范为 46 个平假名和 46 个片假名）——其形式实际上是汉字的简化版——来明确这些汉字在日语中的发音，并确定如何在母语（日语）词语和词尾中转写。人们有理由认为，如果日本人只使用这些发明的符号，全然放弃汉字，那会更简单，但这就意味着要摒弃一个具有巨大威望的古老书写系统［诚然，从20世纪80年代开始，某些用片假名书写的词语开始用罗马字母，即所谓的罗马字（romaji）书写，这被视为一种时尚，尤其是在日本的广告界，但罗马字不可能完全取代本土文字］。直到今天，就像知晓拉丁文对于受过良好教育的欧洲人来说是一项必要条件一样，掌握汉字也一直被日本文人认为是有必要的。

◇◇◇

文字诞生之初，像汉谟拉比和大流士这样的至高统治者，他们的治国之道是用苏美尔、巴比伦、亚述和古波斯的楔形文字记录在陶土和石头上。而现在，针对萨达姆·侯赛因的伊拉克战争在纸上与万维网上迸发出各种纷繁的语言，犹如建造巴别塔时语言被打乱的情形，而字母系统的文字占到了大多数。

尽管当今的书写技术与这些公元前3000年的书写技术之间存在鸿沟，但其语言学原则与公元2000年前书写苏美尔国王吉尔伽美什史诗的楔形文字相比，并无太大变化。然而，电子化的书写与归档对信息传播、研究和交流产生的剧烈影响，使得围绕“文字”正确定义的辩论走向两极化。“成熟文字”正如本篇中所坚持的那样，必须仰赖口语吗？还是说，它可以摆脱语音的绑缚而自由发散？如果是这样，那么这个世界理论上可以在没有语言障碍的情况下，开放普遍的书面交流。

但是，依然有人坚信，自20世纪90年代开始的数字革命对他们实际阅读、书写与思考时头脑中发生的事情没有什么影响。也有人坚定地认为，

'British Library':

大英圖書館

(written in Chinese)

大英図書館

(written in Japanese)

一个说汉语的人和一个说日语的人能够在不懂对方语言的情况下用书面方式交流吗？在某种程度上这是可以实现的，参见汉字和日文里“大英图书馆”的写法

托特，古埃及书写之神。雕刻和彩绘浮雕。拉美西斯二世神庙，阿拜多斯（埃及），公元前 1279—公元前 1213 年

文字的数字化正在从根本上改变我们对知识的吸收，并最终会迎来哲学家戈特弗里德·威廉·莱布尼茨在17世纪90年代所想象的表意文字构成的乌托邦："关于符号，我认为……很明显，有识之士应该就符号达成一致，这符合文坛共和国的利益，尤其是学生的利益。"[7] 此外，人们对于计算机不断进步的智能——及其无处不在的象形和语标图示——充满信心，而许多学者对古代文字背后的智慧越加尊重，这两者是一致的。他们说，要打倒单一的"字母的统治地位"，而采用汉字、埃及圣书字和玛雅雕文，以及其象形文字、语标文字和音标的混合体。这种信念反过来又鼓励人们相信，要把每种文字系统看作整个文化的一部分，而不是简单地把它看作文化语言的有效视觉表达的解决方案。尽管人们或多或少会认同数字化的隐藏力量，也可能对语素文字的表达能力持怀疑态度，但这种对文字系统的整体看法肯定是一种健康的发展，这反映了文字与社会之间一切微妙和复杂的真实关系。

也许这种关系在古希腊哲学家苏格拉底（尽人皆知，他的思想从未以书面形式发表过）讲述的故事中得到了最好的体现，这个故事被他的学生柏拉图记录在公元前4世纪的对话中。苏格拉底谈到埃及神托特，即文字的发明者。托特去见埃及国王，要国王祝福他这项具有启蒙意义的发明。国王却对这新发明喜忧参半。他告诉托特：

> 你，字母之父，为你的情感所驱使，赋予它们的那种力量与它们真正拥有的相悖……你发明了一种灵药，不是用于记忆，而是用于提醒；你为你的门徒提供了智慧的外衣，却不是真正的智慧，因为他们会在没有指导的情况下阅读很多东西，因此看似知晓了很多东西，但

他们大部分人是无知的。[8]

在 21 世纪这个充斥着书面信息，也被高速、迅捷且强大的信息技术包围的世界里，这段记录于 2500 年前的关于文字的警句，无疑仍传递出惊人的启示。

译者注

[1] 意为“神显”。

[2] 译文引自《普通语言学教程》，（瑞士）费尔迪南·德·索绪尔著，高名凯译，商务印书馆，2011 年。

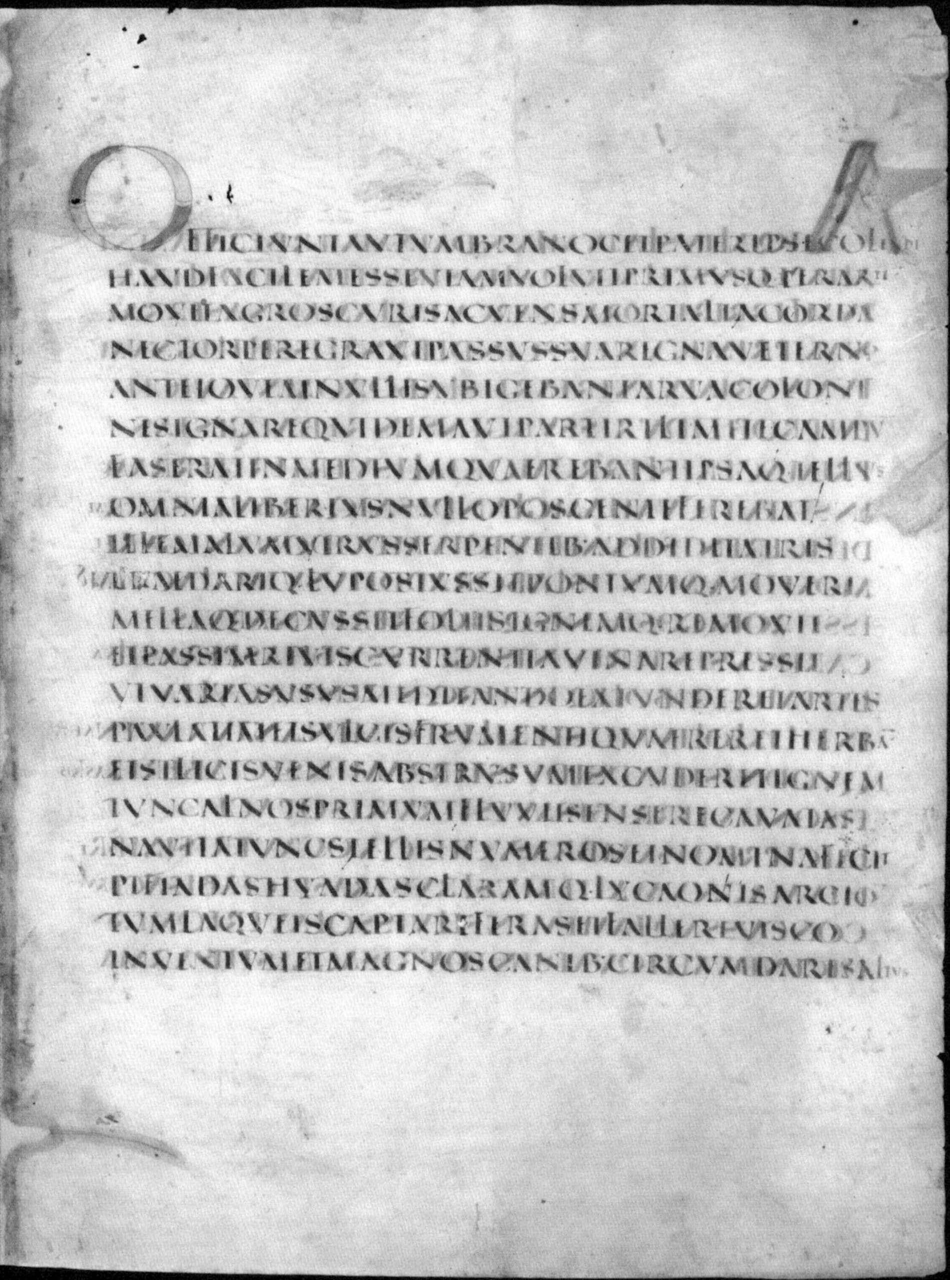
OFFICIUNT AUT UMBRA NOCET PATER IPSE COLENDI
HAUD FACILEM ESSE VIAM VOLUIT PRIMUSQUE PER ARTEM
MOVIT AGROS CURIS ACUENS MORTALIA CORDA
NEC TORPERE GRAVI PASSUS SUA REGNA VETERNO
ANTE IOVEM NULLI SUBIGEBANT ARVA COLONI
NE SIGNARE QUIDEM AUT PARTIRI LIMITE CAMPUM
FAS ERAT IN MEDIUM QUAEREBANT IPSAQUE TELLUS
OMNIA LIBERIUS NULLO POSCENTE FEREBAT
ILLE MALUM VIRUS SERPENTIBUS ADDIDIT ATRIS
PRAEDARIQUE LUPOS IUSSIT PONTUMQUE MOVERI
MELLAQUE DECUSSIT FOLIIS IGNEMQUE REMOVIT
ET PASSIM RIVIS CURRENTIA VINA REPRESSIT
UT VARIAS USUS MEDITANDO EXTUNDERET ARTIS
PAULATIM ET SULCIS FRUMENTI QUAERERET HERBAM
UT SILICIS VENIS ABSTRUSUM EXCUDERET IGNEM
TUNC ALNOS PRIMUM FLUVII SENSERE CAVATAS
NAVITA TUM STELLIS NUMEROS ET NOMINA FECIT
PLEIADAS HYADAS CLARAMQUE LYCAONIS ARCTON
TUM LAQUEIS CAPTARE FERAS ET FALLERE VISCO
INVENTUM ET MAGNOS CANIBUS CIRCUMDARE SALTUS

罗马方形大写体。维吉尔《农事诗》，又称《奥古斯都抄本》。抄本（羊皮纸）。意大利，公元 4 世纪。梵蒂冈图书馆：Ms. Vat. Lat. 3256, fol. 3r

2 罗马字母系统

THE ROMAN ALPHABET

斯坦·奈特
STAN KNIGHT

拉丁语的最初书写形式早在2000年前就被构想出来了。自那以后，被我们称为“罗马”字母的这套体系不仅用于拉丁文本，也用于世界上绝大部分书面语言。尽管罗马字母系统历史悠久，地缘传播广泛且错综复杂，但基本上没有大的变化。我们今天使用的大写字母依然和古罗马时代刻下的字母形态肉眼可见地相似。我们的小写字母和1200多年前查理大帝时代书写的加洛林体几乎没有区别。

上图 罗马共和时期单线大写体。翁布里西乌斯·卡布尔库斯（Umbricius Caburcus）献给阿波罗的石碑。维泰博（意大利），约公元前2世纪。大英博物馆：1867,0508.67

下图 罗马帝国大写体。图拉真纪功柱基座上的大理石铭文（局部）。罗马，公元113年

古代欧洲

关于罗马字母，我们所知最早的例子是刻在石头上或刻写在陶器上的“铭文”，它们可以追溯到公元前6世纪甚至公元前7世纪。早期罗马字母是

对页图 新罗马速写体。里米尼的一次房产销售记录（局部），拉丁文。莎草纸卷轴，拉韦纳（意大利），公元572年。大英图书馆：Add MS 5412

古罗马速写体。货物收据。莎草纸残片。亚历山大里亚（埃及），公元 167 年。大英图书馆：Papyrus 730

“单线”的大写形态（没有或粗或细的笔画），形式一致，清晰可辨，衍生自先前的希腊字母模板。有时，文本还是“逆向”的（即从右向左书写与阅读）。

然而，到了公元 1 世纪，古罗马的石刻大写字母已发展到极其成熟精湛的水平，以至它们延续到今天几乎没有什么改变。它们精心设计的字母比例、匀称的字重（笔画的粗细），以及精妙的衬线（字母笔画上添加的小尾巴），可能都源自那些在雕刻前以方头软毛笔书写在石碑上的字母。庞贝城墙壁上绘制的“广告”告示中也能看到以软毛笔写就的类似字母。流行于现代，由卡罗尔·通布利（Carol Twombly）设计的图拉真字体（Trajan），就是1900年前罗马图拉真纪功柱上铭文的复制品，几乎不需要改动，我们今天完全能够辨认清楚。

这些罗马时代的手书能够根据它们的用途与特点进行分类。一些不太重要的文件和知识分子日常手写所使用的非正式形态被称为“速写体”（cursive script）。人们往往会用钝头的笔尖在莎草纸上或用空心的尖笔（stylus）在蜡版上写这种字。相对正式的形态被称为“书法体”或“书面体”，由专业的缮写士书写，多用于卷轴或书本形态的正式文件。这些字用一种经过特殊切割的方尖笔（往往用芦苇，后来用羽毛）书写，写出来的字有明显的粗细笔画。

古代速写体

我们所知最古老的拉丁文手写文件可追溯到公元前1世纪。如今被我们称为古罗马速写体的文字无疑可以追溯到更早的时候，并且延续到公元3世纪（见对页图）。古罗马速写体拥有早期拉丁石刻铭文的一些特征，由于它写起来很快（cursive 意为奔跑），而且并不总是连续的，因此会有一些辨识度的缺失——尤其对我们而言。Papyrus 730（对页图）最后一个单词 CONSULATUS 中的 A 缺少一道横杠，且在 L 与 S 的顶部有一道长长的延伸斜线。这类字体与空心尖笔留在蜡版上，以及哈德良长城附近发现的文德兰达堡垒遗迹内笔留在木板上的字迹相当契合。我们甚至能在庞贝城里墙上的涂鸦中看到这类字迹。

古罗马速写体的演变过程，一部分是自然导致，一部分则来自有意识的改革（完成于公元 4 世纪）。因为古典时代晚期诞生了一套用于行政和通信的文字，我们现在称之为新罗马速写体（见第 055 页图）。这是一种快速书写的文字。由于书写速度快，而且较多使用连字符和缭乱的速写体，导致它难以读懂。然而，新罗马速写体被广泛地使用，并在后来更正式的字体（如半安色尔体）的发展中发挥了重要作用。

古代正规字体

俗大写体（rustic capitals）是最早完全成熟的拉丁书写体，已知的例子可以追溯到公元 1 世纪。这种字体要用到方头的笔尖，采取一种十分陡峭的书写角度（笔尖与书写线条几乎成 90 度），所以呈现出的大写字母非常窄。它的大部分字符取自同时代的古罗马速写体。A 常常缺少横杠，E 和 F 非常狭窄，M 展开得很宽，R 的字弓（bowl）与垂直的字干（stem）重叠。尽管它的名字听上去很朴实，但这是一种成熟的书法字体，后世许多豪华手抄本都采用了这一字体（见第 059 页图）。在哥特时期到来前，这些大写字母一直在抄本中作“展示”之用，即用于标题、卷首版面和序言。

“安色尔”（uncial）一词涵盖了从 4 世纪到 8 世纪大部分的古书字体，在那个时期被非常广泛地用于抄写书籍文本。现存最早的安色尔体文本实际上起源于北非。经断代，最古老的安色尔体来自希波城（今阿尔及利亚安纳巴），写于公元 395—426 年之间。之后，在意大利（尤其是罗马），安色尔体多被用于书写《圣经》文本。再经由传教活动，这一字体几乎被传播到了罗马帝国的每个角落——从地中海南部到不列颠北部。在英格兰东北部的诺森布里亚，它取得了非常高的地位。

俗大写体。维吉尔《牧歌》，抄本（羊皮纸）。罗马，公元 5 世纪第二个二十五年。梵蒂冈图书馆：Ms. Vat. Lat. 3867，fol. 9r

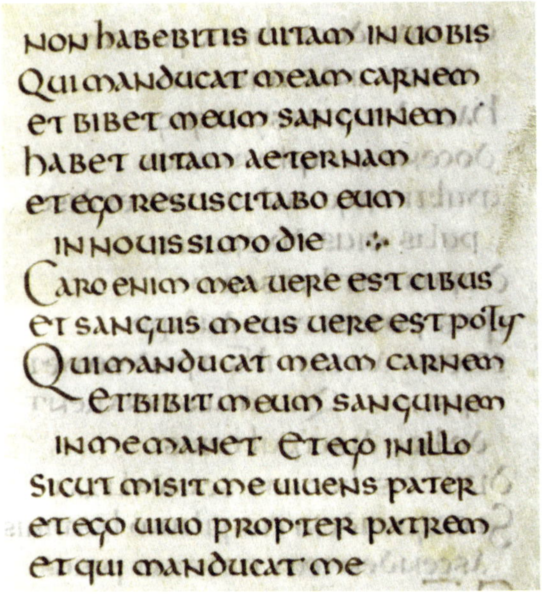

左图 古罗马速写体文本。《马其顿战争》。抄本残片（羊皮纸）。埃及，公元 2 世纪（？）。大英图书馆：Papyrus 745

右图 安色尔体。《约翰福音》，又称《圣库斯伯特福音书》（局部）。抄本（羊皮纸）。韦尔茅斯 - 贾罗（Wearmouth-Jarrow，英格兰），8 世纪初。大英图书馆：Add MS 89000, fol. 29r

安色尔体的原始形态运用了倾斜自然的笔尖角度，可能是自古罗马的速写体发展而来，再参照了手抄残本《马其顿战争》（*De Bellis Macedonis*）（书写年代可追溯到公元 100 年，见本页左图）的形态而变得更为规整。可以看出，这一混合性质的字体拥有明显的安色尔体特点。有人断言安色尔体是由俗大写体直接发展而来的，但是俗大写体的写法不同，下笔角度要陡得多：比较 A、D、E 和 R 这几个字母的形态即可看出。安色尔体字形的特点包括带有字弓的 A，圆形的 D、E、H 和 M，D、H、K 和 L 的升部

（ascender），以及 F、G、P 和 Q 的降部（descender，见第 060 页右图）。

后期的安色尔体发展出了一种与早期相比更为规整的形态，并且采用了一种更为复杂的字母构成（见第 062 页下图）。古文字学家有时称呼这些案例为“罗马安色尔体”，以昭示其起源。下笔的角度是平的（笔尖边缘几乎与书写线平行），还讲究大量的“运笔”（比如，通过扭动笔写出衬线、笔锋和圆润的笔画）。笔的尖角必须用来书写细如发丝的笔画及部分衬线。

半安色尔体最初因为人们误将它视作安色尔体的退化形态而得名。但是，最早出现在 4 世纪的早期安色尔体很有可能是从新罗马速写体进化而来的，最终发展为更规整的手写体。这一字体使用一种方尖笔书写，形态像 3 世纪初李维《书信集》（见第 062 页上图）中的文字。《书信集》中的文字与半安色尔体都采用了平平的下笔角度（笔尖边缘几乎与书写线平行）。半安色尔体的特点集中在字母长长的升部（如 b、d、f、h 和 l）及降部（如 q、p、q 和长长的 s），圆圆的 a 和 t，g 的形状有点类似数字 5，m 的第一笔是直的并以弧形的笔画收尾，还有大写的 N。这些字母中的大部分也可以在后来盎格鲁－撒克逊英格兰（见第 065 页图）和爱尔兰的半安色尔体写法中看到，它们的发展都源于罗马字母。

公元 4 世纪、5 世纪那些著名的维吉尔抄本所采用的字体遵循了古典罗马铭文字母的形态和宽大的字母间距。它们一般被称为“书面的方块大写字”。对缮写士来说，用笔抄写如此细致的字母铭文一定是非常困难的，而且会大大减缓书写速度。著名古文字学家 T. J. 布朗教授（T. J. Brown，1923—1987 年）认为，在长篇手稿中使用这种大写字母是“一个迟来的想法，而且是一个糟糕的想法”[1]。

实际上，古代方形大写字母的手稿现存只有两份，而且都是残片：《圣

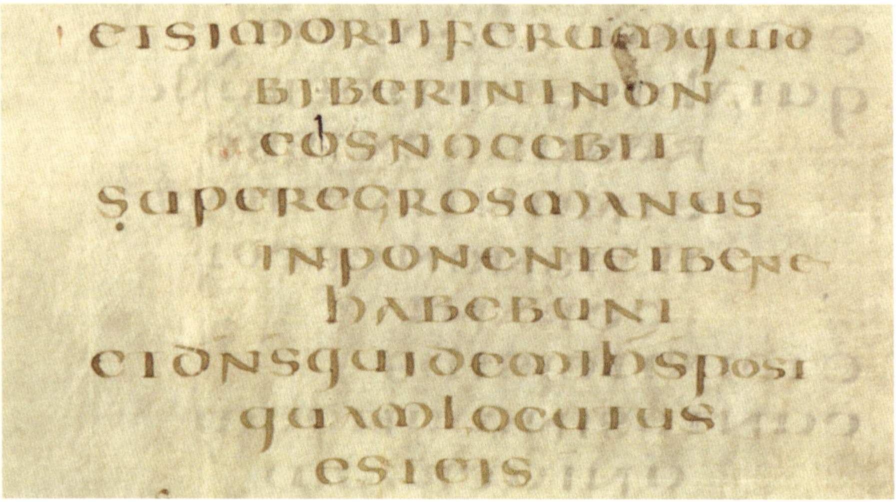

上图 早期罗马半安色尔体。李维《罗马史》摘要（局部）。残片（莎草纸），埃及，3 世纪初（？）。大英图书馆：Papyrus 1532v

下图 安色尔体。福音书，又称《哈雷福音书》（局部）。抄本（羊皮纸）。意大利北部，6 世纪晚期。大英图书馆：Harley MS 1775, fol. 223v

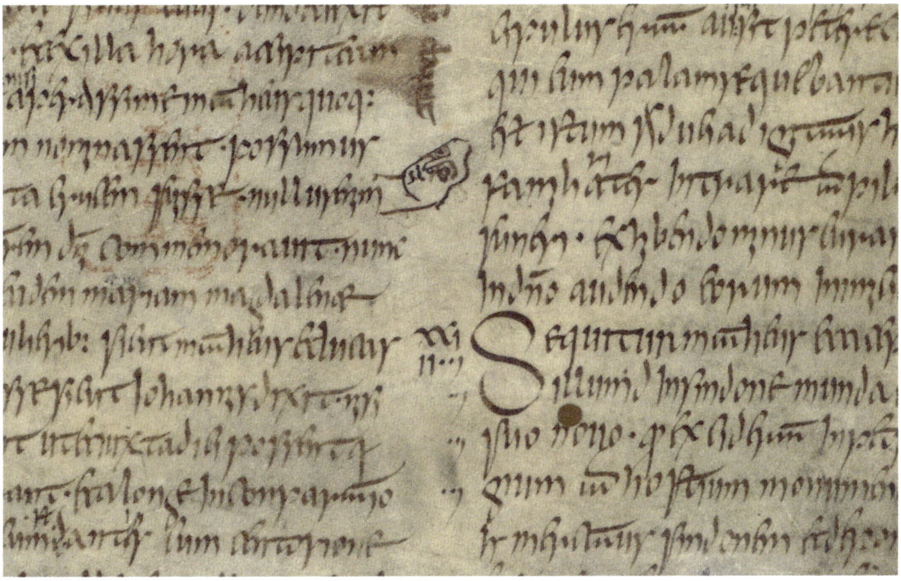

盎格鲁 - 撒克逊小写速写体。希波的奥古斯丁《论四福音的和谐》(局部)。抄本残片(羊皮纸)。诺森伯里亚(?,英格兰),8 世纪末。大英图书馆:Cotton MS Cleopatra A iii /1, fol. 1v(局部)

加仑抄本》(*Codex Sangallensis*,圣加仑修道院图书馆,Ms. Cod. 1394,第 7—48 页)和《奥古斯都抄本》(*Codex Augusteus*,梵蒂冈收藏的四个对开页,Vat. Lat. Lat. 3256,见第 52 页;位于柏林的德国国家图书馆收藏的三个对开页,Cod. Lat. Fol. 416)。

中世纪欧洲

随着罗马帝国在欧洲式微,在抄写活动的各个中心出现了许多独特的地方文字。这些文字一般从公元5世纪开始盛行，在某些比较偏僻的地区，一直留存到哥特时期。其中一个重要的群体是来自不列颠群岛的文字。

海岛体

“海岛体”（insular）一词指的是公元9世纪中期以前不列颠群岛使用的手写体，多指盎格鲁-撒克逊或爱尔兰那些起源不明的文字。随着罗马人从英国离开，信奉基督教的爱尔兰在罗马末代书写的基础上发展出了一套广泛且连贯的字体模式。蓬勃的爱尔兰传教活动将这些文字传至英格兰北部，并最终传到了欧洲诸多地区。之后，精美的罗马安色尔体又与海岛体融合在一起（但从来没有出现在爱尔兰）。

有一套脱胎于圣卜尼法斯（约657—754年）日常速写体的海岛小写体在8世纪发展成熟，被用于高级抄本中（见第063页图）。字母d有开口，c和e很高（尤其是连写符），p、r和s都有降部且十分相似。总而言之，这是一种用十分陡峭的倾斜角度写就的紧凑字形。

正式的海岛体书面文字的字形往往被加上“海岛半安色尔体”的标签，很有可能起源于爱尔兰，作为早期罗马半安色尔体的改良。已知最早的爱尔兰抄本约诞生于公元600年，可以看出是介于两者之间的某个阶段。

林迪斯法恩大主教埃德弗里斯（Eadfrith）在698—721年间书写于福音书上的大字表明，海岛半安色尔体已经发展到了最成熟的阶段（见第065页图）。这些厚重浑圆的字母是用一种很平的落笔角度来实现的。典型的字形有a、b、g、l和D。另外还有A、D、N、R和S这样的安色尔体字形出现，或许是受到了附近韦尔茅斯-贾罗缮写室和那里华丽的安色尔字体的影响。

对页图 正文为海岛半安色尔体。《盎格鲁-撒克逊福音书》，又称《林迪斯法恩福音书》。抄本（羊皮纸）。林迪斯法恩（英格兰），约公元700年。大英图书馆：Cotton MS Nero DIV fol. 203v

Incipit argumentum secundum Iohannem

IOHANNES euangelista unus
ex discipulis dĩ qui
uirgo electus a dõ est
quem de nuptiis
uolentem nubere
reuocauit dñs cuius
uirginitas in hoc duplex
testimonium in euangelio
datur et huic matrem suã
iens ad crucem commen
dauit dñs ut uirginem
uirgo seruaret denique
manifestans in euangelio
quod erat ipse incorrup
tibilis uerbi opus inchoans
solus uerbum caro factũ
esse nec lumen a tenebris
conprehensum fuisse
testatur primum signum
ponens quod in nuptiis
fecit dñs ostendens quod erat
ipse legentib; demonstraret
quod ubi dñs inuitatus
deficere nuptiarum uinũ
debeat et ueterib; inmutatis
noua omnia quae a xpo
instituuntur appareant
hoc autem euangelium
scribsit in asia postquã
in pathmos insula
apocalipsem scribserat
ut cum in principio canonis
incorruptibile principiũ
in genesi et incorruptibilis
finis per uirginem in
apocalypsen redderetur
dicente xpo ego sum a et ω
et hic est iohannes
qui sciens superuenisse
diem recessus sui conuocatis
discipulis suis in epheso
per multa signorum
experimenta promens
xpm descendens in defossũ
sepulturae suae locum

10 世纪中期，添加在林迪斯法恩抄本中页边或行间的批注以盎格鲁 – 撒克逊安色尔体写就，是最早留存下来的福音书“英语”译本。

加洛林小写速写体

查理大帝（约 742—814 年）在 8 世纪末和 9 世纪初推行了改革，鼓励使用一种可读性强（恰巧也讲求美观）的书面字体。这一字体出现在受他影响的数个法国书法中心，图尔修道院尤其闻名。这种加洛林小写速写体脱胎自古罗马的半安色尔体，且吸纳了当地小写速写体的某些特点。出自早期科尔比修道院的手抄本展示了半安色尔体是如何调整为更偏速写体的形态的。《穆捷 · 格朗瓦勒圣经》中有几部分便是用半安色尔体的速写体抄写的（见第 067 页图）。

与许多勉强能读、过于精细的地方性速写体手稿相比，成熟的加洛林小写速写体（见第 067 页图）属于一种严谨规整的手写字体，哪怕字号极小也能保持自身的可读性。书写的角度略微倾斜（而不是写半安色尔体时的平行角度），而且有了一个更鲜明的字母主体高度。某些字母形式有了改进：半安色尔体的 a 被安色

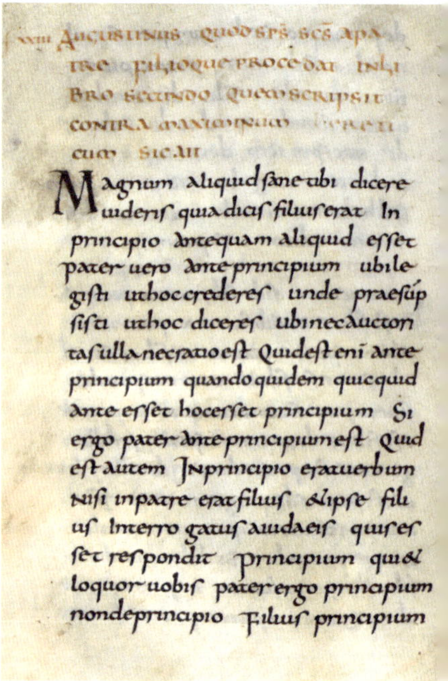
Magnum aliquid sane tibi dicere
uidens quia dicis filius erat In
principio anteequam aliquid esset
pater uero ante principium ubi le
gisti ut hoc crederes unde praesump
sisti ut hoc diceres ubi nec auctori
tas ulla nec ratio est Quid est enim ante
principium quando quidem quicquid
ante esset hoc esset principium Si
ergo pater ante principium est Quid
est autem In principio erat uerbum
nisi in patre erat filius & ipse fili
us Interrogatus audacis qui es
set respondit Principium qui &
loquor uobis pater ergo principium
non de principio Filius principium

标题为安色尔体，正文为加洛林小写速写体。奥尔良的提奥多尔夫《论圣灵》。抄本（羊皮纸）。奥尔良（法国），公元 809—816 年。大英图书馆：Harley MS 3024, fol. 33r

对页图　标题为罗马大写体和安色尔体。正文为加洛林小写速写体。拉丁文《圣经》，又名《穆捷 · 格朗瓦勒圣经》。手抄本（羊皮纸）。图尔（法国），公元 834—843 年。大英图书馆：Add MS 10546, fol. 410r

INCP ARGUMTU HIERNM IN EPLA AD ROMANOS·

EPISTOLAE AD ROMANOS
causa haec est ecclesiam eduobus
populis· id est de iudaeis et gen
tilibus congregatam exaequat
meritis ut causas ei auferat
simultatis quae de uoluntatem
praelationis mutuae nascebantur·
ergo ut pace inter se et caritate iun
gantur ostendit pares conditione
dum peccatis fuisse obnoxii compro
bantur· qui aeque salutem per fidē
xpi sint et gratiam consecuti· Nam
neq; iudaeis profuisse legem incusto
ditam docet· nec gentiles posse legis
ignoratione defendi· quos ratio et
ad dī notitiam perducere poterat
et ab omni uitae prauitate reuocare
Scito qui legis non expositionē continuā
esse dictorum· sed subnotationes bre
ues singulis uersibus ac uerbis apposita·
Pauli apostoli epistolae· numr· xiiii·
Ad romanos· i· Ad corinthios· ii·
Ad galathas· i· Ad ephesios· i·
Ad philippenses· i· Ad colosenses· i·
Ad thessalonicenses· ii· Ad timotheū· ii·
Ad titum· i· Ad philimonem· i·
Ad hebraeos· i· Omnis textus uel nu
merus epistolarum ad unius hominis
perfectionem proficiunt·
Cum romanis ita agit apostolus pau
lus quasi cum incipientibus qui post
gentilitatem ut initia fidei sortian
tur et perueniant ad spem uitae
aeternae· Multa de physicis ratio
nibus insinuat· multa de scripturis
diuinis· Ad corinthios prima con
secutos iam fidem non recte conser
uantes obiurgat· Secunda ad
corinthios· contristatos quidem sed
emendatos ostendit· Galathas in
fide ipsa peccantes et ad iudaismum
declinantes exponit· Ephesios quia
incipiunt et custodiunt laudat
quod ea quae acceperant seruauerant·
Philippenses quod in quo crediderunt
seruantes ad fructum peruenerunt·
Colosenses conlaudat quia uelut ignotis
scribit· et accepto nuntio ab epafra cus
todisse euangelium gratulatur·
Thessalonicenses in opere et fide creuisse
gloriatur· In secunda praeterea quod
et persecutionem passi in fide perseuera
uerint quos et scōs appellat ut illos
qui in iudaea xpm̄ confessi persecutio
nes fortiter tolerarunt·
Ad hebraeos ad quorum similitudinem
passi sunt· Thessalonicenses ut in man
datis perseuerantes persecutiones
prumptissime patiantur·
Omnes ergo epistolae pauli sunt numero
xiiii· Ad romanos· ad corinthios· ii·
Ad galathas· ad ephesios· ad philippen
ses· ad colosenses· ad thessalonicenses· ii·
Ad hebraeos quos hortatur ad similitu
dinem thessalonicensium· haec in cano
ne non habetur· Reliquae ad timo
theum· Primam quemammodū agat
ecclesia· Ad timotheum· ii· quemammo
dum seipsum agat· Ad titum ut credi
tam sibi ecclesiam cretae ordinet·
Ad philimonem de onesimo seruo·
qui emendatus melior factus est·

EXPLT ARGUMENTUM·

IT EIUSDĒ ARGUMTŪ

PRIMUM QUAERITUR
quare post euangelia quae supple
mentum legis sunt et in quib; nobis exem
pla et praecepta uiuendi plenissime
digesta sunt uoluerit apostolus has epis
tolas ad singulas ecclesias destinare·
Haec aut̄ causa factum uidetur scilicet ut
initia nascentis ecclesiae nouis causis exis
tentib; et praesentia atq; orientia resecaret
uitia et post futuras excluderet quaestiones
exemplo prophetarum· Qui post editā legē
moysi in qua omnia mandata dī legebantur
Nihilominus tamen doctrina sua rediuiua
semper populi compressere peccata· Et
propter exemplum libris ad nostram etiam
memoriam transmiserunt· Deinde quaeri
tur cur non amplius quam decem epistolas ad
ecclesias scribserit· Decem sunt enim cum illa
quae dicitur ad hebraeos· Nam reliquae quat

D ignare dne die isto:
sine peccato nos custodire:
M iserere nri dne. miserere nri:
F iat misericordia tua dne
sup nos. quemadmodum
sperauimus inte:
I nte dne speraui. nonconfun
dar inaeternum:
HYMNUS TRIUM PUERORUM.
B enedicite omia opera dni dno:
laudate & super exaltate
eum insecula:
B en angeli dni dno. b celi dno:
B en aquae omis quae sup celos
sunt dno. b omis uirtutes dni dno
B en sol & luna dno:
benedicite stellae celi dno:
B en omis imber & ros dno:

尔体迅速取代，原本形似阿拉伯数字 5 的 g 有了一笔鲜明的环笔。

加洛林小写速写体的诞生是西方书法史上最重要的一大发展。它成了一种国际性字体，被缮写士模仿并采用，在整个欧洲传承了数个世纪。Silentium Pro，这一由约维察·韦廖维奇（Jovica Veljović）设计的现代印刷字体便是直接以这款拥有 1200 年历史的字体为基础。一直到今天，现代读者依然能够读懂它们。

英式加洛林小写速写体

紧接着 10 世纪中期的教会改革，英国的缮写士写出了一种非常独特的加洛林小写速写体版本（见第 068 页图）。它往往用于拉丁语文本留存，一直延续到 11 世纪末。其在规模和结构上要比法式加洛林小写速写体更大、更规整，总之，它还是延续了早期字体中的许多特征：安色尔体的 a 与 h，带有环笔的 g，长长的 s 与半安色尔体的 l。用来代表 et（即和、与）的 & 在盎格鲁 – 撒克逊抄本中看起来尤为独特。

英式加洛林小写速写体本身最大的优点集中在极强的可读性和书法的美观度。英国缮写士兼教师爱德华·约翰逊（1872—1944 年）称赞道："这一可读性极强的小写速写体会是现代正规手书字体近乎完美的典范。"[2]

意大利小写速写体

加洛林小写速写体在早期就传到了意大利。从 9 世纪到 13 世纪末，它同贝内文托小写速写体和其他地方性速写体一起被用于意大利的书本与文件中。

对页图 标题为俗体。正文为英式加洛林小写速写体。《拉丁圣咏集》，又称《拉姆齐圣咏集》。手抄本（羊皮纸）。温彻斯特或拉姆齐？（英格兰），10 世纪最后 25 年。大英图书馆：Harley MS 2904, fol. 201v

意大利加洛林小写速写体在12世纪达到顶峰，堪与10世纪英国缮写士取得的成就比肩。圆润挺拔的字母拥有相当粗的笔画，同时结构精美，下笔如有神。书写者小心翼翼地在m与n的第一个字干的底部加上了衬线（见第072页图）。

这一字体在后世被文艺复兴时代的学者和缮写士再度发扬光大，成为意大利首批印刷商的字体典范。其影响力一直持续到今天：现代罗马印刷字体和15世纪末尼古拉·让桑（Nicolas Jenson of Venice，约1420—1480年）、阿尔杜斯·马努提乌斯（约1451—1515年）的设计之间几乎没有区别。

哥特时期

哥特一词多用来描述艺术与建筑的特征，也包括12世纪末到15世纪末手书字体的“风格”。哥特体一词原本诞生于16世纪的意大利，用来嘲讽当时被视为“野蛮”的北欧与西欧艺术。12世纪末发展成熟的哥特书面体具有笔画粗重、棱角尖锐分明以及横向压缩（细窄的字母形状）的特点。

随着12世纪世俗大学的兴起和僧侣制度的扩张，人们对书本的需求大大增加。当时，采用了不同等级的书写体来应对这一需求。

哥特速写体

这一时期见证了真正的速写体复兴，12世纪末速写体首次被引入英格兰。大多数字形吸收了美不胜收的花体书法和其他装饰特征。书记体，顾名思义，最初应用于书信和其他非正式文件（见“贡献者名录”对页图）。这一字体看上去有棱有角，装饰着花体，某些比较高的字母（尤其是 f 和长长的 s）还有鼓胀的痕迹，这些都是通过下压加宽笔缝实现的效果。从 13 世纪末开始，速写体被运用到书本中，尤其是那些为大学准备的书本（见第 073 页图）。

从书记体发展而来的正规书面体——巴塔德哥特体，与法国北部勃艮第的宫廷大有关联。它保留了书记体中许多浮夸、怪异的字母形式（比如 r 和短短的 s），同时也拥有其他哥特书面体的规整与质感。书写巴塔德哥特体会用到一支弹性十足的笔，粗粗的 f 和长长的 s 也是通过下压笔尖得到的效果。

正规哥特体

正规哥特体直接脱胎于加洛林小写速写体。从 11 世纪中叶到 12 世纪末的过渡时期，产生了越来越多紧凑且棱角分明的字体，这些字体有时被称为“原型”哥特体。它们的字母形式也被称为过渡哥特体，其特点是形态窄且笔画粗，带有一丝棱角（见第 074 页图）。“腰线”处的衬线浓重，基线处的笔画末端也比之前的更精细。

平足哥特体是一种高级且精妙的字体，其字母竖干线（如 m 和 n）被基线利落地切割了（见第 076 页图）。还有众多替代形式被运用：d 有圆形与竖直两种形态，r 拥有图中分叉的形态，也有形似阿拉伯数字 2 的形态，s 有圆形与修长两种形态。额外的细节还包括，接在 o 和其他带有弧度的字

inconspectu templi sci infructuosus : sed
offer munus tuū · ad illū enī te hoc di-
ctum nos ammonet : omīs loquens :
ut et nos dona et munera nrā non tene-
amus apud nos · sed reddamus deo no-
stro · maxime cū de aliqua liberamur ·
tribulatione · Offer inquit munus tuū ·
Quare : ut omīs qui uident te portare
et offerre : credant his mirabilib; : et ma-
gnificent dn̄m q misertus est tui : et in
fidelib; per hoc increpatio · et testimo-
nium duritie cordis ipsorū fiet · Sic
et illū triginta et octo annis iacentē
ininfirmitatem erigens alanguore ·
iussit portare grabattū suū et ire in
domū suā · ut hunc ipsum lectu por-
tatus abeo p mediā ciuitatē clamas-
set saluantē se inuocando · Sic et illū — et laudando.
cecū innatatoria syloe misit · ut uiden-
tes eum ambulare illuc euntem cecū ·
et iterū remeantē mirati et obstupe-
scentes crederent : huic talia mirabilia
facienti · Post hec que superius dicta
sunt cū introisset capharnaū inciuita-
tem galilee · Si cognominata ē caphar-
naum inqua sepius dn̄s uirtutis sue
magnificentiā demonstrauit · Ingre-
diente ineo capharnaū · Capharnaū
namq; interpretatur ager · uel uilla
consolationis · Cum ager quod ineo
aliquid agatur : uel uilla acircū ualla-
tione limitis · hoc ē munitione custo-
die nom accepierint · Congrua dispen-
satione carnis illo ingressus asseritur
dn̄s quo p deitatis sue potentiā circum
dando attrahens ad credulitatē incre-
dulos · et sanitatis miraculū erat actu-
rus · Accessit centurio exter nue generatio-
ne · sed mente domesticus · militum
princeps · sed plus anglorū gaudium ·
Accessit ad eū centurio · Increpatio hic
nempe illorū ostenditur ascendentiū
quondā ad heliā incarmelo quinqua-
genariorū q manentes in fidelitate :
celesti sunt igne consūpti iste uero ex
infideli particeps fidei factus · insinu
ilico deputatus ē abrahe · Accessit ad
eum centurio : rogans eū et dicens · Dn̄e :
puer m̄s iacet indomo paraliticus et
male torquetur · Multi illo tēpore
pro diuersis rogabant infirmitatib; nul-
lus tam̄ p seruo · nisi iste solus · Et hoc
ei ad augmētū beatitudinis et coronā
glē erat · Quid enī inmentis abdito di-
gnum uouens iudicii centurio iste age-
bat · michi hic seruus ē et ego creatoris ·
iste me sup terrā · et ego magnū incelis
habeo dn̄m · Si ego ei n̄ misereor quom̄
ille michi miserebitur : Si ego hunc n̄
subuenio : quomodo michi ille subue-
niet : Sic debent omīs qui famulos ha-
bent et famulas cogitare · sic misererē
et condolere eis supplicare et curam
habere deseruis uel ancillis suis · sicut
et ille beatus centurio fecit · Puer m̄s
inquit iacet indomo · Non inuna rē
tantū miserabilis quod iacet · sed in
alia quod paraliticus · tertia quod ma-
le torquetur · Omnia enī ista dolorē
cognominauit · et iacentē paraliticū
et dure detentū ideo ut sue anime an
gustias demonstraret · et dn̄m cogno-
uisset quatenus illius cruciatū mon-
straret · et dn̄i beniuolentiā inuitaret ·
Puer m̄s iacet indomo · Et huc quare
non attulisti eū : ideo ait · qa non opus
est illi ostendere omīa uidenti · n̄ opus
est in conspectu afferre eis · cuius poten-
tia n̄ terminatur · nec includitur nec
excluditur · Jacet in domo paraliticus
et male torquetur · Quid ergo uis : uel
cupis · seu desideras : Non multum lo-
quor ait · scio enī quod ad omīa cogno-
scentē loquor · n̄ uerbosor · Scio enim
quod ad omīa prescientē respondeo ·
ideoq; iste agnoscens corda respondēs
dicit · ego ueniā et curabo eū : ego ad
abraham ueniens · senilē sare sanaui
uterū insenectute eius · ysaac filiū do-
nans · Ego ueniens et nunc ad te cura-
bo eū · Et quomodo pmittis dn̄e ad
uentū tuū huic nec querit · nec petit ·
sciens quod n̄ acceptabile sit ei · ut ue-
niens indomū eius · ob hoc ut uos pre
ualeatis et eius fidei simile tis uel cogno
scatis · quis iste sit · uel qualis ineo fidei
thesaurus habeatur occultus · Jam enī
et primitus abraham tēptaui : non pro
hoc ut cognoscerē que ipse sciebam :
sed ut uos ei similes inomī tēptatione :

对页图　意大利加洛林小写速写体。《讲道选粹：布道词与颂词》。抄本（羊皮纸）。意大利中部。12 世纪下半叶。大英图书馆：Harley 7183, f. 119v

上图　书记体。让·克雷顿《理查二世史诗（理查的被俘与死亡）》(*Histoire rimée de Richard II (La Prinse et mort du roy Richart)*)。抄本（羊皮纸）。巴黎。1401—约 1405 年。大英图书馆：Harley 1319, fol. 50r

inuocauerit cito assis. & prote-
gas ac defendas. Tribue ei quesumus
domine diuitias gratie tue, comple
in bonis desiderium eius. corona
eum in misericordia tua. tibique domino
pia deuotione iugiter famu-
letur. Per. Cum datur anulus.

Accipe regie dignitatis anu-
lum. & per hunc in te catho-
lice fidei signaculum. quia ut
hodie ordinaris caput & prin-
ceps regni ac populi. ita perse-
uerabis auctor ac stabilitor

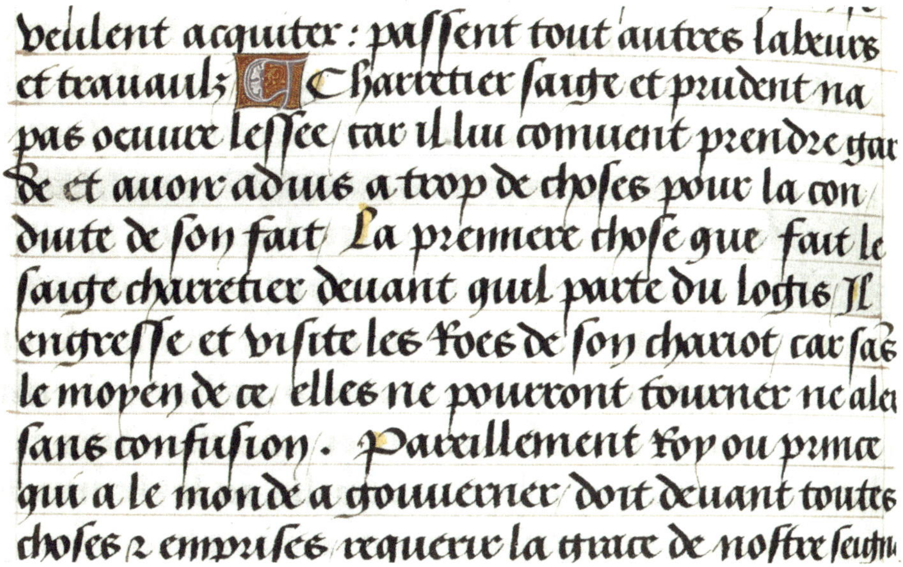

原始哥特式小写体。圣公会仪典官方手册。抄本（羊皮纸）。坎特伯雷（英格兰），约 1150—1160 年。大英图书馆：Cotton MS Tiberius B VIII/1, fol. 95v

母之后、形似数字 2 的 r，以及个别字母（如与 e 或 o 连在一起的 b、d 和 P）会共用字干 [这一形式被称为咬线（biting）]。

另一系列精妙的菱足哥特体在基线的末端拥有一致的角度（见第 077 页上图）。字母 i，举例来说，由三个不同的运笔动作组成。这一 i 的形状作为许多字母的一部分反复出现，呈现出一种尖桩栅栏的效果，在后来的哥特体中极具特色。

到了 15—16 世纪，这类字体变得更紧凑，更粗重，从而诞生了平织菱足体（gothic textura quadrata），textura 本义为编织。基线末端都以精美、交叠的菱形笔画（见第 077 页上图）收尾。字母狭长的形态、粗重的笔画及

对页图 巴塔德哥特体。雨果 · 德拉努瓦。抄本（羊皮纸）。根特或布鲁日（比利时），约 1496 年。大英图书馆：Royal Ms 19 C viii, fol. 43v tutes domini domino.

Benedicite sol ⁊ luna domino: bene
dicite stelle celi domino.

Benedicite ymber ⁊ ros domino: be
nedicite omnes spc̄ dei dño.

Benedicite ignis ⁊ estus domino: be
nedicite frigus ⁊ estas domino.

Benedicite rores ⁊ pruina domino:
benedicite gelu ⁊ frigus dño.

Benedicite glacies ⁊ niues dño: be
nedicite noctes ⁊ dies dño.

Benedicite lux ⁊ tenebre dño: benedi

左图 菱足哥特体。英语圣咏集，又名《戈尔斯顿圣咏集》（局部）。抄本（羊皮纸）。滨海戈尔斯顿（英格兰），1310—1324 年。大英图书馆：Add MS 49622, fol. 133r

右图 哥特圆敦体。《时祷书》，又名《斯福尔扎时祷书》。抄本（羊皮纸）。米兰（意大利），1490—1521 年。大英图书馆：Add MS 34294, fol. 14v

棱角在这里展现到了极致。严格一致的笔画间距加强了整体的装饰性外观，但在我们现代人眼中，它们太难读懂了（见第 078 页图）。

在西班牙或意大利，人们极力避免使用那种棱角极度分明的哥特体。相反，一种脱胎于 13 世纪（在某些地方一直延续到 18 世纪）的书面字体才是真正的哥特体，但是更为圆润（见本页右图）。哥特圆敦体（gothic rotunda）广泛应用于礼拜仪式的文本中，从私人使用的小巧时祷书到典礼用的巨大抄本（通常带有乐谱）。

这一字体拥有北方哥特体的质感与粗重笔画，但是保留了加洛林小写速写体的圆润。字母 d 和 h 沿用了安色尔体的形态。r 和 s 的形态都保留了

对页图 平足哥特体。圣咏集，又名《玛丽女王圣咏集》。手抄本（羊皮纸）。伦敦，约 1310—1320 年。大英图书馆：Royal MS 2 B vii，fol. 294v

In vigiliis mortuo

Ant. Placebo.

ilexi: quoniam exau
diet dominus vocẽ
oracionis mee.
Quia inclinauit
aurem suam michi:
et in diebꝫ meis inuocabo. Circumde
derunt me dolores mortis: pericula infer
ni inuenerunt me. Tribulacionem ⁊
dolorem inueni: et nomen dñi inuocaui.
O domine libera animam meam: mi
sericors dominus ⁊ iustus ⁊ deus noster
miseretur. Custodiens paruulos do
minus: humiliatus sum ⁊ libauit me.
Conuertere anima mea in requiẽ tuã:
quia dominus benefecit tibi. Quia
eripuit animam meam de morte: oclos

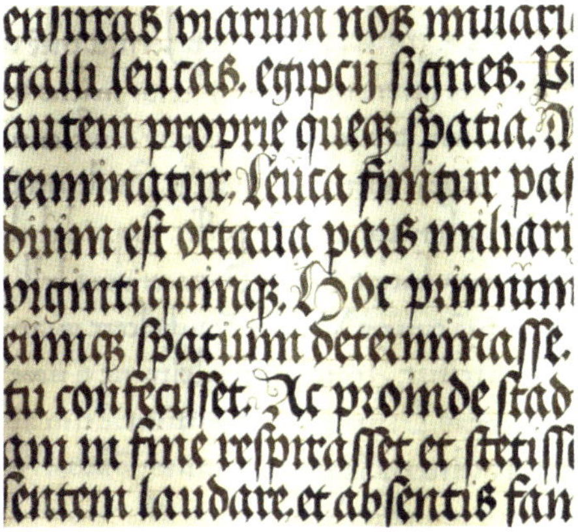

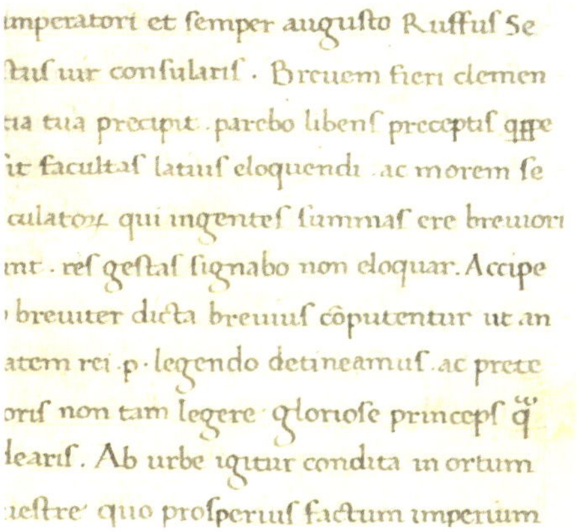

左图 哥特尖角字。《圣经百字帖》(*Proba Centum Scripturarum*，局部)，一部百字手书字帖。抄本（羊皮纸）。奥格斯堡（德国），1507—1517 年。奥格斯堡主教区图书馆：Hs 85a, fol. 12v

右图 人文主义小写速写体。鲁弗斯·费斯图斯（Rufus Festus），《罗马日课经》(*Breviarium*，局部)。抄本（羊皮纸），多米尼库斯·卡西·德·纳尼亚（Dominicus Cassii de Narnia）手书。佛罗伦萨（？，意大利），约 1440 年。大英图书馆：Burney MS 255, fol. 1r

（单词结尾保留了圆圆的 s）。不同寻常的 g 是哥特圆敦体独一无二的特征。与所有哥特体一样，圆敦体是以倾斜的角度书写的，由笔的尖端完成方形基线的收尾。

16 世纪初，一种新式的哥特体在德国诞生，我们现在称它为德式尖角体（fraktur，暗指其断续，特别是还带有弧度的字母笔画，也叫断笔体）。尽管这一字体的使用局限在受德语影响的地区，几百年来，它却成了一种极为重要且广泛使用的印刷活字风格。

据目前所知，最早的德式尖角体出现在一本由奥格斯堡僧侣雷欧哈德·瓦格纳（？—1522 年）精心写就的书中，这本诞生于 1508 年的书记录了 100 个手写体样本（见本页左图）。六年后，神圣罗马帝国皇帝马克

对页图 菱足哥特体。《时祷书》，又名《贝德福德时祷书与圣咏集》。抄本（羊皮纸）。伦敦，1414—1422 年。大英图书馆：Add MS 42131, fol. 46r

disputatum est. Reliqua deinceps
persequemur.

M. TVLLII CICE
RONIS OFFIC
RVM LIB. TERTI

P SCI
PIO
NEM
MAR
CE FILI, EVM

Aphricanus.
Cato.

qui primum Aphricanus appellatus est
dicere solitum scripsit Cato: qui fuit
fere eius aequalis: nunquam se minus
ociosum esse quam cum ociosus: nec minus

西米利安一世委托奥格斯堡的印刷商老约翰内斯·施恩思贝格（Johannes Schönsperger, the Elder）制作一部新的祈祷书（Gebetbuch）。这本祈祷书的部分活字采用了一种与瓦格纳尖角体非常相似的字体。16 世纪，其他缮写士与印刷商沿用各自版本的尖角字体，这一风格变得极为流行。德式尖角体在德语国家一直沿用到 20 世纪 40 年代。

文艺复兴欧洲

15 世纪初期，文艺复兴时代的学者和缮写士开启了一项手写字体改革，致力于使其在书籍设计中更易读，也更雅致。这一做法与欧洲北部盛行的哥特字体有意背道而驰。

人文主义字体

加洛林小写速写体在 15 世纪的复兴要归功于佛罗伦萨的波吉奥·布拉乔利尼（Poggio Bracciolini，1380—1459 年）。最早的例子是波吉奥在 1402 至 1403 年前后抄写的科卢奇奥·萨卢塔蒂（Coluccio Salutati，1331—1406 年）的《羞赧》（*De Verecundia*）手稿。波吉奥的小写体以 12 世纪的意大利手稿为基础，无疑来自他与别人的合作，就像学者政治家萨鲁塔蒂（Salutati）和学者尼科洛·尼科利（ Niccolò Niccoli，1364—1437 年）的合作一样。

人文主义字体写出来往往比较小，带有长长的升部和降部（见第 079

对页图　标题为人文主义罗马大写体。正文为人文主义意大利斜体速写体。马尔库斯·图利乌斯·西塞罗《论义务》。抄本，巴尔托洛梅奥·圣维托手书。罗马，1498 年。大英图书馆：Harley Ms 2692, fol. 104v

页右图）。保留了加洛林小写速写体的特点：圆润的 h，以及 ct 和 st 的连字符。晚期的人文主义小写体抄本的词尾还有短短的 s。

人文主义小写体的快速书写形式最早可能是由尼科洛·尼科利设计的。这位文艺复兴学者在 1420 年前后所做的古典文本复制品就是用一种更为潦草的新字体书写的。这种创新的书本字体，就是我们现在所说的意大利斜体，书写迅速，字母形状狭窄，有强烈的前倾角度以及一些连写字母（见第 080 页图）。

大法官法庭的缮写士开发出这一速写体的正式版本。比如卢多维科·文森蒂诺·德利阿里吉（Ludovico Vicentino degli Arrighi，约 1527 年卒）。这些字体的命名因缮写士不同而异。书写大家博纳迪诺·卡塔尼奥（Bernardino Cataneo）在 1545 年完成了自己的习字本，他将这些字体分为两大类：法庭体（cancellaresca formata），m 和 n 拥有圆润的拱弧，升部带衬线；法庭速写体（cancellaresca corsiva），拱弧更窄更尖，升部有圆钩。

印刷文字

在 15 世纪中期以前，几乎所有文书与书籍都是一个字母接一个字母用手写就，每一篇都是独一无二的手工产物。随着一套完整印刷系统的“发明”，利用可重复使用的活字，书籍的制作过程有了革命性转变。这一发明扩大了知识与信息的分发和保存，大批量复制了拥有相同文本的书籍。

如今有压倒性的文献证据与间接证据支持着一个长久以来的传统论调，即来自美因茨的约翰内斯·古登堡（约 1400—1468 年）实际上是欧洲首个运用活字印刷术（由模具铸成的金属字母，能够组合起来形成一页页文字进行印刷，清洁后再放回储藏托盘中留待后用）印制大量作品的人。

最早的印刷文件紧密模仿了当时抄本的形式和风格。它们拥有相同的古籍抄本的结构（将折起的页面分部件叠放，缝在一起），相同的页面排版（往往是窄窄的纵向文字版面和宽大的页边距），尤其还有相同的字母形态风格。有一些文件还印刷在犊皮（小牛皮）纸上，这种纸尤其适合书写，却很难用于印刷。

哥特体活字

由古登堡印制的赎罪券绝对是首批用活字印刷制作的印刷品。目前已发现超过三十件这类赎罪券（见第 138 页图），全是在 1454 年 10 月至 1455 年 4 月购买的。在印刷的文字间留有给捐赠人的空隙，日期要手写。赎罪券用了两种与当时手写体相衬的活字风格。标题的平织体与《四十二行圣经》文本中使用的一样。稍小的哥特体活字不常见，它拥有圆润的 a 和 d、方形的 g 和安色尔体的 j、速写体形态的 f 和长长的 s。遵循抄本的先例，还加入了大量的连字符。

古登堡著名的《四十二行圣经》(第 084 页图，因大多数副本每页有 42 行文字而得名，与后世的《三十六行圣经》加以区别）是首部在欧洲印刷的大型书籍，大多数副本可能是在 1455 年末之前完成的。

古登堡选用了高档的犊皮纸和纸张，还研发出了用于印刷的绝佳墨水，排版与印刷成品给人以清爽利落的印象。《四十二行圣经》的印刷体使用了当时抄本中的哥特平织体，并沿袭了其他抄本的做法，加入大量缩写和连

de hebreis voluminibꝫ additū noue-
rit eque usqꝫ ad duo pūcta · iuxta theo-
docionis dumtaxat editionē: qui sim-
plicitate smonis a septuaginta inter-
pretibus nō discordat. Hec ergo et vo-
bis et studioso cuiqꝫ fecisse me sciens.
nō ambigo multos fore · qui vel invi-
dia vel supercilio malent contemnere
et videre preclara quam discere: et de
turbulento magis rivo quam de pu-
rissimo fōte potare. Explicit prologꝰ

Incipit liber ymnorū vl' soliloquiorū

BEatus vir qui nō
abijt in cōsilio im-
piorū: et in via pec-
catorum nō stetit:
et in cathedra pesti-
lētie nō sedit. Sed
in lege domini volūtas eius: ꝛ in lege
eius meditabit̄ die ac nocte. Et erit
tamqꝫ lignū quod plātatum est secus
decursus aquarū: qd̄ fructū suū dabit
in tpe suo. Et foliū eius nō defluet: ꝛ
omnia quecūqꝫ faciet prosperabūtur.
Non sic impij nō sic: sed tamqꝫ pul-
vis quē proicit vētus a facie terre. I-
deo nō resurgūt impij ī iudicio: neqꝫ
peccatores in cōsilio iustorū. Quoni-
am novit dominus viā iustoꝝ: ꝛ iter
impiorum peribit. Psalmus david

Quare fremuerūt gētes: et ppli me-
ditati sunt inania? Astiterūt
reges terre et principes cōvenerunt in
unū: adūsus dn̄m ꝛ adūsus xpm̄ eiꝰ.
Dirumpamꝰ vincla eoꝝ: ꝛ piciamꝰ
a nobis iugū ipoꝝ. Qui habitat ī ce-
lis irridebit eos: ꝛ dn̄s subsānabit eos.
Tunc loquet̄ ad eos in ira sua: ꝛ in
furore suo cōturbabit eos. Ego au-
tem cōstitutꝰ sum rex ab eo super syon
montem sanctū eiꝰ: pdicās preceptū
eius. Dominus dixit ad me filius
meus es tu: ego hodie genui te. P
stula a me et dabo tibi gentes hered
tatem tuā: et possessionē tuā termino
terre. Reges eos ī virga ferrea: ꝛ ta
qꝫ vas figuli cōfringes eos. Et nū
reges intelligite: erudimini q̄ iudic
tis terrā. Servite dn̄o ī timore: et
ultate ei cū tremore. Apprehendite d
sciplinam: ne quādo irascatur dn̄
nus ꝛ pereatis de via iusta. Cum
arserit in brevi ira eius: beati omne
qui confidunt in eo. Psalmus dav
cū fugeret a facie absolon filij sui

Domine qd̄ multiplicati sunt q
tribulāt me? multi insurgūt a
versum me. Multi dicūt anime me
nō est salus ipsi in deo eius. Tu a
dn̄e susceptor meꝰ es: gloria mea ꝛ
altās caput meū. Voce mea ad d
minū clamavi: ꝛ exaudivit me de m
te sc̄o suo. Ego dormivi ꝛ soporat
sum: ꝛ exsurrexi quia dn̄s suscepit m
Non timebo milia populi circūd
tis me: exurge dn̄e salvū me fac de
meus. Quoniam tu pcussisti om
adūsantes michi sine causa: den
peccatorū cōtrivisti. Domini est sal
et super populū tuum benedictio t
In finem in carminibus · psalmꝰ da

Cum invocarē exaudivit me de
iusticie mee: ī tribulatione di
tasti michi. Miserere mei: et exaudi
rationē meā. Filij hominū usqꝫ q
gravi corde: ut quid diligitis van
tem et queritis mēdacium? Et scit
quoniā mirificavit dn̄s sāctum su
dn̄s exaudiet me cū clamavero ad
Irascimini et nolite peccare: qu
dicitis in cordibus vestris in cubilib
vestris compungimini. Sacrific
sacrificiū iusticie ꝛ sperate in domin
multi dicunt qs̄ ostendit nobis bo

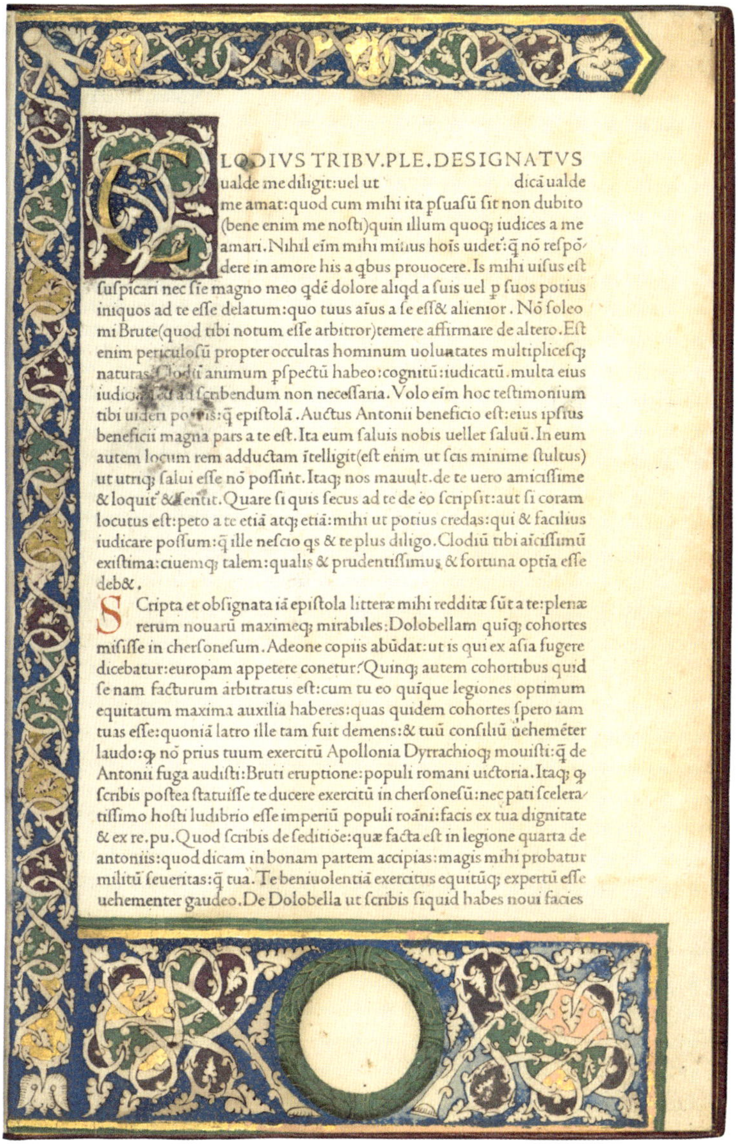
CLODIVS TRIBV.PLE.DESIGNATVS
ualde me diligit:uel ut dicā ualde
me amat:quod cum mihi ita pſuaſū ſit non dubito
(bene enim me noſti)quin illum quoq; iudices a me
amari. Nihil eīm mihi minus hoīs uidetᷣ:q̄ nō reſpō
dere in amore his a qbus prouocere. Is mihi uiſus eſt
ſuſpicari nec ſie magno meo qdē dolore aliqd a ſuis uel p ſuos potius
iniquos ad te eſſe delatum:quo tuus aīus a ſe eſſ& alienior. Nō ſoleo
mi Brute(quod tibi notum eſſe arbitror)temere affirmare de altero. Eſt
enim periculoſū propter occultas hominum uoluntates multiplicesq;
naturas. Clodii animum pſpectū habeo:cognitū:iudicatū. multa eius
iudicia ſed ad ſcribendum non neceſſaria. Volo eīm hoc teſtimonium
tibi uideri potius:q̄ epiſtolā. Auctus Antonii beneficio eſt:eius ipſius
beneficii magna pars a te eſt. Ita eum ſaluis nobis uellet ſaluū. In eum
autem locum rem adductam ītelligit(eſt enim ut ſcis minime ſtultus)
ut utriq; ſalui eſſe nō poſſint. Itaq; nos mauult.de te uero amiciſſime
& loquitᷣ & ſentit. Quare ſi quis ſecus ad te de eo ſcripſit:aut ſi coram
locutus eſt:peto a te etiā atq; etiā:mihi ut potius credas:qui & facilius
iudicare poſſum:q̄ ille neſcio qs & te plus diligo. Clodiū tibi aīciſſimū
exiſtima:ciuemq; talem:qualis & prudentiſſimus & fortuna optīa eſſe
deb&.
SCripta et obſignata iā epiſtola litteræ mihi redditæ ſūt a te:plenæ
rerum nouarū maximeq; mirabiles:Dolobellam quīq; cohortes
miſiſſe in cherſoneſum. Adeone copiis abūdat:ut is qui ex aſia fugere
dicebatur:europam appetere conetur? Quinq; autem cohortibus quid
ſe nam facturum arbitratus eſt:cum tu eo quīque legiones optimum
equitatum maxima auxilia haberes:quas quidem cohortes ſpero iam
tuas eſſe:quoniā latro ille tam fuit demens:& tuū conſiliū uehemēter
laudo:ꝙ nō prius tuum exercitū Apollonia Dyrrachioq; mouiſti:q̄ de
Antonii fuga audiſti:Bruti eruptione:populi romani uictoria. Itaq; ꝙ
ſcribis poſtea ſtatuiſſe te ducere exercitū in cherſoneſū:nec pati ſcelera/
tiſſimo hoſti ludibrio eſſe imperiū populi roāni:facis ex tua dignitate
& ex re.pu. Quod ſcribis de ſeditiōe:quæ facta eſt in legione quarta de
antoniis:quod dicam in bonam partem accipias:magis mihi probatur
militū ſeueritas:q̄ tua. Te beniuolentiā exercitus equitūq; expertū eſſe
uehementer gaudeo. De Dolobella ut ſcribis ſiquid habes noui facies

对页图 中世纪平织菱足哥特体活字。拉丁文《圣经》，又名《古登堡圣经》。印刷本。美因茨（德国）：约翰内斯·古登堡，约 1455 年。大英图书馆：C. 9. d. 3-4, vol.1, fol. 293r

上图 意大利文艺复兴罗马体。马尔库斯·图利乌斯·西塞罗《致布鲁图斯》。印刷本。威尼斯：尼古拉·让桑，1470 年。大英图书馆：167.f. 11, fol. 1r

字符。和当时许多泥金装饰抄本一样，这版《圣经》以散页未装订形式出售。文本中留有空白，供泥金师添加装饰，以及红字标题添加师题写彩色的首字母和标题。

《美因茨圣咏集》在古登堡《四十二行圣经》完成两年后印制，该书是一部异常精美的作品（见第 140 页图）。每首圣咏诗的开篇都用了交缠繁复的首字母装饰，它们由几块紧紧嵌套在一起的金属字块组成。字块从印版（forme，将所有活字固定在一起的框架）中被提取出来，每一块单独施色，并在每次印刷时替换。甚至连正文内容也是用三种颜色印刷。华丽的平织体活字很大（相当于今天的 42 磅活字）。不过，在圣咏集末尾的版权页上，印刷商彼得·舍费尔（Peter Schoeffer，约 1425—1503 年）与约翰内斯·富斯特（Johannes Fust，约 1400—1456 年）不厌其烦地强调，尽管这本书拥有抄本的一切特征，但它“通过雕饰的手段被人为地赋予了印刷与篆刻的形式，而不是用笔”。

罗马体

在美因茨，印刷商会自然而然地采用已有的德语手写体作为其印刷字体的基础。所以，在印刷艺术降临意大利时，当地的铸字人会照抄当时的意大利手写体也就不足为奇了。

威尼斯的尼古拉·让桑创造的字形与同时期的人文主义小写速写体（见第 079 页右图）十分相似，也是我们现在所称罗马体活字（见第 085 页图）的最早案例之一。他的小写字母确凿无疑地展现出了手写书法的特点。让桑的诸多字体中可以感受到用方头笔书写出的笔画，如 a 和 d，以

对页图 正文为文艺复兴意大利斜体。维吉尔《作品集》。印刷本，威尼斯：阿尔杜斯·马努提乌斯，1501 年。大英图书馆：C. 19. f. 7, fol. A2r

P·V·M·MANTVANI BV
COLICORVM
TITYRVS.

Melibœus·Tityrus.

TItyre tu patulæ recubās sub tegmi
ne fagi Me.
Syluestrem tenui musam medita-
ris auena.
Nos patriæ fines, et dulcia linqui
mus arua,
Nos patriam fugimus, tu Tityre lentus in mbra
Formosam resonare doces Amaryllida syluas.
O Melibœe, deus nobis hæc ocia fecit. Ti.
Nanq; erit ille mihi semper deus. illius aram
Sæpe tener nostris ab ouilibus imbuet agnus.
Ille meas errare boues, ut cernis, et ipsum
Ludere, quæ uellem, calamo permisit agresti.
Non equidem inuideo, miror magis. undiq; totis Me.
Vsque adeo turbatur agris. en ipse capellas
Protinus æger ago. hanc etiam uix Tityre duco.
Hic inter densas corylos modo nanq; gemellos,
Spem gregis, ah silice in nuda connixa reliquit.
Sæpe malum hoc nobis, si mens non leua fuisset,
De cœlo tactas memini prædicere quercus.
Sæpe sinistra caua prædixit ab ilice cornix.
Sed tamen, iste deus qui sit, da Tityre nobis.
Vrbem, quam dicunt Romam, Melibœe putaui Ti.
Stultus ego huic nostræ similem: quo sæpe solemus

及 d、e 和 o 等圆润字母形态的自然手写体的轴线。让桑的罗马体活字设计受到极大赞赏。在它诞生 550 年后的今天，我们依然能够完全读懂（除了长长的 s）。

阿尔杜斯·马努提乌斯是印刷术史上最值得景仰的名字之一。他被认为是意大利文艺复兴时期的学者型印刷家，尽管他本人可能从未操作过印刷机。阿尔杜斯于 1490 年迁居威尼斯，当时那里是繁荣的印刷中心。他开办了一家印刷所，首要任务是出版希腊经典，另外他也印制了一些华丽的拉丁文书籍，采用了博洛尼亚的弗朗切斯科·格里弗（Francesco Griffo of Bologna，1450—1518 年）为他雕刻的精美罗马体活字。阿尔杜斯印制的书本拥有美丽的设计，版式典雅，页边宽大，有的还装饰着极为优质的木雕版画（见第 187 页图）。

然而，它们吸引今人的主要原因是格里弗的罗马印刷体。它的精致程度在当时就已达到极致，至今也没有更多长进。他的字母和詹森的字母相比，笔画更细，也更少依赖缮写士的笔画。为了更匀称的效果，他雕刻的大写字母比小写字母的升部略短一些（今天一些更为精致的字体设计中，这一手法依然被遵循）。格里弗的这些活字成为法国印刷商赛门·德科利纳（Simon de Colines，1546 年卒）与罗伯特·艾蒂安（Robert Estienne，1559 年卒）新活字的灵感，甚至启发了著名的雕刻师克劳迪·加拉蒙德 [Claude Garamond，又名加拉蒙特（Garamont），1561 年卒]。20 世纪 20 年代，为了向阿尔杜斯印刷本中使用的活字致敬，蒙纳公司（Monotype Corporation）还为它们发行了名为本博（Bembo）和波利菲卢斯（Poliphilus）的“副本”。今天，我们还能在笔记本电脑里使用这些字体。

由阿尔杜斯·马努提乌斯在 1501 年出版的一部维吉尔作品中，首次出

对页图 巴洛克罗马体和意大利斜体。1621 年印制的让·雅农字体范本，由保罗·博容摹写、编辑，并附介绍。印刷本。伦敦：奇西克出版社为斯坦利·莫里森制作，1927 年。大英图书馆：C. 98. f. 13

PETIT CANON.

S'ils diſent, Vien auec nous, tendons des embuſches pour tuer: aguettons ſecretement l'innocent encores qu'il ne nous ait point fait le pourquoy. Engloutiſſons-les comme vn ſepulcre, tous vifs, & tous entiers cõme ceux ꝗ deſcendent en la foſſe. Nous trouuerons toute precieuſe cheuance, nous remplirons nos maiſons de butin.

ITALIQVE PETIT CANON.

Tu y auras ton lot parmi nous, il n'y aura qu'vne bourſe pour nous tous. Mon fils, ne te mets point en chemin auec eux: retire ton pied de leur ſentier. Car leurs pieds courent au mal, & ſe haſtent pour reſpandre le ſang.

夏尔-路易·西莫诺《一系列几何结构类型的设计》(局部)。雕版合集。巴黎，1695—1716 年。大英图书馆：61. g. 15, Plate 11

现了意大利斜体活字样，那是一次具有重大意义的革新（见第 087 页图）。通过对意大利斜体字（倾斜的字母和流动的延长线）进行雕刻，能够使它与金属字块的立方体契合，这本身就是一个技术上的胜利。但这一印刷活字尺寸极小，高度不到 4 毫米。在这本书的卷末版权页上，阿尔杜斯向活字的篆刻者致意，该字体“出自技艺高超的博洛尼亚的弗朗西斯（弗朗切斯科·格里弗）之手”。[3] 阿尔杜斯有意采用了这种微小的意大利斜体字来压缩书本的尺寸。他解释道，这么做是为了“能让你携带方便”。它们是首批印制的“口袋书”。尽管活字的尺寸那么小，格里弗还是捕捉到了当时大法官手写体的速写体特质。卢多维科·文森蒂诺·德利阿里吉，梵蒂冈大法官庭（抄写员办公室）的一名职业缮写士，也于 1522 年在威尼斯创办了一家印刷厂，随后迁至罗马。德利阿里吉印刷了三十多个选题。尤为突出的是，他那美丽的意大利斜体铅活字其实是巧妙地改编自他自己的宫廷草体笔迹见第 168 页图。

16 世纪后罗马体的革新

阿尔杜斯采用的意大利斜体是罗马字形的独立替代。16 世纪以后，意大利斜体被用作罗马体的辅助，出现在同一本书中，但往往用于不同的版块。今天，罗马体和意大利斜体通常被设计在一起，并且彼此之间完全契合。它们有意被设计成拥有相同的字号、相同的基线、相同的字母 x 基准高度，以及相衬的字重。

让・雅农（Jean Jannon，1580—1658 年）在 1621 年印制的其字体范本的导言中说，他创造了许多不同大小的字体“以及它们的意大利斜体”（作者强调）。显然，雅农的意图是制作一系列相互兼容的罗马体字和意大利斜体字，而且他可能是第一个这样做的人。然而，他的字形与之前同属 16 世纪的字形有极大的偏差。它们更精致，笔画更细，而且有“尖锐的”刺。

1693 年，在让－保罗・比格农（Jean-Paul Bignon）的主持下，法国科学院下属的一个委员会开始将“运用在艺术实践中的一切技艺”记录在案。他们便是从印刷术——“将其他一切保留下来的艺术”[4] 开始。这一研究的一大成果，是造就了一系列复杂的几何结构字母，它们都由委员会设计，并且由夏尔－路易・西莫诺（Charles-Louis Simonneau，1654—1727 年）精心雕刻在铜板上。复杂的大写字母绘制在一个由 64（8×8）个方格组成的网格上，每个方格再细分为 6×6，总计 2304 个方格（见第 090 页图）。委员会进一步发展出一系列印刷活字，专供王家印刷厂使用，它们最初由费

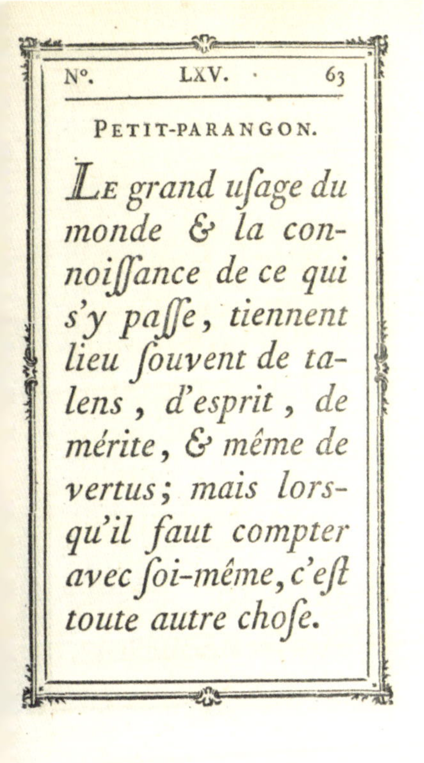

新古典主义意大利斜体。皮埃尔 - 西蒙 · 富尼耶《印刷工艺手册》。印刷本。巴黎：皮埃尔 - 西蒙 · 富尼耶，1764—1766 年。大英图书馆：51. b. 22-23, vol. 2, p. 63

利佩 · 格朗让（Philippe Grandjean，1666—1714 年）雕刻，最终被命名为 romain de roi（意为国王的罗马体字）。格朗让的字体具有一丝几何风味，并刻意摆脱了之前罗马体活字的风格（他的字母笔画有更明显的粗细对比，且所有弧形字母都有一个水平轴），比委员会那些极为呆板的几何字母更具个性。

皮埃尔 - 西蒙 · 富尼耶（Pierre-Simon Fournier，1712—1768 年）是法国铸字商家族中最杰出的人物。他的印刷字体广受喜爱，与此同时，他也是一名活跃的印刷学者。他的活字设计展现出他对早期风格的进一步发展，尤其是他的意大利斜体（见本页左图）。他倾向于通过“让它们变得略为接近我们的书写风格”的方式来改革意大利斜体。[5] 由阿莱 · 德博利厄（Alais de Beaulieu，1689 年卒）创作的书写手册《书写的艺术》于 1680 年在巴黎出版。其中的手写字体与富尼耶的意大利斜体十分相似。与格里弗和德利阿里吉那些“带尖角的”大法官斜体相比，富尼耶的意大利斜体更圆润，似乎也没有那么潦草。它更具有罗马斜体的特点（就像笔直的字母被往右推了一把）。

约翰 · 巴斯克维尔（1707—1775 年）宣称

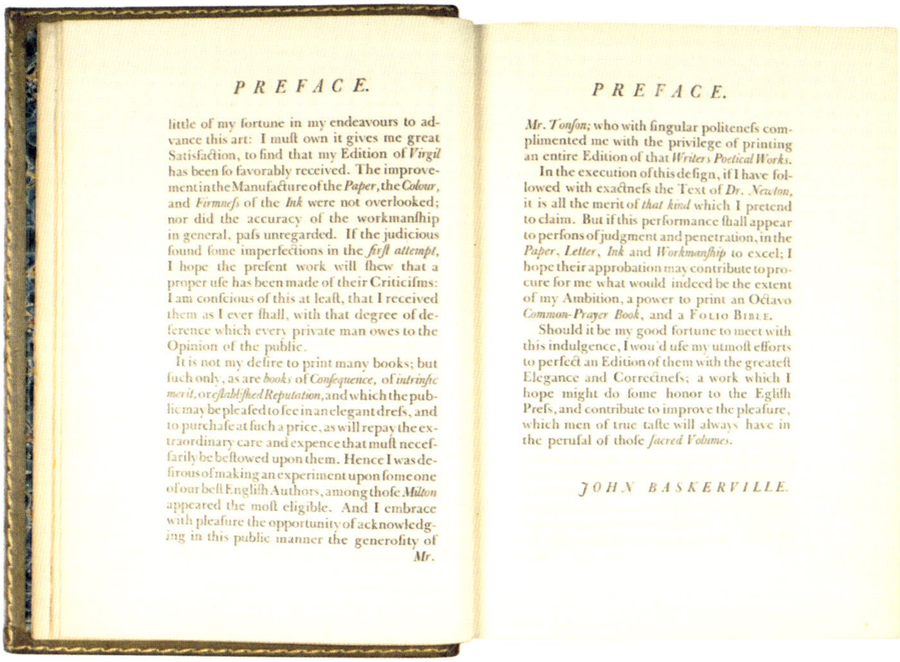

PREFACE.

little of my fortune in my endeavours to advance this art: I muſt own it gives me great Satisfaction, to find that my Edition of *Virgil* has been ſo favorably received. The improvement in the Manufacture of the *Paper*, the *Colour*, and *Firmneſs* of the *Ink* were not overlooked; nor did the accuracy of the workmanſhip in general, paſs unregarded. If the judicious found ſome imperfections in the *firſt attempt*, I hope the preſent work will ſhew that a proper uſe has been made of their Criticiſms: I am conſcious of this at leaſt, that I received them as I ever ſhall, with that degree of deference which every private man owes to the Opinion of the public.

It is not my deſire to print many books; but ſuch only, as are *books* of *Conſequence*, of *intrinſic merit*, or *eſtabliſhed Reputation*, and which the public may be pleaſed to ſee in an elegant dreſs, and to purchaſe at ſuch a price, as will repay the extraordinary care and expence that muſt neceſſarily be beſtowed upon them. Hence I was deſirous of making an experiment upon ſome one of our beſt Engliſh Authors, among thoſe *Milton* appeared the moſt eligible. And I embrace with pleaſure the opportunity of acknowledging in this public manner the generoſity of Mr.

PREFACE.

Mr. Tonſon; who with ſingular politeneſs complimented me with the privilege of printing an entire Edition of that *Writers Poetical Works*.

In the execution of this deſign, if I have followed with exactneſs the Text of *Dr. Newton*, it is all the merit of *that kind* which I pretend to claim. But if this performance ſhall appear to perſons of judgment and penetration, in the *Paper*, *Letter*, *Ink* and *Workmanſhip* to excel; I hope their approbation may contribute to procure for me what would indeed be the extent of my Ambition, a power to print an Octavo *Common-Prayer Book*, and a Folio Bible.

Should it be my good fortune to meet with this indulgence, I wou'd uſe my utmoſt efforts to perfect an Edition of them with the greateſt Elegance and Correctneſs; a work which I hope might do ſome honor to the Egliſh Preſs, and contribute to improve the pleaſure, which men of true taſte will always have in the peruſal of thoſe *ſacred Volumes*.

JOHN BASKERVILLE.

新古典主义罗马体和意大利斜体。约翰·弥尔顿《失乐园》。印刷本。伯明翰（英格兰）：约翰·巴斯克维尔，1758 年。大英图书馆：680. e. 9

自己的字母形态才是原创的：“我的字母没有抄袭 [原文如此] 任何其他，它们完全是由我的思想锻造出来的。”[6] 特别是他的意大利斜体活字，具备了一名技艺高超的书法家所拥有的特点（他早年也是一位书写大师）；然而，他的印刷字模无疑是由他的监工约翰·汉迪（John Handy，1792 年卒）为他雕刻的。

为了使其精致的字体达到最佳印制效果，巴斯克维尔精心改进了他的纸张、墨水和印刷机，将它们打造成一套精密的工具。他从不重复使用自己的活字：“巴斯克维尔先生 [原文如此] 习惯于在完成一本书后将活字熔化，这样他总能启用一套新的字母进行印刷。”[7]

他的大多数书籍今天会被我们称为“限量版”；其中多册被出售给私人订购者（见第 093 页图）。它们不仅印制精美，还拥有漂亮的设计。字体以不同大小的层次排列，由它们“为自己发声”，并不需要额外的装饰。文字的行距很宽，并与反面的字行完美地排列在一起，标题中的大写字母有一定的间距，而且整本书的页边距很大。巴斯克维尔的书可以作为有意创作的美术作品来欣赏。

约翰·巴斯克维尔的书籍和版式设计在欧洲广受赞誉，尤其是在英国。让－皮埃尔·富尼耶将它们视为“不折不扣的清晰杰作”[8]，帕尔马的詹巴蒂斯塔·博多尼（Giambattista Bodoni of Palma，1740—1813 年）在自己的书中效仿了巴斯克维尔印刷品的许多特点。博多尼在印刷工艺的各个方面都很出色。他极为精准地切割字模，并在每种尺寸的字体中提供了各种各样的字重、宽度和高度，这在他于 1818 年出版的《排版工艺手册》中可以看到。博多尼的字体曾被视为“现代”历史印刷字体的典范。字母笔画之间的粗细对比非常强烈，圆弧对应的字轴线为稳固的水平状态，而衬线只是“细如发丝”的笔画。

博多尼书籍的版面设计显然模仿了巴斯克维尔，拥有极为经典的简洁度（见第 95 页图）。他的书的尺寸比一般的书大，但其巨大的页边距、宽阔的行间距、开阔的字母间距和刻意略去的装饰，使人们的注意力都聚焦到锐利的印刷字体上。打开一本博多尼的书，令人叹为观止。

尽管极尽朴素，具有“不友好”的特点，以博多尼为代表的“现代”活字成了 19 世纪印刷业的时髦标杆。印刷商发现，它们极细的笔画和细如发丝的衬线磨损得很快，需要频繁替换。伦敦出生的字模雕刻师理查

对页图 现代理性罗马体。《贺拉斯集》。帕尔马（意大利）：G. 博多尼，1791 年。大英图书馆：General Reference Collection 74.k.1,p.289

Pectore verba puer; nunc te melioribus offer.
Quo semel est imbuta recens, servabit odorem
Testa diu. Quod si cessas, aut strenuus anteis;
Nec tardum opperior, nec praecedentibus insto.

EPISTOLA III.

AD IVLIVM FLORVM.

Iuli Flore, quibus terrarum militet oris
Claudius Augusti privignus, scire laboro.
Thracane vos, Hebrusque nivali compede vinctus;
An freta vicinas inter currentia turres,
An pingues Asiae campi, collesque morantur?
Quid studiosa cohors operum struit? hoc quoque curo.
Quis sibi res gestas Augusti scribere sumit?
Bella quis, et paces longum diffundit in aevum?
Quid Titius, Romana brevi venturus in ora,
Pindarici fontis qui non expalluit haustus,
Fastidire lacus, et rivos ausus apertos?
Vt valet? ut meminit nostri? fidibusne Latinis
Thebanos aptare modos studet, auspice Musa?
An tragica desaevit, et ampullatur in arte?
Quid mihi Celsus agit? monitus, multumque monendus,

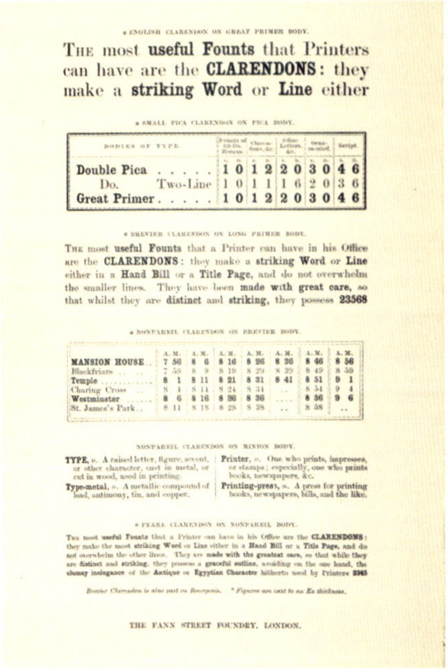
* ENGLISH CLARENDON ON GREAT PRIMER BODY.

THE most **useful Founts** that Printers can have are the **CLARENDONS:** they make a **striking Word** or **Line** either

* SMALL PICA CLARENDON ON PICA BODY.

BODIES OF TYPE.	[illegible]	Clarendons, &c.	2-line Letters, &c.	Ornamented	Script
	s. d.	s. d.	s. d.	s. d.	s. d.
Double Pica	1 0	1 2	2 0	3 0	4 6
Do. Two-Line	1 0	1 1	1 6	2 0	3 6
Great Primer	1 0	1 2	2 0	3 0	4 6

* BREVIER CLARENDON ON LONG PRIMER BODY.

THE most **useful Founts** that a Printer can have in his **Office** are the **CLARENDONS:** they make a **striking Word** or **Line** either in a **Hand Bill** or a **Title Page,** and do not overwhelm the smaller lines. They have been **made with great care,** so that whilst they are **distinct** and **striking,** they possess **23568**

* NONPAREIL CLARENDON ON BREVIER BODY.

	A. M.	A. M.	A. M.	A. M.	A. M.	A. M.	A. M.
MANSION HOUSE ..	7 56	8 6	8 16	8 26	8 36	8 46	8 56
Blackfriars	7 59	8 9	8 19	8 29	8 39	8 49	8 59
Temple	8 1	8 11	8 21	8 31	8 41	8 51	9 1
Charing Cross ..	8 4	8 14	8 24	8 34	..	8 54	9 4
Westminster	8 6	8 16	8 26	8 36	....	8 56	9 6
St. James's Park ..	8 11	8 18	8 28	8 38	..	8 58	..

NONPAREIL CLARENDON ON MINION BODY.

TYPE, *n.* A raised letter, figure, accent, or other character, cast in metal, or cut in wood, used in printing.

Type-metal, *n.* A metallic compound of lead, antimony, tin, and copper.

Printer, *n.* One who prints, impresses, or stamps; especially, **one who prints** books, newspapers, &c.

Printing-press, *n.* A press for **printing** books, newspapers, **bills,** and **the like.**

* PEARL CLARENDON ON NONPAREIL BODY.

THE most **useful Founts** that a Printer can have in his Office are the **CLARENDONS:** they make the most **striking Word** or **Line** either in a **Hand Bill** or a **Title Page, and do** not overwhelm the other lines. They are **made with the greatest care,** so that while they are **distinct** and **striking,** they possess a **graceful outline,** avoiding on the one hand, the **clumsy inelegance** of the **Antique** or **Egyptian Character** hitherto used by Printers **2345**

*Brevier Clarendon is also cast on Bourgeois. * Figures are cast to an En thickness.*

THE FANN STREET FOUNDRY, LONDON.

克拉伦登罗马体。查尔斯·里德爵士及其后辈《印刷字体、装饰范本及其他》。伦敦：查尔斯·里德，1897年。大英图书馆：RB.23.a.28300

德·奥斯汀（Richard Austin，1756—1832年）于1812年和1813年为两家苏格兰铸字商设计了新字体。之后，他在《致印刷商》中表示，他有意将“最强的耐久度与最优雅的形态相结合”。[9]他的活字字重依然很粗，但是形态圆润，拥有细致匀称的纤细笔画，以及灵动的支架衬线。奥斯汀的活字后来被引入美国，这些被称为苏格兰体的活字凭借其优质、耐久与廉价的特点饱受赞誉。从理查德·奥斯汀的设计衍生出的字体则被称为苏格兰罗马体。

19世纪的字体设计很大程度上被商业广告日益增长的需求所影响，商业广告需要大而粗的字母。铸字商顺应需求，推出了粗重的“埃及”字母，其方块状或块状支架似的衬线和如今的莱诺克拉伦登字体（Linotype

Clarendon）或蒙纳罗克韦尔字体（Monotype Rockwell）相似（见第 096 页图）。另外，它们还给“现代”字体赋予了相当骇人的粗细对比，被称为“胖体字”（Fat Face，见第 098 页上图）。现代的例子可以去看莱诺索罗古德字体（Linotype Thorowgood）。第三类是无衬线字体，在美国经常会被迷惑性地标记为 Gothic（哥特体），在英国则被称为 Grotesque（怪异体），由此便有了国际字体公司富兰克林 – 哥特（ITC Franklin Gothic）体。

没有衬线的字母很早便开始使用了，但是它们被纳入印刷活字的时间相当晚。首个无衬线印刷字体只有大写，出现在卡尔森公司的范本上，可以追溯到 1816 年。自 19 世纪 30 年代起，许多类似的活字出现了，它们被用于海报、传单和其他短效印刷品。小写字母被添加进大写字母中，并具有持续扩充的字重、宽度、形状和尺寸。1865 年，一本来自乔治·布鲁斯纽约活字铸字厂的范本中甚至展示了小字号的无衬线字体。

到了 20 世纪，无衬线印刷体变得日益重要。爱德华·约翰斯顿（1872—1944 年）为伦敦地铁（1916 年）带来的革新设计使字母变得清晰显眼。一开始，它们被用在巨大的站牌标识和海报上，后来又用于印刷品。他的字体在初次发行后屡屡经过调整，最彻底的一次要属 20 世纪 70 年代由河野英一在班克斯与迈尔斯设计工作室推出的版本，最近一次则发生在 2016 年，蒙纳公司（应伦敦交通局的要求）推出了“约翰斯顿 100”（Johnston 100）字体。这是一次向原字体诞生百年的致敬，并重新引入了约翰斯顿体最初版本的几项特征，包括略不对称的小写字母 g。尽管约翰斯顿的这套字体屡经调整，但约翰斯顿无衬线体（Johnston Sans）至今仍是伦敦交通局印刷体的典范（见第 189 页右图）。

埃里克·吉尔（Eric Gill，1882—1940 年）是字体雕刻家，在蒙纳公司

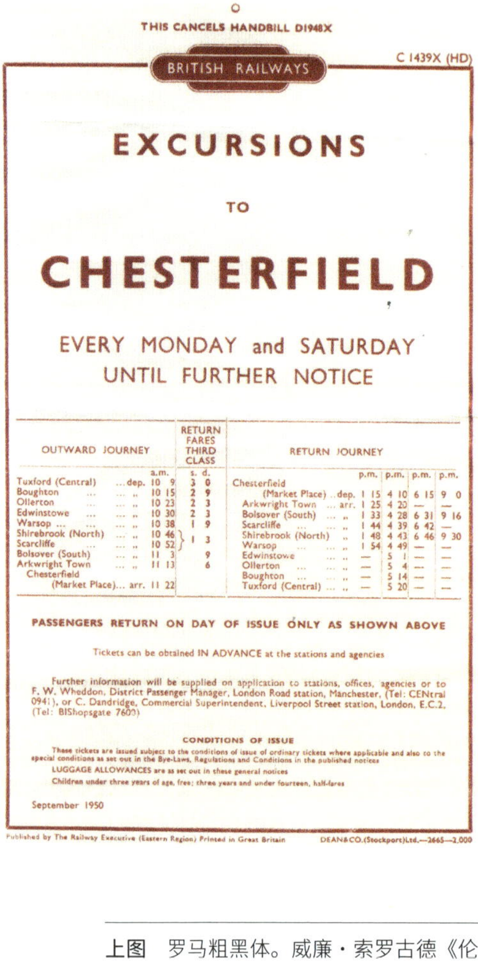
THIS CANCELS HANDBILL D1948X

BRITISH RAILWAYS

C 1439X (HD)

EXCURSIONS

TO

CHESTERFIELD

EVERY MONDAY and SATURDAY
UNTIL FURTHER NOTICE

OUTWARD JOURNEY		a.m.	RETURN FARES THIRD CLASS s. d.
Tuxford (Central)	...dep.	10 9	3 0
Boughton	... ... „	10 15	2 9
Ollerton	... ... „	10 23	2 3
Edwinstowe	... ... „	10 30	2 3
Warsop ...	... ... „	10 38	1 9
Shirebrook (North)	... „	10 46	1 3
Scarcliffe	... ... „	10 52	
Bolsover (South)	... „	11 3	9
Arkwright Town	... „	11 13	6
Chesterfield (Market Place)...	arr.	11 22	

RETURN JOURNEY		p.m.	p.m.	p.m.	p.m.
Chesterfield (Market Place)	..dep.	1 15	4 10	6 15	9 0
Arkwright Town	... arr.	1 25	4 20	—	—
Bolsover (South)	... „	1 33	4 28	6 31	9 16
Scarcliffe	... ... „	1 44	4 39	6 42	—
Shirebrook (North)	„	1 48	4 43	6 46	9 30
Warsop	... ... „	1 54	4 49	—	—
Edwinstowe	... „	—	5 1	—	—
Ollerton	... ... „	—	5 4	—	—
Boughton	... ... „	—	5 14	—	—
Tuxford (Central)	... „	—	5 20	—	—

PASSENGERS RETURN ON DAY OF ISSUE ONLY AS SHOWN ABOVE

Tickets can be obtained IN ADVANCE at the stations and agencies

Further information will be supplied on application to stations, offices, agencies or to F. W. Wheddon, District Passenger Manager, London Road station, Manchester, (Tel: CENtral 0941), or C. Dandridge, Commercial Superintendent, Liverpool Street station, London, E.C.2. (Tel: BIShopsgate 7600)

CONDITIONS OF ISSUE

These tickets are issued subject to the conditions of issue of ordinary tickets where applicable and also to the special conditions as set out in the Bye-Laws, Regulations and Conditions in the published notices

LUGGAGE ALLOWANCES are as set out in these general notices

Children under three years of age, free; three years and under fourteen, half-fares

September 1950

Published by The Railway Executive (Eastern Region) Printed in Great Britain DEAN&CO.(Stockport)Ltd.—2665—2,000

的劝说下设计了一种无衬线字体。吉尔无衬线体首次出现在1928年，本质上是对约翰斯顿体的一种改良（见本页下图）。同约翰斯顿体一样，吉尔无衬线体（Eric Sans）的大写字母以古典罗马字形为基础，与早期的哥特无衬线体相比，被允许拥有更多的宽度变化；小写字母则沿袭了传统带衬线字体的比例。

同一时期的德国，在包豪斯学派的影响下，保罗·伦纳（Paul Renner，1878—1956年）设计了一套几何外观更强的无衬线字体——未来体（Futura）（见第099页左图）。未来体的x高度较低，因此能使升部更长。这些字母乍一看像是用圆规和尺子画出来的，实际上，它们的结构微妙得多。

第三种无衬线体出现在20世纪50年代晚期。1957年，出生于瑞士的字体设计师阿德里安·弗鲁蒂格（Adrian Frutiger，1928—2015年）完善并延伸了19世纪哥特体的衬线。其卓绝的宇宙体（Univers）大家庭由21种字型组成，在一套完全匹配兼容的字体中拥有齐全的

上图 罗马粗黑体。威廉·索罗古德《伦敦芳街字母铸造厂印刷字体样本》。印制目录。伦敦：威廉·索罗古德，1828年。大英图书馆：11898. cc. 19

下图 罗马等线体。埃里克·吉尔。吉尔无衬线体。轨道交通传单。英格兰，1950年

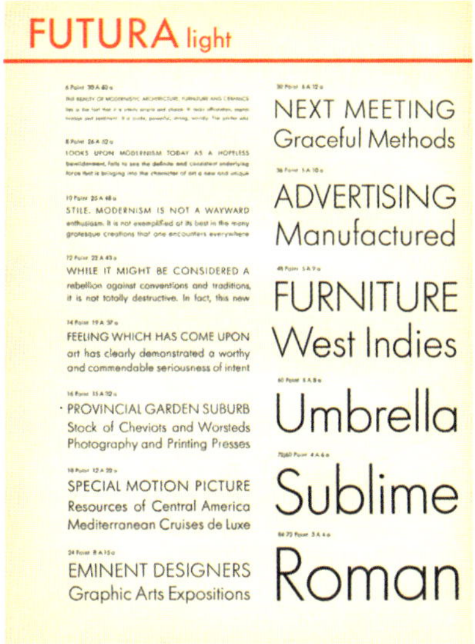

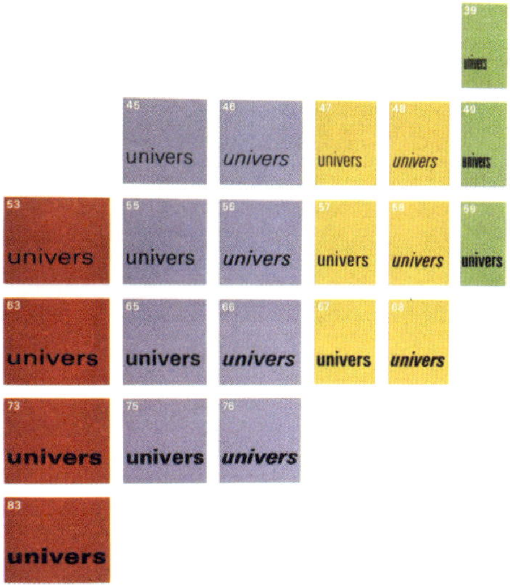

左图 罗马等线体。保罗・伦纳。未来体轻磅字体范本。鲍尔铸字厂，法兰克福和纽约，20 世纪 30 年代

右图 罗马等线体。阿德里安・弗鲁蒂格。由德贝尔尼和佩尼奥字体公司（巴黎）发行的宇宙体字体表，时间可能为 1957 年宇宙体上市时

字重、宽度与斜体，还带有一套简单独特的编码系统来识别每一个字型。几年后，一套极其相近的字型出现了，这套字型由马克斯・米丁格（Max Miedinger，1910—1980 年）设计，德国施腾佩尔铸字厂发行，名为赫维提卡体（Helvetica）。平面设计师频繁使用这套字体，特别是用在公共标志上，它还得了一个昵称：机场体。20 世纪 80 年代末和 90 年代初，赫维提卡体最终被用作纽约整个地铁系统的标准字体。它取代了以往众多眼花缭乱的字体风格和五颜六色的视觉效果，为乘客提供了有序清晰的信息。

显而易见，这些印刷字体相当受欢迎，并且使平面设计师和排版人员更好地接纳了无衬线字体。然而，长期以来，人们一直不肯将长篇的文本

设置为无衬线字体，所以很少能找到通篇用无衬线字体排版的书籍。也有例外，通常是关于排版的书籍。人们普遍承认，无衬线字体带给眼睛的负担较小，而且无衬线字体本身使文字更容易阅读。

21 世纪的杂志和期刊并不那么沉默保守。许多人在排版时都采用了无衬线字体，现在他们确实有很多选择。在 Identifont 网站上，目前已经列出了 7800 种不同的无衬线字体。也许无衬线字体注定要定义未来的字体?

然而，我们必须记住，近年来，技术已经以戏剧性的方式革新了排版和印刷。现在，字体设计既可以通过传统的绘图，也可以直接通过在屏幕上使用软件获得。今天，字体设计可能需要在各种媒体上发挥作用，从传统的印刷品，到笔记本电脑和手机，这些载体都有不同的分辨率。字体可以是栩栩如生的。有些设计专门应用于电子设备，并可以根据格式和可用空间进行图像变换。基于这些新的可能性，要预测罗马字母系统未来的发展颇有难度。

焦点 1

卡克斯顿的首部《坎特伯雷故事集》印刷本

阿德里安·S. 爱德华兹

国王图书馆矗立在大英图书馆的心脏地带。在安全玻璃后，它藏满了由英国国王乔治三世亲自收集的一部部古籍。其中许多图书堪称珍本，但只有屈指可数的几部能让你在欣赏它们的美丽和讲述文字发展的故事时叹为观止。其中一部便是威廉·卡克斯顿版《坎特伯雷故事集》。这部乔叟的作品是英国印刷的首部大型书籍。

威廉·卡克斯顿（William Caxton，约 1422—1492 年）是一名商人，他经常被称为英国首位印刷商。实际上，他更多的是出版商、编辑和译者，从欧洲大陆雇用技艺高超的工人。他似乎是在科隆生活期间学会了印刷技艺，之后才回到自己最早位于佛兰德斯的基地，在那里创立了自己的印刷事业。出人意料的是，他的首部出版作品居然是一部英语作品——《特洛伊历史故事集》（*Recuyell of the Historyes of Troye*，1473—1474 年）。

1475—1476 年的冬天，卡克斯顿离开佛兰德斯，回到英国。他在威斯敏斯特教区开了店，并在接下来的两年中发行了一系列小册子，共计 9 种。与此同时，他似乎还在制作《坎特伯雷故事集》。该书的最终出版日期不详，但书志学家一般认定为 1476—1477 年。这本书有 374 页，展示了高质量的工艺水平，可见卡克斯顿起用了来自欧洲大陆的技艺高超的排字工人和印刷工匠。他还沿用了自己不久前在佛兰德斯启用的一套字体（被印刷史家称为卡克斯顿 2 型）。其设计基于一种被称为巴塔德的手写字体，这种书法体曾出现在佛兰德斯最好的抄本上。研究人员确定，它是由约翰·维尔德纳（Johan Veldener）创作的，他是一名字模雕刻师与印刷工，据说曾与卡克斯顿合作过多个项目。这里第一页上显著的特征包括两种不同形式的大写字母 I（在第 20 行中都可以看到），以及单词末尾字母 d 尾部的花体（在任意以 and 开头的字行中都能看到）。在第二行的末尾，还有一个单词 the 的例子，在一个类似 y 的字符上方写了一个小小的 e。这是盎格鲁 - 撒克逊字符 þ 或单词 thorn 的晚期变体，当时在英语手写体中仍用于表示 /th/ 音。与其他许多早期出版物一样，还有一些小的“引导字母”，用来示意红字标题添加师应该在哪里手写插入大大的红色首字母。

这本书的印量不得而知，很可能在 600 册上下。留存下来的 38 个副本收藏在世界各地的大型研究图书馆内，但大多是两三残页。乔治三世收藏的这部是为数不多保存完整的全本之一，为他的藏书增添了一抹神奇的亮色。

对页图 杰弗雷·乔叟《坎特伯雷故事集》。印刷本。威斯敏斯特（英格兰）：威廉·卡克斯顿，1476—1477 年。大英图书馆：167. c. 26, fol. 2r

Whan that Aprill with his shouris sote
And the droughte of marche hath percid ye rote
And badid every veyne in suche licour
Of which vertu engendrid is the flour
Whanne zepherus eke with his sote breth
Enspirid hath in every holte and heth
The tendir croppis and the yong sonne
Hath in the ram half his cours y ronne
And smale foulis make melodie
That slepyn al nyght with opyn ye
So prikith hem nature in her corage
Than longyng folk to gon on pilgremage
And palmers to seche straunge londis
To serue halowis couthe in sondry londis
And specially fro every shiris ende
Of yngelond to Cauntirbury they wende
The holy blisful martir for to seke
That them hath holpyn when they were seke
And fil in that seson on a day
In Suthwerk atte tabard as I lay
Redy to wende on my pilgremage
To Cauntirbury with devout corage
That nyght was come in to that hosterye
Wel nyne & twenty in a companye
Of sondry folk be aventure y falle
In felechip as pilgrymys were they alle
That toward Cauntirbury wolden ryde
The chambris and the stablis were wyde
And wel were they esid atte beste

手工烘干纸张（透火焙干）。中国明代宋应星《天工开物》中的“造纸”插图。1673 年印本的复制品。上海：中华书局，1959 年，第 2 册，第 76—77 页。大英图书馆：15226. b. 19

3 书写工具与材料

WRITING TOOLS AND MATERIALS

尤安·克莱顿

EWAN CLAYTON

一开始，人类在洞穴岩壁上留下标记，或是在骨片上刻画痕迹，这样一套简单的形式究竟是怎样变成我们今日熟知的那些复杂精妙的书写系统的呢？这一篇将通过审视四种制作印记的不同策略来探讨这个问题：在表面刻画或刮擦，用墨水书写，印刷以及数字化的印记制作。本篇从理论角度对工具和材料发挥的作用做了讨论总结。

刻画或刮擦

虽然许多文化中最古老的书写形式起始于刻画或刮擦，我们并不知道这在多大程度上仅仅是因为它们留存下来了。在同时期，人们是否使用过一些不那么耐久的材料？我们还在上埃及地区的陶器上发现了用软毛笔与彩陶绘制的象形文字，与之前同时代埃及最古老石刻上的形态相似。在中国，有些古老的甲骨文旁还散落着带文字的残片，看上去是用毛笔蘸了墨写在骨头上的。这种使用墨水的书法能否追溯到更久远的中国历史呢？

显然，我们丢失了许多材料。要是向希腊石碑上的彩绘投去一瞥，就会知道许多空白的面板和山墙上曾经有彩绘的铭文。庞贝和赫库兰尼姆彩绘的罗马文字残片表明，罗马世界可能也拥有过这样的形式。在中美洲，西班牙征服者的记录显示，曾经存在大量手写和彩绘的多页书籍；现今只有四部晚期的书籍幸存。

黏土应该是人们最早用于书写的载体，这是一种最简单的基质，使用前几乎不需要做什么调整。在美索不达米亚，也就是我们所说的“两河流域”，冲击淤泥形成了肥沃的平原，黏土很容易获取。人们可以徒手把潮湿的黏土捏成平板，再用尖笔在上面写字。泥板经过烘烤就能长久保存。人们普遍认定第一支书写尖笔很有可能是一支削尖了的芦苇。在对某些刻痕表面进行仔细检查后，这一说法似乎站得住脚——一面光滑（或许是芦苇的外缘形成了这一面），另一面则呈现出粗糙的条状纹（应该是芦苇秆内部的纹路露出来了）。此外，某些符号圆润（比如数字 10）或是勺子般的形状能通过弯曲一支芦苇，并将它圆形的截面压进泥板中轻松达成。

公元前 2900 年前后，象形文字开始变得不那么写实。这得益于采用了一种略微不同的书写技术。抄写员不再用芦苇尖的边缘在黏土上划出刻痕，而是启用了一套更快更干净的流程，直接把长长的芦苇压进黏土中，呈现出楔子一样的符号，也就是我们熟知的楔形文字（cuneiform，该词源自拉丁语 cuneus，也就是楔子）。在接下来的 600 年里，曲线被淘汰，符号的外观和它们最初参照的对象之间失去了直接的联系。在这个时期的某一阶段，楔形文字开始以水平线角度、从左到右阅读。为了与此相适应，这些符号被逆时针旋转了 90 度。这一变化似乎使符号被压入泥板变得更容易。两只手得以连续工作，随着字符的组合，芦苇和泥板被旋转到不同方向。泥板并非固定在一个位置上，从远处看，这个动作就像是在练习摆弄魔方。

这个时期的文字获得了一种具有自主性的美感，在端正庄严的石刻碑上延续到了第二个千年，比如约公元前 1754 年的《汉谟拉比法典》。其中，使用对比鲜明的线条长度来构成字符，这将文字从简单的实用意义升华为一种艺术实践，带有的节奏式样兼顾了视觉和触觉。

这一逐步抽象的过程经历了几个世纪。这种现象是许多书写系统都有的，使得符号具有更简单的图示意义，也变得更为紧凑。在制作多面体书写表面的尝试中，诞生了几乎称得上雕塑艺术的文字制品，如高大的八边形棱柱，能够容纳更多的文字量。到了后世，在亚述国王阿淑尔纳西尔帕

苏美尔楔形文字行政记录，乌尔第三王朝。泥板。美索不达米亚，约公元前 2100—公元前 2000 年。大英博物馆：1895, 0329. 2

二世统治期间（公元前 883—公元前 859 年在位），楔形文字被用于大型建筑，在皇宫壁画中的浅浮雕上可以看到文字。这种做法至少延续到了 250 年后亚述帝国的末期。其中保存最完好的要数来自尼尼微（今伊拉克摩苏尔）的那些壁画，现在被保管在伦敦的大英博物馆中。楔形文字曾为中东的数种语言所采用，从公元前 6 世纪起，在当地重大文化运动的冲击下日渐式微。无论如何，泥板提供了耐久的记录：火能烧毁纸张，却能轻易地将黏土烘硬，至今仍有成千上万的泥板得以留存。

从公元前 3200 年开始，埃及的圣书字就以镌刻的形式作为墓葬品的标签，出现在阿拜多斯的前王朝蝎子王的陵墓中。它们还以浅浮雕的形式出现在如纳尔迈调色盘这样的祭礼化妆调色盘上。耶鲁大学考古学家约翰·达内尔最近在埃及的艾尔－卡维（El-Khawy）岩画艺术遗址中发现的大型仪式场景雕刻可追溯到公元前 3250 年前后。它们与这些早期圣书字有着紧密的联系，一些岩石雕刻的符号有近半米高。

在接下来的五百年里，圣书字将会成为世界历史上最伟大的镌刻文字系统。它们被刻在浅浮雕上；被铸成石膏模；被制成石刻凹雕，这些字往往会被注入蓝色或绿色的颜料；或是以剪影形式绘制，被结实地涂抹上褐色或蓝色；或是和精工细刻的内部装饰一起被深深地刻在表面上。

雕刻在图坦卡蒙软金内棺（约公元前 1342—公元前 1327 年）中的文

埃及第十八王朝石碑。雕刻花岗岩。埃及，约公元前 1400—公元前 1351 年。大英图书馆：Talbot Stela 4

字随着雕刻师工具的移动轻微起伏。人们可以由此看出一个字的形态（笔画数、笔顺和方向）是如何被刻出来的。从中可以了解到，即使是最讲究形态的圣书字，不仅在视觉上具有吸引力，而且对制作者来说，也具有触觉和舞蹈般的流动感。

可能因为文字经常出现在雕刻和绘制的叙事画面中，随着时间的推移，圣书字的绘画和着色变得更加细致。在第十八王朝（公元前1550—公元前1295年）的拉美西斯一世、二世和三世的墓葬中，可以发现精美的多色彩绘。同王朝的图特摩斯三世和阿蒙霍特普二世的维齐尔列赫米留位于底比斯的墓葬中，存在着一些世界文字系统史上最精美的彩色铭文。在这些工匠的手中，书写俨然已成为一种艺术形式。

字母文字最早的实证也是以镌刻形式出现的，可以追溯到公元前1850年前后埃及恐怖峡谷的涂鸦。大约200年后，相似的文字出现在西奈半岛，它们看上去为腓尼基字母系统提供了基本的形态。而在今天我们还能在镌刻的铭文上看到，它们被铸成陶范或金属模。到了公元前1100年，这一字母系统的其中一个版本迁移至塞浦路斯，取代了当地更早的系统，随后传到希腊。在公元前800年前后，它又从希腊传到了意大利半岛。

在中国，最早的甲骨文文物可以追溯到公元前1300年至公元前1050年。大多数符号反映了取自自然世界的事物。公元前1100年前后，一种新的文字形式——金文出现了，它们被镌刻并浇铸在青铜器皿与青铜兵器上。其灵动的线条似乎更能反映使用毛笔的自由度，相较之下，镌刻则显得拘束。公元前500年前后，随着篆书的发展，这一端正庄严的文字风格使镌刻的影响再度回归。之所以称为“篆”书，是因为它被广泛用于印章，其特点是整体文字的空间分部比较均匀。在秦始皇统治期间（公元前221—

公元前 210 年)，小篆被统一采用为标准文字。

蜡版是压印与镌刻书写方式中的又一种应用。这种方式经由埃及传至希腊和罗马世界，并成为一大常见的书写材料，最后的使用记录一直延续到 19 世纪的法国。这种书写板先由木头（或象牙这样的珍贵材料）塑形，雕刻出凹陷的表面，注满蜂蜡，并混合少许植物原料（10% 的橄榄油就能起效)，使得表面更加柔韧。如果你试着在 100% 的蜂蜡表面写字，你很快便会发现被尖笔挑起的发硬发白的蜡屑会影响你的阅读。这种形态的蜡版便是古代与中世纪时期的笔记本。它们可用于绘制草稿、记录口述信息、记账、列清单，同时也是用来习字的练习簿。这些信息的性质和易于留下痕迹的书写表面似乎助长了一种并不那么正式的书写行为。写过的蜡版再封以印章，便可以作为法律文件之用，但是它们也可以反复利用。由金属或骨头制成的尖笔不能写字的那一端往往呈开阔扁平的形状，这一头被加热后，就可以将蜡刮平，把字抹去。书籍的形态概念极有可能最先源自这种蜡版。它们往往由细窄的皮带铰接在一块，一组页面就这样紧密地贴合到一起。在庞贝遗址的壁画中，人们手持蜡版，向世人展现出一个讲述了持笔姿态的失落世界，人们或是把这些尖笔握在手中，或是贴在嘴唇上，凉凉的。

学者们达成了一个共识：绝大多数刻写的希腊文和罗马文最先是用软毛笔写在石头上，然后再进行镌刻。大多数镌刻作品靠着光线引入的阴影使文字清晰可辨，有时切口处还会施上颜料（看上去像印度亚热带地区尖锐的书写笔在棕榈叶上写出来的字)。字母也可以在刻完后上色，比如罗马的刻字。

一直到 20 世纪中叶钨尖头的凿子被发明之前，用木槌和凿子在石头上

埃及第十八王朝彩色铭文。列赫米留墓葬绘画，查尔斯·K. 威尔金森临摹。底比斯（埃及），公元前 1479—公元前 1425 年。纸面蛋彩。1928 年。大都会艺术博物馆：30. 4. 79

雕刻很容易磨损凿子的刃，使凿子很容易被磨钝。今天，石刻碑文仍很盛行，它们被用于奠基石、建筑，铭牌、花园和室内装潢的装饰板，以及单个纪念碑。石头作为一种永久耐用的书写表面，已被世界上大多数书写系统所采用。

中美洲的石刻铭文是四大起源文字中唯一的镌刻文字，往往以浅浮雕的形式出现，字符犹如一根玉米上的玉米粒一样紧紧地堆叠在一起。虽然在像花岗岩这种坚硬的石头上，凸起的立体刻字（当使用字母衍生出的形态时）往往比凹雕的形式更容易阅读，但石刻文字中很少出现像玛雅传统

上图 写有速记符号和运输备忘录的希腊语蜡版。古埃及。公元前 3 世纪。大英图书馆：Add MS 33270

下图 希腊语卜文残片。大理石雕刻。以弗所（土耳其），公元前 6 世纪。大英博物馆：BM 1867, 1122.44

文字这样的立体形态。

还有一种以浅浮雕字形出现的重要立体传统文字则来自伊斯兰世界。阿拉伯、奥斯曼以及波斯的建筑铭文频频被打造为缎带状结构，傲然呈现在凹陷的壁龛中。阿拉伯文中一个显而易见的实例反映在开罗的盖拉温纳（Qula'un）墓葬群（1283—1285 年）中。犹如花叶缠枝的库法体文字呈现在浮雕铭文和精美的灰泥装饰压条中，蓬勃发展，常见于葬礼碑文和伊斯兰宗教学校，如现藏于德黑兰伊朗古代博物馆（又名伊朗巴斯坦博物馆）的哈格尔吉尔的尼扎米亚宗教学校（1072—1077 年）的库法体铭文边饰，以及已知最早的波斯铭文，发现于乌兹别克斯坦萨菲德·布兰德（1055—1060 年）的墓中。要论与铭文相关的文物，伊斯兰世界拥有的丰富度是其他文化无法企及的。

墨水、钢笔、毛笔与书写表面

用墨水书写最早出现在埃及，几乎和镌刻形式的圣书字（公元前 3200 年）诞生得一样早。有人曾说这两种书写介质是同时代发展的：在石头上刻写，蘸上墨水在象牙、织物以及莎草纸卷轴这样的材料上写字。墨水将成为最主要的书写方式，并传遍世界的各个角落。

基本上有两种墨水。第一种是具有着色力的墨水，它能够渗透书写表面并染色，如靛蓝、核桃墨、基于苯胺染料的墨水，还包括许多现代自来水笔的墨水以及纤维笔尖使用的墨水。第二种则是用色料制成的墨水，换言之就是留在“纸张”表面上的有色颗粒，它们并不会渗入表面或是给纤维染色。这些有色颗粒在书写表面干燥后一抹就掉，除非它们与某种胶

对页图 手持卷轴与蜡版的特伦提乌斯·尼奥及其妻子。壁画。特伦提乌斯·尼奥之家。庞贝（意大利），公元 55—79 年。那不勒斯国家考古博物馆

水混合，才能被固定在原处，这也是艺术家所称的媒介。传统上说，大多数文明中的墨水往往与兽皮制成的胶水（明胶）混合在一起。后来又采用了其他的树胶，如阿拉伯胶。鸡蛋是另一种用于彩色书写的媒介：蛋黄用在暖色的书写剂中，如朱砂，而蛋白（经过打发放置一夜后重新液化，形成了“釉光”）用于冷色。盎格鲁－撒克逊时期英国的《林迪斯法恩福音书》中，环绕字母的红点仍然熠熠生辉，是因为朱砂中加入了蛋黄而变得有光泽。

铁胆墨水是欧洲最古老的一种墨水。它们是通过用鞣酸对铁盐发生作用制成的；其效果是析出小颗粒的铁。鞣酸的来源各种各样，最常见的是橡树瘿，这是钻进橡树枝里的寄生虫结成的树瘿，像圆圆的浆果。来自阿勒颇的橡树瘿一度最为珍贵，其鞣酸含量接近 80%（英国橡树瘿的鞣酸含量不到 40%）。意大利书法家乔瓦尼・巴蒂斯塔・帕拉蒂诺（Giovanni Battista Palatino，约 1515—1575 年）1540 年的配方能够制作出一种品质绝佳的深色墨水：

> 将 3 盎司碾碎的树瘿泡在 $1\frac{5}{8}$品脱的雨水中。在阳光下放置 1 至 2 天。加入 2 盎司水绿矾（即硫酸铁），细细磨碎，用无花果枝条搅拌均匀。在阳光下放置 1 至 2 天。加入 1 盎司阿拉伯胶，在阳光下放置 1 天。[1]

虽然铁胆墨水可以写出一种非常精细的线条，不幸的是，随着时间的推移，它的颜色会褪成浅褐。而且因为它是酸性的，还会侵蚀纸张。

而在亚洲，比如印度、中国和日本，能够找到更可靠的墨水，这种墨

《盎格鲁 - 撒克逊福音书》，又名《林迪斯法恩福音书》。手抄本（羊皮纸，局部）。林迪斯法恩（英格兰），约公元 700 年。大英图书馆：Cotton MS Nero DIV，fol. 19r

水基于碳和少许树胶或明胶混合而成。黑色的碳颗粒提取自灯芯燃烧后漂浮在灯油上的烟尘，或是通过燃烧含有树脂的松木。使用时往往是固体的团块状。这些墨条和以水，在一块光滑的石头上研磨后又变为液体。在古代世界与中世纪欧洲也存在类似来源的碳墨。碳是宇宙中最稳定的元素，因此这些墨水从来不会褪色。

有些最纯正的碳墨源自日本。目前仍在制造的碳墨 90% 依然来自古都奈良。最早从 7 世纪开始，那里便是碳墨的生产地。只有屈指可数的几家公司还在继续以手工方式生产干墨条。要取得碳颗粒，多是通过燃烧植物油：菜籽油、亚麻籽油，或是更为珍贵的山茶油。红松在成为稀有树种

书法用具套装。大阪地区（日本），20 世纪中叶。私人收藏

前，其富含树脂的根部也是碳墨的珍贵原料。这些墨汁能够表现椋鸟翅膀上可以看到的黑色的所有色调，从泛着紫调的棕色到冷冷的蓝。烟尘常常会和一味香料混合在一起——一般是樟脑，来自仍然生长在许多寺庙中的古树——还有一种用兽皮制成的胶水。这一阶段的墨像一坨面团，用脚揉踩。墨球被扯成一小团一小团的，经过称重，被压入带雕花的梨木模具中。墨条一经脱模，为了防止开裂，要放在稻壳灰里慢慢收干，存上一年后才能投入市场。

书写者会与他们的书写材料产生强烈的依恋。出生于 1913 年的日本书法艺术家筱田桃红 [1] 正步入她人生的第二个世纪，她对自己的墨表达了深深的眷恋：

再一次想到水与墨，我用来创作的材料，我将它们视为两个极端：水与火……墨诞生于火焰燃烧后的残余，在我看来即精神，是化身，是火的升华。我认为墨就是生命与物质的终极境界。实际上，当我默默地在砚台上研磨一块被称为“极品烟”的古墨时，我生出一股奇异的、难以名状的感性印象。仿佛燃烧殆尽的火焰将生命的高潮传递给了我。我感受到了实质上的力量、精细的颗粒、典雅的秩序。与此同时，我还感受到某些超越物质的存在。墨，这种火焰的最后表现形态，却被水，这一相反的极端重新赋予了生命。或许我的这种感性意识有些夸张。某种程度上，我认为我们这些与水和墨打交道的人应该更敬畏它们。[2]

从崇高到平凡，对于现代钢笔墨水的研究一直在开展。拉斯洛·比罗（László Bíró）在 20 世纪 30 年代末和 40 年代的钢笔设计中对黏性墨水的开发，为钢笔制造业开创了一个全新的方向，造就了今天各种各样的一次性钢笔。墨水，它的颜色和质地（想想凝胶和闪光），是每个制造商都渴望的独特卖点之一。钢笔和墨水技术还远没有衰退，近几十年来，已经如滚雪球般发展起来。

◇◇◇

芦苇是最古老的书写工具之一。在中东地区，在印度次大陆与欧洲，它们被使用了数千年。在印度，人们也用竹简。其中用到的最有名的一种芦苇是来自伊拉克的常见芦苇，学名 *Phragmites australis*（曾用名

Phragmites communis）。过去，芦苇经过切割，在分发使用前，还要在暗处放置数个月渗出水分，秆身会变成一种深巧克力色。要找到一支品质优秀的苇管笔，就要看它的内部结构是否紧实，秆身是否足够笔直。

用来写阿拉伯语、奥斯曼土耳其语、波斯语和乌尔都语书法的苇管笔都经过一把坚实利刃的切割，它还会被架在象牙切割板上（maqta）修剪。笔尖向左斜切，精确的角度根据你想要的书写风格而变化。阿拉伯语的基础文字由 28 个字母和 ء 组成。元音符号写在位于发声元音前辅音的上方或下方。缺少的元音有一个符号来表示，还有一个变音符来区分其他相同的字母。变音符和元音符号一般只用笔尖就能写出来。阿拉伯语是从右写到左的；倾斜的笔尖角度是专门为了辅助这一运笔而进行切割的。而在中国的一些穆斯林聚居区，各种阿拉伯语是用毛笔书写的。

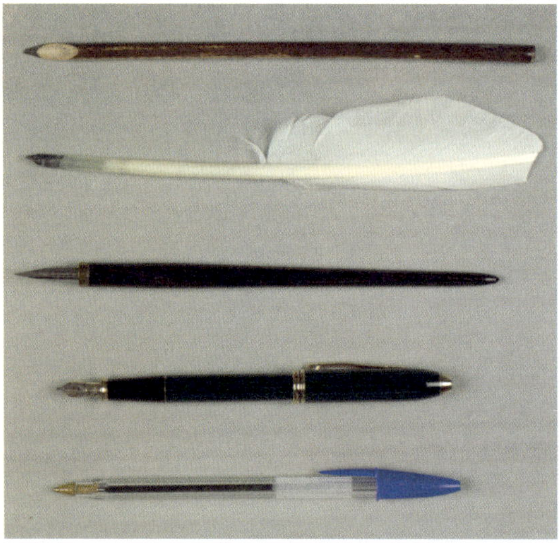

不同种类的笔：苇管笔、鹅毛笔、金属尖头笔尖及笔杆、自来水笔和比克圆珠笔

要书写罗马与希腊字母，苇管笔尖的切割方向和写阿拉伯语用的截然相反——是右向斜切。然而，晚期的希腊小写速写体所用的笔尖几乎是钝的，或者其边缘至少更软。在所有的欧洲字体中，希腊小写速写体是最潦草的，圆润并带有连字符。它发展于8世纪，以早期拜占庭罗马速写体为基础。钝头意味着笔尖和书写表面之间的挂连或阻力更小，这样有助于书写速度的加快。在欧洲，进入古典时代晚期，羽管笔逐渐比苇管笔变得更受欢迎。纸莎草和来自东方的芦苇越来越难获得。鹅毛笔与犊皮纸具有一种天然的协同作用。犊皮纸是一种用小牛犊和其他动物的皮料制成的书写材料，在这个时期越发受到人们的青睐。羽管笔和犊皮纸都是由同一种物质组成的：胶原蛋白。

任何一种鸟的羽毛都可以拿来写字，其中要属鹅毛最受欢迎。它能够轻易地被握在手中，而且易于获取。但羽管笔很难用：它们会磨损，毫无预兆地裂开，还会刮纸。它们成了年轻学生学习写字时的一块绊脚石。

早在罗马时代，金属笔就已经出现了，真正的制造生产要一直等到工业革命才得以实现。曼彻斯特的詹姆斯·佩里（James Perry）在1819年开始制造金属笔尖。1824年，他将公司迁至伦敦。到1835年，佩里的公司一年中能冲压出5 250 000个笔尖。在伯明翰的约瑟夫·吉洛特（Joseph Gillott）是做削（鹅毛）笔刀起家的，在1820年也转而生产金属笔尖。从1838年10月到1839年的12个月里，他的“生产厂”产出了44 654 702个笔尖。1840年，他被称作“女王的金属笔制造者”。[3] 伯明翰的金属笔行销全球，从印度到拉丁美洲，伯明翰最终成了产业中心。今天，伯明翰市内还有一座金属笔博物馆。

金属笔制造业志在造出书写流畅、具有弹性的牢固笔尖，最终的目标

... sunt ipsa nomen benedictum ... semper est infirmius

ut ... intendimus nobis

Ego intendem ... ut

Ego intendimus ... Ego ... Dne

Ego intendimus nobis expedit nobis

amendimus ... expedit nobis

amendimus nobis sup

... nulla pos ... ferre ... ne ... inventa medic...

nulla ves ...

C. X.

... vero ... distinccione ... sunt ... anglorum hominem

... sunt videlicet ... ...

sunt ... ... magnum ... sunt ... ... form

... distinccione ...

m ... a

Qui est quo

... catholica ...

Regens

R

... est ... ... sit ... ...

... ... capiet ... ... sit

... ... sit

约瑟夫·吉洛特，钢制笔尖样品。展示装订册。伯明翰（英格兰），19 世纪 30 年代。大英图书馆：C. 194. a. 1407

是能够创造出一股持续流淌的墨水流，最大限度地减少蘸取墨水和解决其他出墨不流畅的问题。

对我们熟知的自来水笔的最早尝试始于几个世纪前。塞缪尔·佩皮斯（1633—1703 年）是一位书写爱好者，他的笔带一个储墨器。最早的钢笔将墨水封装在中空的羽管内，再置于特制的手柄中。1809 年，第一批钢笔获得专利；到 19 世纪 70 年代初，钢笔已成为许多流行杂志广告页中为人熟知的特色。

◇◇◇

在东方，毛笔占据了主要地位：不管是过去还是现在，它们往往由动物（马、山羊或黄鼠狼）的毛发制成，每一种都有不同的特性。马毛富有弹性，吸水性不强；（黄鼠）狼毫则恰恰相反。毛笔其实可以用各种不同的

对页图　英语灵修笔记中的试笔。抄本。诺福克（英格兰），13 世纪。大英图书馆：Arundel MS 292, fol. 114v

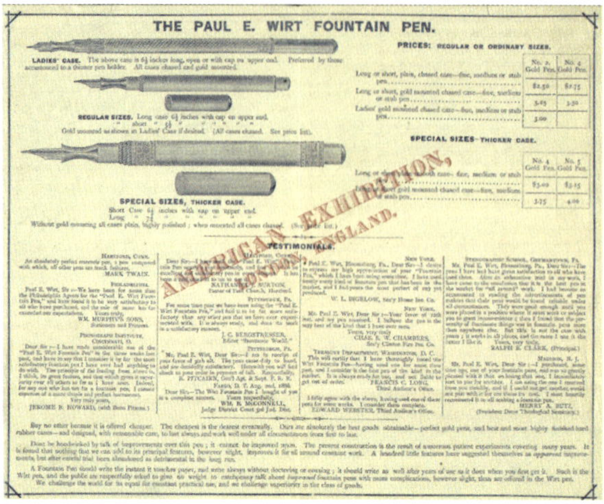

保罗·E. 沃特（事务所），Fountain 钢笔广告。印刷品。布卢姆斯堡（？，美国宾夕法尼亚州），1887。大英图书馆：Evan. 7475

纤维制成，如被锤薄的竹子。想要给书法带来一丝异域气息，甚至可以用鸡毛。这些毛发被精心地拢成一簇，经过修型，捆在一起，最后（往往用胶水）固定在一支笔杆上。毛笔具有潜力，能成为一种展现出强大表现力的书写工具。在书写时，它携带了大量的墨水，能够呈现出极细的笔迹，也能扫出宽阔的墨痕。

在中国与日本的书写传统中（也为其他国家所效仿），所持的毛笔笔杆要与书写表面呈直角，让墨汁流动通畅，笔尖弹力十足。通过在笔尖一系列微妙的提按转折，书写时笔尖的方向得到精心的控制。在最具美感的书法创作中，在写一个字时是不会中途重新蘸墨的：随着毛笔变干，墨汁也逐渐变淡。然而总体来说，书写者会在整个布局中小心翼翼地控制字的视觉重量，使其形成一种赏心悦目的动态平衡。

毛笔将一种反应灵敏的可触性赋予了书写。日本书法家石川九杨（生于 1945 年）将这种触觉上的相互关系称为“触摸”（taction）：书法表达的源泉。他在同名著作中这样写道：

> 书法家宣之于媒介的每一个动作——笔与纸之间的每一个接触——都会诱发一个相对而平等的反应。书法家不断地格挡开从媒介上反弹的能量，他甚至要继续通过毛笔向媒介注入能量。这种动作与反应的持续相互作用激发了书法作品中的戏剧性。[4]

他又深入谈到一点（同样适用于罗马大写字母），字母的塑造也存在相互作用：凿子与软毛笔之间的相互影响。毛笔作品与雕刻在历史的进程中是同步推进的。

在许多传统文化中，书写工具都是相当珍贵的物品。在伊斯兰世界，用来裁纸的剪刀、准备纸张的抛光器、名为 qalam 的苇管笔、用来切削苇管笔尖的平台与削笔刀，都能成为独具匠心的物件。世界各地都是如此。在中国和东亚其他书法传统文化中，笔墨纸砚作为“文房四宝”为人所熟知。它们往往都是极为美好的东西。

◇◇◇

生长在埃及尼罗河畔的纸莎草在近 3000 年的时间里为地中海世界提供了主要的书写材料。现存最古老的莎草纸来自塞加拉，距今约 5000 年。三角形的茎秆可以竖直剖开，切成细条，然后平铺成两层。当把它们轻轻敲打到一起时，天然的植物汁液会将各层粘在一起。莎草纸的表面有时会起轻微的纹路，可以用浮石轻轻地摩挲光滑。把这些薄薄的莎草纸粘到一起，

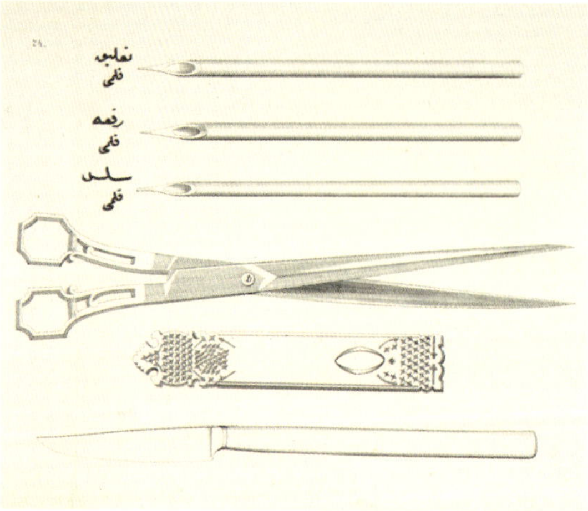

奥斯曼书法手册中书写材料的插画。刻本。伊斯坦布尔。19 世纪 50 年代（？），大英图书馆：HSL. 74/671, Plate 24

可以做成卷轴。莎草纸经过清洗和擦洗后可以回收，但其纤维素和木质素会逐渐老化而变脆，层层剥落。在埃及以外的地方，莎草纸存世量极少，而埃及的干燥气候有利于莎草纸的长久保存。长达 10 米的卷轴相对容易处理，这在某种程度上可能鼓励了古典长篇文本的创作。

到了如今的欧洲，纸在我们眼中也是转瞬易逝的。在保存得当的环境中，纸也能拥有无比漫长的寿命。在中国大漠边缘的敦煌石窟中发现的《妙法莲华经》卷轴，其纸张松脆光滑，可追溯到公元 672 年。中国造纸的考古证据似乎至少可以追溯到公元前 1 世纪，而从公元 105 年起就存在确切的文献证据。纸张的原料来自各种经过捣碎分离的植物纤维（纤维素），如大麻、竹、野桑、亚麻和棉花，还有废旧的织物。这些纤维漂浮在水中，然后通过一个多孔的筛子（篾席）过滤。水一经排干，纤维就有了物理和

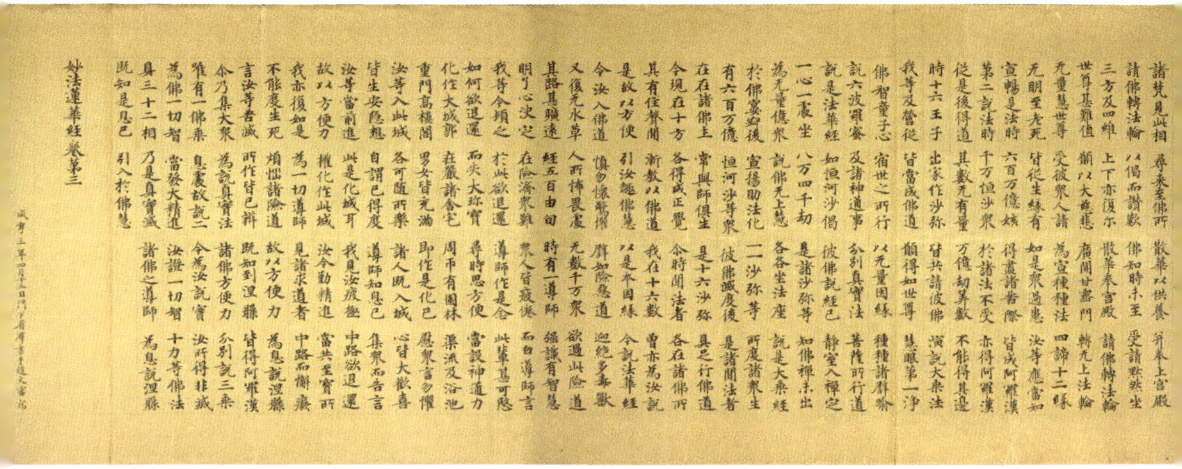

《妙法莲华经》，附书写详情。手抄卷轴。长安（今西安，中国），公元 672 年 5 月 17 日。大英图书馆：Or. 8210/S. 4209

化学层面上的结合，形成一张交织紧密的垫子。在欧洲和伊斯兰世界，纸张往往还有进一步的制备工序，给纸封上一层浆，并将其表面变得平整。在西方，上浆用的是明胶。在奥斯曼时代，用淀粉给纸表面上浆的古老方法则让位给了蛋白和明矾。这之后，还要对纸张进行抛光，直到它变得光滑为止。

佛教僧侣和传教士将造纸知识传到朝鲜、日本和越南。这种知识在公元 8 世纪传到阿拉伯世界，并从 10 世纪起通过伊比利亚半岛传到欧洲。几十年后，纸张通过伊斯兰教传入西非，尽管该地区直到 20 世纪才真正开始造纸。商人和行政官僚似乎是最早被纸张吸引的人群，因为它轻便且价格低廉。从 13 世纪开始，意大利部分地区就开始生产纸张。波兰于 1491 年、莫斯科于 1578 年开始造纸；英国于 1495 年建立了第一家造纸工坊。

在书写和印刷术的全球传播过程中，纸张发挥了至关重要的作用，它廉价、耐用，且拥有柔韧的表面。它使通信与书籍文化得以蓬勃发展。但新材料的引入往往充满了争议：它们能被信任吗？教皇档案一直将莎草纸沿用到12世纪。19世纪木浆通过工业加工制成的纸张（工业化引发了对纸张的大量需求，从而刺激了这一行业）的耐用性，在今天再次成为人们关注的焦点。它的酸性成分意味着这种材料会损毁，在这个时代印刷的文献可能寿命有限。我们现在对纸张生产时不时造成的环境破坏也很敏感。

尽管造纸术在12世纪才传至印度，但棕榈叶一直作为大部分印度语言和文字系统的基本书写材料沿用到19世纪。在受印度影响的国家中也是如此，如尼泊尔、缅甸和泰国。几乎能肯定的是，这些地区的文字形态要归因于在这种材料上书写的挑战。根据我们的最佳理解（尽管尚无定论），印度次大陆的文字来自公元前2000年末在中东发展起来的原始体系。婆罗米字母是几乎所有当代印度文字的滥觞（除了伊斯兰教带来的文字）。在印度北部地区，人们用笔和墨在棕榈叶上书写，而在南部，人们使用金属尖笔切开棕榈叶的表面，切口处往往施以磨碎的色料和油来上色。当用金属书写笔书写时，任何顺着叶子纹理的刻线都会导致叶子裂开。如果线条是圆形的，或者笔触更多沿着对角线方向移动，这种情况就不太可能发生。南方地区的许多字体都具有这种圆润的特点，它们摒弃了沿字母顶部运笔的连字符，就像我们在天城体和孟加拉文中发现的那样。

如果想要让文本流传至今，和犊皮纸一样，棕榈叶上的手抄本每隔几个世纪就要重新写一遍 。虽然这种手抄本可以保存达300年之久，但之后它可能会变得更脆弱。不过，还是有不少棕榈叶的手抄本得以留存。在英国剑桥大学的图书馆中，有一部图文并茂的《般若经》（般若意为“智慧的

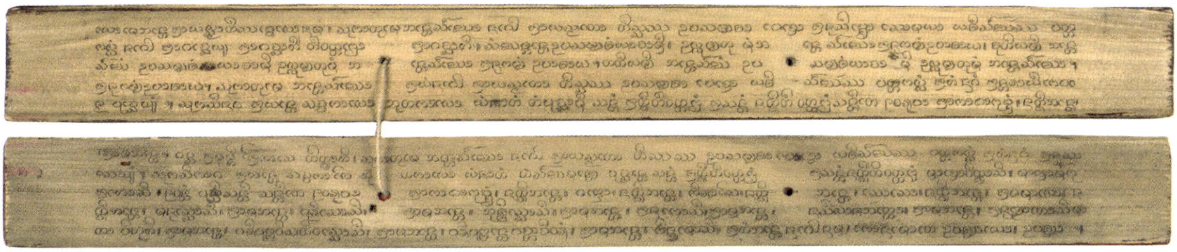

棕榈叶文本，刻写并涂抹烟灰。泰国北部，19 世纪，大英图书馆：Or. 13157

完满”)，这部贝叶经可能有 1000 年的历史。经书文字为梵文，用苇管笔或竹笔写就。人们相信，中亚和日本现存的抄本残片可以追溯到公元 2 世纪。

要将棕榈叶裁制成册，先要将叶片修剪成书页形状；书页为横向格式，有时两端会逐渐变窄。接着，叶子要经过数次煮制，并且抛光磨平，形成书写表面。写完后，将叶子叠起来，用细索穿在一起，然后夹在两块木板间形成一摞。用细索将一摞摞的书系在一起，用布一包，就可以放置在柜子上或收纳在盒子里。人们还打造了精美的支架来展示这些书页。这些页面（还有书封）有时还拥有华丽的装饰，点缀以色彩、黄金和彩漆工艺，璀璨非常，但大多数书页都呈现出一种朴素柔和的米黄色。

◇◇◇

在中东，皮革和犊皮纸作为书写材料被沿用了数千年。最早的皮革质地文献的实物来自公元前 2400 年的埃及。早在希腊化时代，人们就已经开始在犊皮纸上书写了。老普林尼（公元 23—79 年）为我们讲述了这样的故事，希腊化城市别迦摩（Pergamum，或作 Pergamon）因其羊皮纸

ELIZABETH THE SECOND
BY THE GRACE OF GOD OF THE UNITED KINGDOM OF GREAT BRITAIN AND NORTHERN IRELAND AND OF OUR OTHER REALMS AND TERRITORIES QUEEN, HEAD OF THE COMMONWEALTH DEFENDER OF THE FAITH TO ALL TO WHOM THESE PRESENTS SHALL COME, GREETING!

Whereas it has been represented unto Us that it is expedient that We should be graciously pleased to grant a Charter of Incorporation to the unincorporated organization established in the year of our Lord One thousand nine hundred and seventy-one and known as the Crafts Council [hereinafter referred to as "the unincorporated Council"]:

Now therefore know Ye that We by virtue of Our prerogative Royal and of all other powers enabling Us in that behalf have granted and ordained and do by these Presents for Us Our Heirs and Successors grant and ordain as follows:

1 The persons now Members of the unincorporated Council and all other persons who may hereafter become Members of the body corporate hereby constituted shall for ever hereafter be one body corporate and politic by the name of the "Crafts Council" and by the same name shall have perpetual succession and a Common Seal with power to break alter and make anew the said Seal from time to time at their will and pleasure & by the same name shall and may sue and be sued in all courts and in all manner of actions and proceedings and shall have power to enter into contracts, to acquire hold and dispose of property of any kind, to accept trusts and generally to do all other matters and things incidental or appertaining to a body corporate:

2 In this Our Charter unless the context otherwise requires:

(i) "the Council" shall mean the Crafts Council as hereby incorporated and shall be constituted as prescribed in the Bye-Laws;

(ii) the Bye-Laws shall mean the Bye-Laws set forth in the Schedule hereto or other the Bye-Laws from time to time of the Council;

(iii) words importing the singular number only shall include the plural number and vice versa, words importing the masculine gender only shall include the feminine gender and words importing persons shall include corporations;

(iv) references to Our Secretary of State are to Our Secretary of State for Education and Science:

3 The Object of the Council shall be to advance and encourage the creation and conservation of works of fine craftsmanship

英格兰与威尔士手工艺协会，皇家特许状。羊皮纸（小牛皮制犊皮纸）。唐纳德·杰克逊手书。伦敦，1983 年

（parchment）制作工艺而得名。在书法世界中，犊皮纸由小牛皮制作，羊皮纸则是由绵羊皮制作的相似产物，尽管“羊皮纸”往往是这类书写材料的通称。在今天的英国，犊皮纸依然被用于官方和典礼性质的文书。自16世纪初到最近的2017年，英国所有议会法令都是在羊皮纸上印刷的。事实证明，羊皮纸是最有耐久度的材料，在正常环境下几乎不需要特别护理。

一些宗教文献，如希伯来语的《摩西五经》卷轴，一直都写在犊皮纸上。对于sofer——希伯来宗教中的抄写员来说，这种一丝不苟、技艺精湛的手艺在许多国家仍然盛行。

制作犊皮纸和羊皮纸，先要把动物皮在石灰中浸泡数周。接下来，将它们洗净，拉伸并修整，打造出一个紧绷的奶油色书写表面。在书写之前，先要轻轻打磨皮面，形成一个富有天鹅绒质感的柔软隆起，来帮助抄写员写出可控、清晰的线条。如果发现错误，可以重新刮一层皮。羊皮比小牛皮更薄，不太能经得起刮擦：在中世纪，英国的部分国库财政记录被保存在绵羊皮制作的羊皮纸上，因为这样更容易看出数字是否被篡改过。

印刷

印刷术，是将图像从一个表面直接转移到另一个表面的技术，与我们在岩画艺术中看到的赭石色手印一样古老。就书面形式而言，它的应用始于印章制作。在美索不达米亚、古埃及、罗马帝国和古代中国，篆刻的印章都很重要。中国自商代（公元前1300—公元前1050年）晚期开始使用印章。也就是从这个时候开始，中国开始将文学作品、政府文书和精美的书法作品刻在石头上，可以在石头上进行拓印。拓印时，字迹在黑色的背景

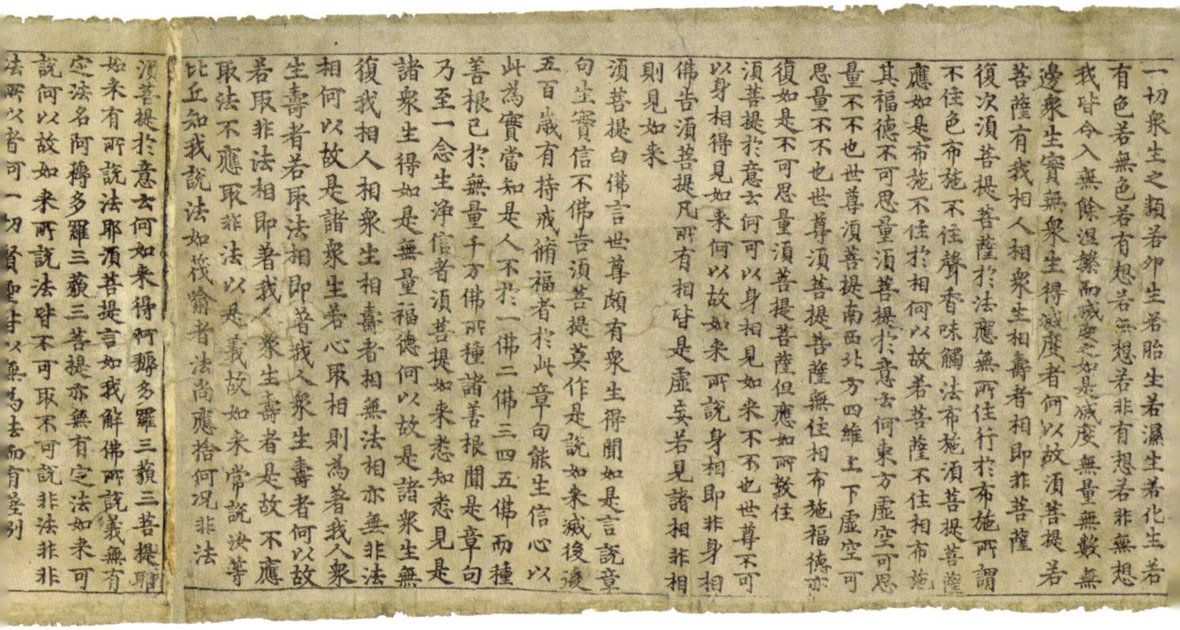

《金刚经》。敦煌（中国），公元 868 年 5 月 11 日。大英图书馆：Or. 8210/P. 2

下呈现出白色。

到了 8 世纪，可能更早的时候，中国人已经想出了一种将书法文本切割成木块的方法，可以用来制作印刷品（雕版印刷）。书法家在纸上写下文字，再粘到木块上。通过刮擦让纸变得纤薄，或是涂上一层油，这样就可以让木刻工匠清晰地看到墨迹。他们就会剔去背景，突出显示留下的文字和插图。这种印刷方法包含了给雕版刷上墨料，蒙上干净的纸张抛光或拓印。这意味着只能使用纤薄的纸张，而且只能印一面。20 世纪 60 年代，已知世界上最早的雕版印刷品出土于韩国佛国寺释迦塔，印刷时间约在 704—751 年。770 年前后，日本奉孝谦天皇（718—770 年）之命，也印制了类似的小型佛教梵咒。孝谦天皇曾下令在全国各地放置 100 万个微型佛

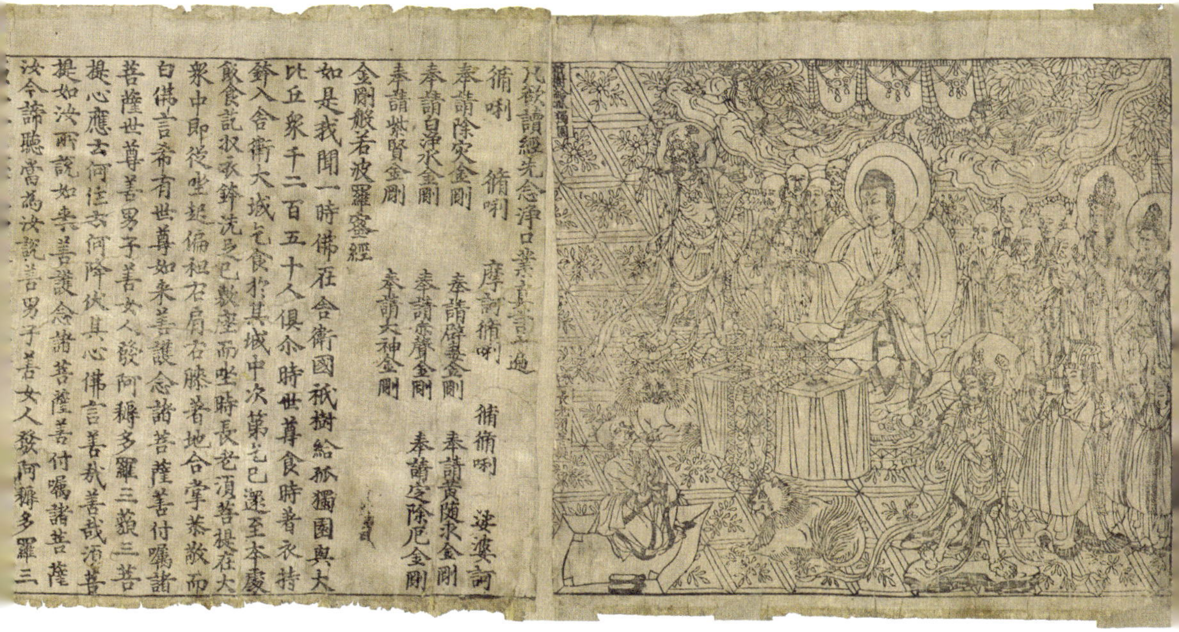

塔，以护佑自身。最令人印象深刻的雕版印刷品，或许要数在中国敦煌发现的《金刚经》卷轴。这是一件纸本印刷文物，印刷时间可追溯至 868 年 5 月 11 日，是世界上最古老的完整印刷品。

到了 11 世纪，中国使用的活字印刷继续发展。据记载，1041 至 1048 年间，毕昇使用了一种方法：用刷上胶的铁框把烤硬的胶泥活字框在一起。元代（1271—1368 年），人们开始使用木框。活字印刷或许早在 13 世纪就出现在了朝鲜，最晚不会晚于 14 世纪末。在日本，金属活字印刷随着与葡萄牙的往来而发展兴盛，后来一度在各地绝迹，直到 19 世纪重新从欧洲将之引进。

从历史角度来看，在中文环境下，使用活字有几项劣势。不同字符的

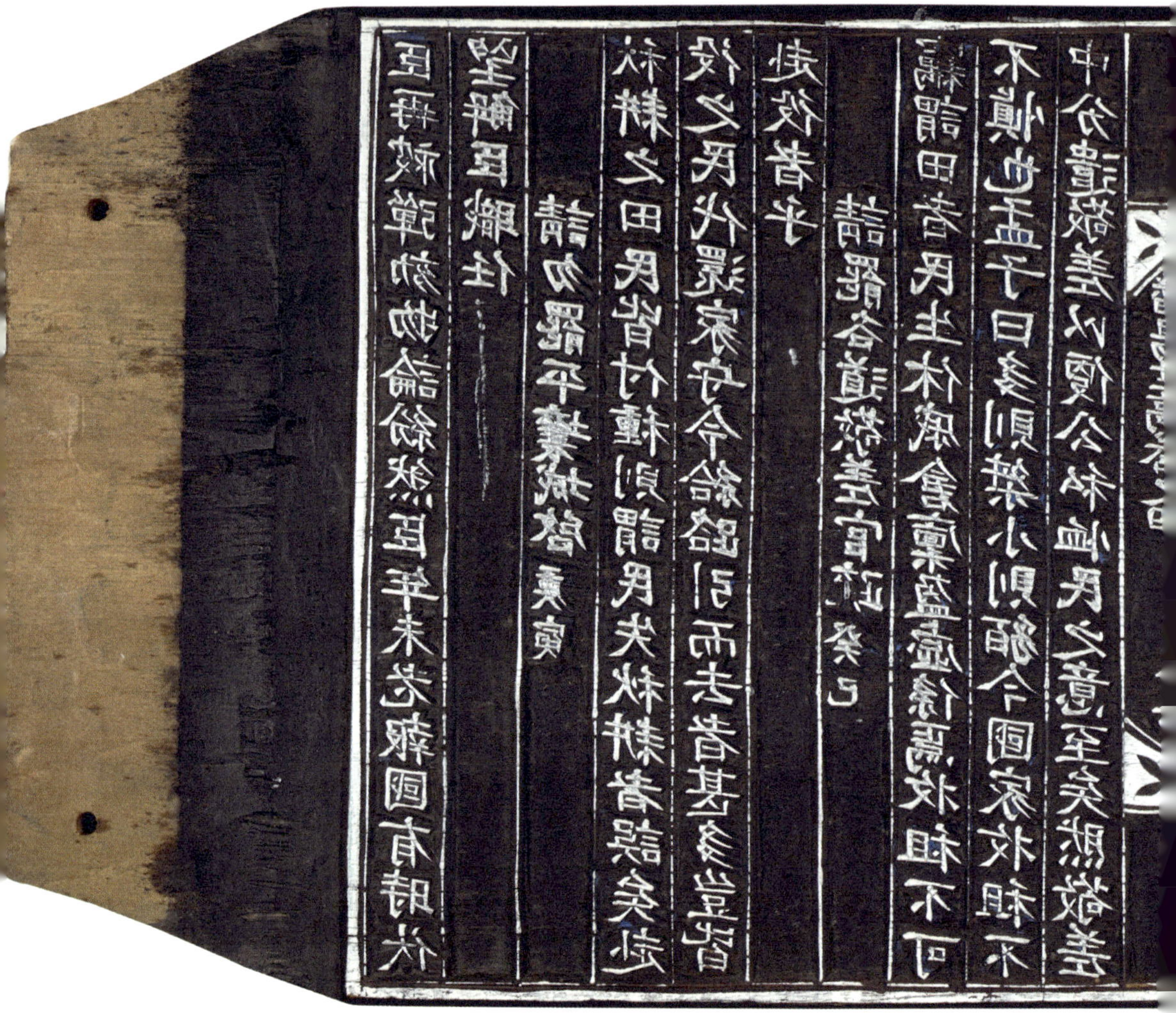

《潘阳世稿》木刻雕版。朝鲜，1907 年。大英图书馆：ORB Misc 121

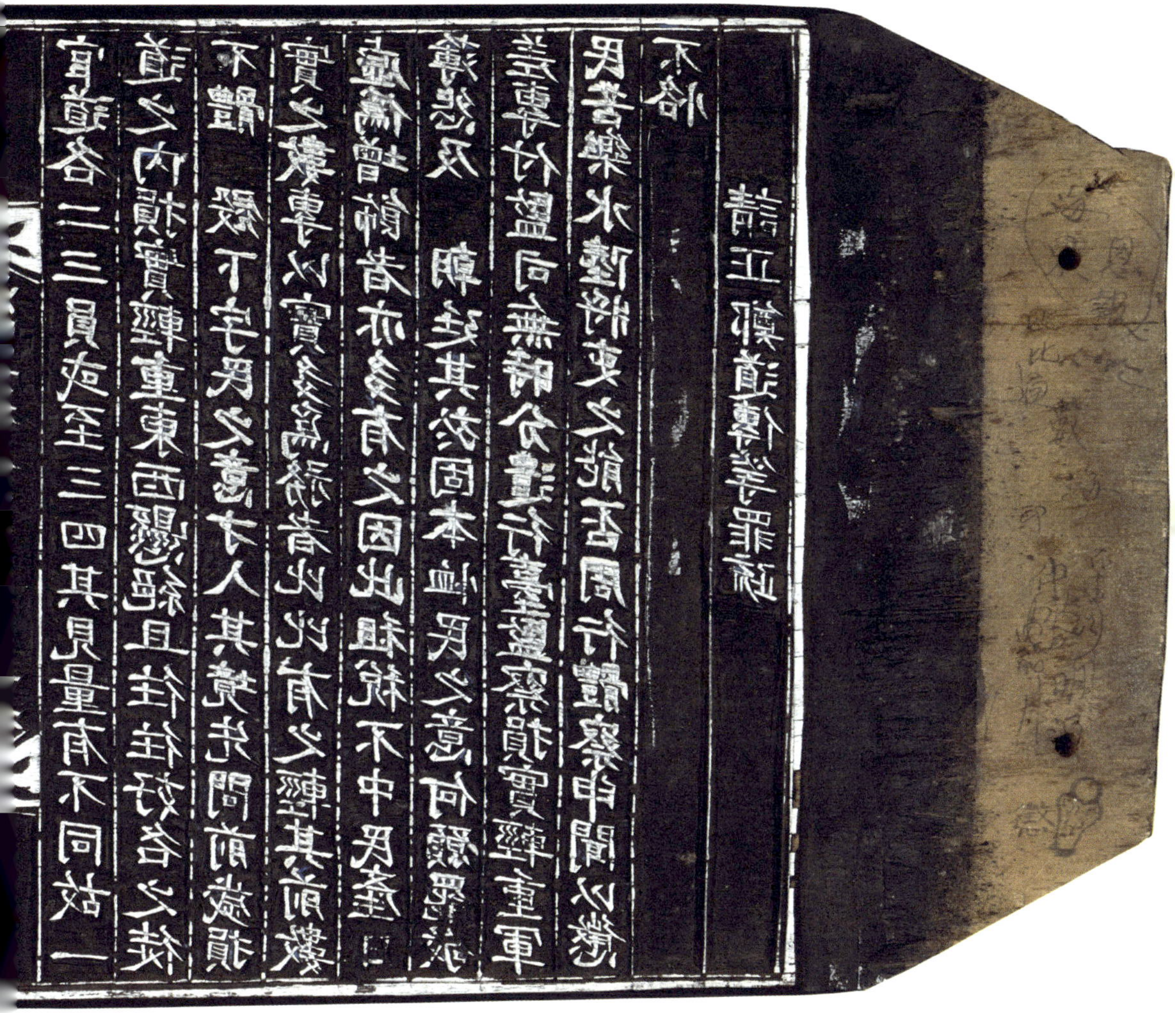

庞大数量需要昂贵的初始开模费用。此外，在组合过程中也存在一些运筹问题：如何储存、选择和重新分配数目如此巨大的活字？

传统的雕版印刷术有很多优势。虽然书写文字有一个初始的成本，但雕刻木版的劳动成本很低。如果这些雕版能被好好存放，它们的良好状态可以维持数个世纪之久。雕版印刷低技术的性质意味着它可以在任何地方进行。这种形式的出版不依赖于市场，如今即便在偏远地区或一名学者的家中也能完成。它无须在大型商业中心运作，但欧洲的印刷业不得不向这些中心靠拢。

欧洲的印刷方式面临着一项挑战：谁要想用活字重印一本书，那就需要从头来过，重排每一个单页。因此活字印刷促使印刷商一次性就制作大量的文本，毕竟重印成本实在高昂。想要盈利，印刷商不得不铤而走险去判断市场，把他们认为能够卖出的最大数量定为印刷数。接着，他们要把

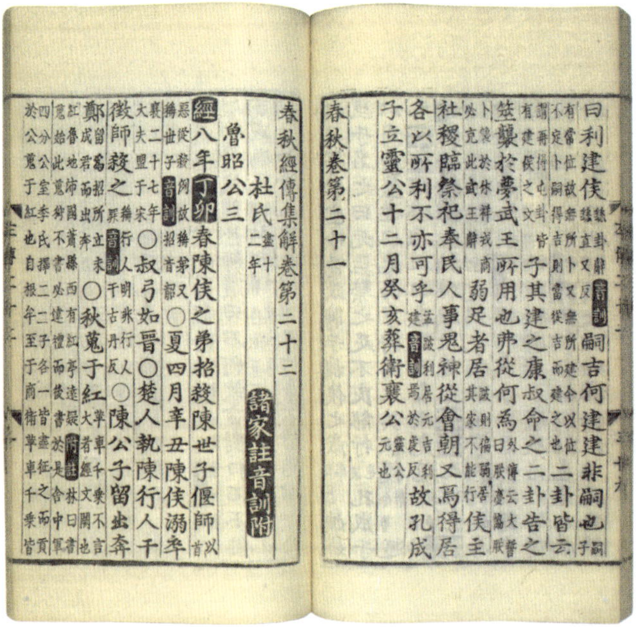

《春秋经传集解》。印刷（活字印刷）。朝鲜，1442年。大英图书馆：16015.c.3，Zuozhuan 21，f.39v – Zuozhuan 22，f.1r

这些副本囤起来，直到它们被售出。这种操作不仅要求绝佳的判断力，也需要大笔的前期资金。欧洲的首位印刷商约翰内斯·古登堡就曾惨遭这一问题的困扰。那时，他的合伙人约翰内斯·富斯特在古登堡找到机会把他印制的《圣经》售出前，就向他要求收回自己的贷款。古登堡不得不将他的库存和大部分印刷器械交出，来满足他的债权人。如果一本书是用雕版印刷的，人们只需要根据实际需求及时反应即可。

中国与欧洲的书籍制作方式还有一个明显的区别：在中国，印刷本和手写本维持着密切的对应关系，因为用于每一个刻本的原始纸质底稿永远是同一个手写的母版。

在中国社会，治学与教育受到高度尊重，在这一进程中，大量书本得以产生。科举考试是保证就业与社会地位的主要明确途径，接受教育（原则上）不受社会阶级约束（虽然实际上并不总是如此）。教育受到所有社会阶层的重视。

在欧洲，古登堡，这名来自德国美因茨的金匠，是首个使用活字印刷的人。他的发明似乎与略早时期在东亚发展的活字印刷并没有直接关系。他的发明经历了 20 年左右的完善。特点在于，它不仅是一套铸字与活字运用的系统，更包含一台经过特别改造的压印机。作为一名金匠，他对金属与铸字工序熟稔于心。1455 年的《古登堡圣经》实为其杰作。但早在两三年前，他就开始了更小规模的项目，包括一套可追溯到 1454 年至 1455 年的赎罪券。15 世纪 60 年代，美因茨的内乱致使最初的一批印刷商离开这个地方，去别处寻找工作，从而加速了印刷术向欧洲其他城市的传播。到了 15 世纪 80 年代，压印机遍布欧洲各地。德国至少有三十座城市里有压印机，意大利则有五十座城市有。1476 年，压印机又来到英国，威廉·卡

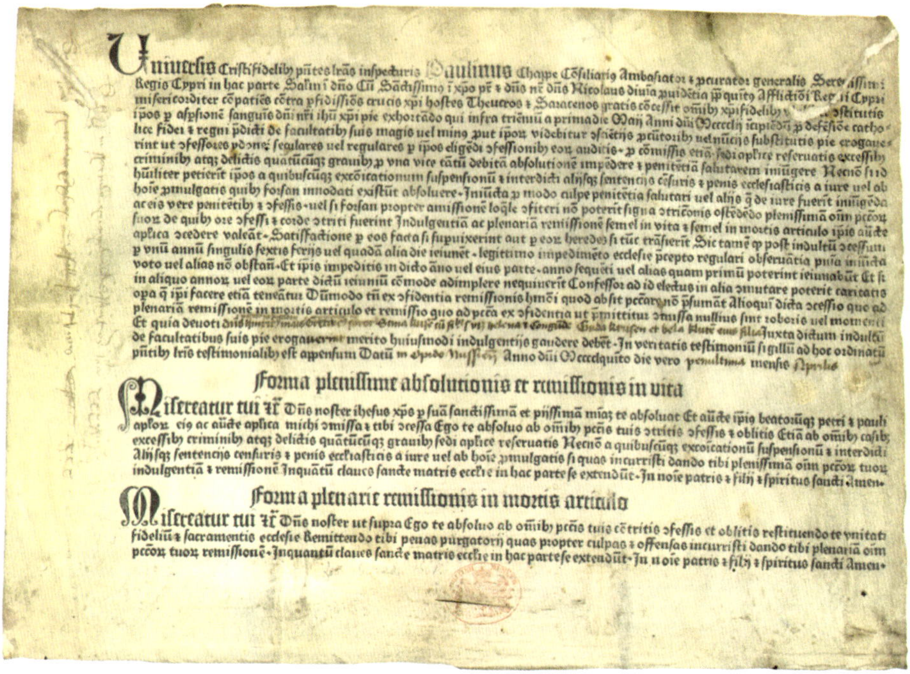
Forma plenissime absolutionis et remissionis in vita

Forma plenarie remissionis in mortis articulo

教皇尼古拉五世发行的赎罪券，为抵御奥斯曼入侵募资。印刷券（活字印刷）。美因茨（德国）：约翰内斯·古登堡（？），1454—1455 年。大英图书馆：IB. 53

克斯顿就是在这一年印制了杰弗雷·乔叟的《坎特伯雷故事集》。

15 世纪下半叶，使用的印刷字母形状种类非常多，更多是借鉴了上一世纪的书法字体。在接下来的 50 年中，经选择，沉淀出了两种大类，即包含意大利斜体、哥特黑体、德国尖角体的罗马大写字母和小写字母。

在欧洲，长远来看，压印机与新兴的高效图书发行系统引发了大范围的知识再分配，产生了巨大的影响。宗教改革期间，新教自罗马教廷分裂出来，据估计，1518 年至 1525 年间，仅德国就有 300 万份关于宗教改革的印刷小册子在流通。

随着时间的推移，书籍本身形态的变化也反映出市场竞争日趋激烈。尺寸变得更小，少了些页边注释，同时增加了页码和索引。精简的文本呈现方式提升了阅读速度，清晰地突出了行间的论点。大段的文本被插入间隔，分割为段落。毫无疑问，印刷术的传播引发了学习读写的浪潮。尤其在 17 世纪末，印刷术终于遍布欧洲后，整个欧洲的读写率突飞猛进，之后在 18 世纪末又迎来高峰。工业革命也给印刷术带来了影响，体现在印刷机的引入与蒸汽动力的襄助。19 世纪初，新式滚筒印刷机能印刷数目庞大的物料：1814 年，一小时能印刷 1100 个《泰晤士日报》的印张；到了 1848 年，这个数字达到每小时 12 000 印张；到了 1869 年，印刷机一小时可以印刷 12 000 份完整的《泰晤士日报》。19 世纪 90 年代，这一工序也实现了自动化，印厂使用莱诺铸排机和蒙纳铸排机，整个操作由排版工人在一台类似打字机的巨型键盘上按键操控。

起初，阿拉伯文字与欧洲的印刷方式并不契合。罗马体的排字式样大部分是以单个字母单位为基础的。而奥斯曼、阿拉伯和波斯的书法发展为高度平衡的连写字体。字母并不是沿着单条基线重复排列，而是在一串串图形中呈相互同化的形式，尽管并非所有字母都一定相连。词与词之间没有空格，词的结尾以特殊变化形式作为标志。此外，也没有明显的基线（就算有一条基线，但每个字母并不一定会落在基线上）：点号和元音符在上下层分别作用。

早期以阿拉伯文印刷的书本来自 16 世纪奥斯曼帝国在欧洲的部分区域。但是，由于对文字的误解和明显的机械限制，其形式遭到扭曲。阿拉伯文压印机从 15 世纪 90 年代起就遭到奥斯曼政权的禁止。在接下来的数个世纪里，在欧洲与奥斯曼帝国，围绕阿拉伯活字的实验一直持续

Dñicis diebꝫ post festū trinitatis · Inuitatoriū.

Regē magnū dñm venite adoremus. ps Venite.
Dñicis diebꝫ post festū ephie Inuitatoriū.

Adorem⁹ dñm qui fecit nos. Ps venite aū Seruite.

Beatus vir qui
non abijt in Euouae.
consilio impiorū et in
via peccatorꝫ nō stetit: ⁊ in
cathedra pestilēcie nō se-
dit. Sed ī lege dñi vo
lūtas ei⁹: et in lege eius meditabit̄ die ac
nocte. Et erit tanq̄ȝ lignū qd plātatū ē
secus decursus aq̄rꝫ: qd fructū suū dabit in
tpe suo. Et foliū ei⁹ nō defluet: ⁊ oīa q̄cūqȝ
faciet pspabūt. Nō sic impij nō sic sed
tanq̄ȝ puluis quē pijcit ventus a facie terre.
Ideo non resurgūt impij in iudicio: neqȝ
peccatores in cōsilio iustorꝫ. Quoniam nouit dñs
viā iustorꝫ: ⁊ iter impiorꝫ peribit. Gloria P

着，多数以失败告终。18 世纪 20 年代，在伊斯坦布尔工作的易卜拉欣·穆特费里卡打造了一套反应巧妙的排字系统。19 世纪末、20 世纪初，在亚美尼亚人奥哈尼斯·穆罕迪斯奥卢（Ohanis Mühendisoğlu）手中，奥斯曼的活字设计达到了制高点。排布这套复杂的活字（有时不仅要整合复杂的字母组合，还有字母的单独部分）需要高超的技艺，实际上要了解作为其基础的书法系统。想要完全实现当年穆罕迪斯奥卢预想的复杂度与精细度，甚至需要当今的技术。21 世纪，数字字体具有的潜在流动性与其他文化因素相吻合，人们会为这一领域拥有的可能性而激动万分。

18 世纪 90 年代，阿洛伊斯·塞内菲尔德（Aloys Senefelder，1771—1834 年）创造了一种技术，先使用略带蜡质或油脂的工具在表面（最初是在一块十分光滑的石头）上书写，然后把石头打湿，接着在石头上滚上墨水。墨水并不会粘在打湿的表面上（因此上面没有墨迹），而是会黏附在被蜡质文字与图画覆盖的

扬·卢肯，《贸易之书》，雕版印本。阿姆斯特丹：约翰内斯·卢肯和科斯帕雷斯·卢肯，1694 年。大英图书馆：12331. dd. 1，Plate 61

对页图　拉丁文祈祷书，又名《美因茨圣咏集》，第 2 页（局部）。印刷本（活字印刷）。美因茨（德国）：约翰内斯·富斯特和彼得·舍费尔，1457 年。大英图书馆：G. 12216, fol. 1r

部分上。通过这个方式，就可以获得一件印刷品，可以由此直接对文字与图画进行复制。这一方式开启了印刷领域中新的可能性。它最终被作为全球艺术和商业印刷的图像媒介。

20 世纪，进入工作场所的各类印刷和复印系统数不胜数。20 世纪 50 年代，除了自动排字系统、平版印刷和许多用于复制文献的专利方法外，还出现了照相排版法，使用投影图像的方式在底片上显出一页排好的版式。

19 世纪后期的另一大发展就是打字机。早在 17 世纪初，改进书写机理的想法就在欧洲涌动。最早的专利在 1714 年被授予了亨利·米尔斯（Henry Mills），在他身故后留下的遗产中也存在数件与打字机有联系的设备，但是并没有实证表明他确实发明过一台打印机。第一台投入商业生产的打字机来自丹麦。拉斯穆斯·莫林－汉森牧师（Reverend Rasmus Malling-Hansen，1835—1890 年）打造了一台带有密集按键的球状模型，就像蒲公英的花序。汉森是一名运营哥本哈根皇家聋哑人学院的牧师，他发明这台器械的初衷是为了自己的学生。它的生产一直延续到 20 世纪初。但是雷明顿打字机已在 1872 年发行，并确立了令众人效仿的模型。操作者按下 QWERTY 键盘（这种带有随机性的按键排布将最常用的字母分散在键盘上，防止相邻的按键卡住）的一个键，将刻有单个字母的字锤送向一条饱蘸墨水的细带，纸张透过带子留下字迹，并随着机械的运动逐行滚动。这个想法是由一台用于给彩票和页面编号的机器发展而来的。它是威斯康星州密尔沃基一家报纸的编辑克里斯托弗·莱瑟姆·肖尔斯（Christopher Latham Sholes，1819—1890 年）和两位朋友的成果。他们把专利卖给了雷明顿公司，在这之前，这家公司是步枪和缝纫机的制造商。

打字机能让操作者实现每分钟达到约 150 个单词的输出，而用笔和纸

乔治·芒罗位于考文垂花园办公室内的工作人员，伦敦，1919 年 10 月 8 日。私人收藏

只能写出 30 个单词。通过使用碳素纸，可以同时复印出几份。那时的妇女得益于接受教育，成为这些机器的主要操作者，极大地改变了劳动力与工作场所的性质。

在美国，塞缪尔·莫尔斯（1791—1872 年）和他的助手阿尔弗雷德·韦尔（Alfred Vail）于 1840 年申请了电报系统的专利。到了 19 世纪 70 年代，英国的电报网络延伸到印度，1872 年到达澳大利亚。1896 年，年轻的意大利工程师伽利尔摩·马可尼（1874—1937 年）开始实验无线电报，并在 1901 年成功地将信号从英国的兰兹角发送到加拿大纽芬兰的圣约翰。

邮政服务也随着1840年“便士邮政”的推出而得到改善。该服务对在英国境内寄送信件收取标准费用，无论目的地远近。到了维多利亚时代后期，一个由邮政和电报服务组成的国际网络通过远洋轮船、铁路和海底电缆环绕全球。

我们当今系统的巨大飞跃发生在20世纪60年代和70年代。在第二次世界大战后不久，计算机配备了屏幕和键盘，用于编程，可以输入和编辑当时简单的计算机代码。到了70年代，人们清楚地认识到，这种配置本身也可以用于书写，也就是后来所说的文字处理。此外，人们最终可能认为这些工具在塑造文档布局方面发挥了作用。因此，在几十年的时间里，计算机——这种曾被认为是用于规划国民经济或将人送上月球的巨型计算机器，再度被设想为继羽毛笔与打字机之后的新型书写工具。

没过多久，计算机就成了一个会聚各种技术的平台。这一时代最先在想象中揭开帷幕，随后在现实里实现。最早的预想可以追溯到1945年，脱

雷明顿打字机广告。《劳埃德船舶日报》，1883年1月13日

1897 年 5 月 13 日，英国邮政的工程师在南威尔士弗拉特岛演示期间，检查伽利尔摩·马可尼的无线电报（无线电通信）设备。这是世界上第一次在公海上传输无线电信号的演示（相距 3 英里的莱弗诺克角和弗拉特岛之间）

胎于科学家万尼瓦尔·布什（Vannevar Bush，1890—1974 年）的梦想。这位科学家在美国参与“二战”后发起的跨学科研究中担当重任。在布什的监督下，制造核武器的曼哈顿计划由此开启。随着战争进入尾声，他梦想着将科学家同人的努力转而投入一项不再具有破坏性，而是为全人类造福的新工程：通过利用各种尖端科技增强人类的记忆与智力。布什的设想点亮了一名年轻研究员的头脑，道格拉斯·恩格尔巴特（Douglas Engelbart，1925—2013 年）将毕生奉献给了设立在斯坦福大学的增能研究中心（Augmentation Research Center，ARC）。他和其他人所能运用的运算类型也至关重要。

早在哲学家勒内·笛卡儿（1596—1650 年）活跃的时代，学者们就在思索，数学与几何是否能为人类提供某种有逻辑且精准的符号基础。来自林肯郡的乔治·布尔（George Boole，1815—1864 年）为这个设想赋予了血肉。克劳德·香农（Claude Shannon，1916—2001 年）是麻省理工学院的一名电气工程师，20 世纪 30 年代，他学会了布尔逻辑，为一台计算机器的电路打造了布线模式。最终，香农写了一篇论文，描述了通信的数学理论。它与电报使用的信号有关，但当时的评论员指出，该理论也可以应用于字母与单词、交响乐和图画，所有这些都可以通过数学和机械模型来实现。

在增能研究中心，恩格尔巴特致力于将计算机的信息输入、操控与输出变成更简单的任务。不远处的竞争机构——施乐公司的帕洛阿尔托研究中心（PARC，建立于 1970 年），则在有所关联却略有不同的路线上进行研究。事后看来，我们可以说，PARC 的研究者艾伦·凯（Alan Kay，生于 1940 年）具有远见卓识，在没有人完全理解时他就真正明白了，要研究的并不只是增强工作的方式，而是某些更亲密的东西。这是一种全新的媒介，所有人都可以使用。通过它，我们会发现在这世界上还有新的存在方式。

1973 年，为美国国防部一家承包商工作的雷·汤姆林森（Ray Tomlinson，1941—2016 年）做了一次实验，用一个程序从一台主机向另一台主机发送信息。他自己还没意识到，在他选择 @ 符来分隔用户名与主机名时，便建立了我们如今使用的标准电子邮件地址系统。而在当时，他不过觉得自己的实验是个“好主意”。就在几个月之后，美国国防部内部的一个研究网络决定在美国不同地区的计算机之间通过电话线共享软件与数据，汤姆林森的电子邮件程序被搭载到了他们新的文件传输协议（File Transfer Protocols，简称 FTP）上。这项原本用于本地的工具，现在则被用于跨站点通信。一年后，电子邮件占据了 75% 的网络流量。电子邮件的盛行是个十足的惊喜。1973 年，传输控制协议（TCP）这一开放架构发布，这意味着许多计算机网络开始相连。直到十多年后，出现了一个全球“互联网”社区，人们可以通过它传输文件与发送电子邮件。我们今天所熟知的最终系统——与电子邮件一样在互联网上运行的万维网，诞生于 1991 年。万维网在接下来的几年里使用量不断增加。1993 年 4 月 30 日，万维网向任何想要使用它的人免费开放。

电子技术已被证实对书写有着重大意义。今天，这包括移动设备上的短信或文本信息，以及基于互联网协议的信息服务，如苹果的 iMessage、脸书（Facebook）的 Messenger、WhatsApp、Viber、微信等。这类书写的体量极为庞大。如今正在发生的书写活动比人类历史上以往任何时候都要多。新的形式（比如短信息的字数限制）向我们的创造力发起挑战，包括新式拼写（c u 2night，意为 see you tonight，今晚见）和缩写（LOL，意为 laugh out loudly，大笑）。我们还见证了表情符号的到来：代表各种情绪的图片，能够为简短的信息消除歧义。

对于必须跨越不同规模与格式的多个设备读取的信息，全新的数字字体变得必不可少。人们已经研发出用于数字字体设计的新工具，包括打印机，都成了精妙的数字平台。或许正是 Adobe 的排版软件在 20 世纪 80 年代中期真正带领了桌上出版的起飞。

技术决定论

在本篇中，我们看到了各种工具与材料是如何为不同的书写行为定性的。当今的危险在于，当我们感受到全新数字技术带来的极具颠覆性的影响时，我们或许将书写发展中的重要作用过度归功于技术，我们狭隘地将未来描绘为技术之间的竞争——这将会是个错误选项。或许我们需要所有。

在文字领域中，技术决定论过度夸大了技术在塑造文字中的角色，也过分放大了它们对于社会结构与价值的影响。这是一个强势且具有还原论性质的观点。显然，技术参与了文字的形成，但是技术也与人类社会中存在的驱动力与渴望相互作用。文字世界早期的一个例子便可以为这一观点佐证。有一种文字起源说提出，文字是由美索不达米亚的计数系统发展而来的，那它到底又是如何变为一种记录言语的方式的呢？丹尼丝·施曼特－贝瑟拉指出，技术与这一进程无太大关系，它与来世信仰以及在墓葬品上放上名字并对之祈祷的做法联系更大。[5]苏美尔人相信，如果在你死后还有人继续叫你的名字，你的灵魂将会脱出坟墓而具有生命。再度利用书面符号对此有所助益。如果这些符号能代表一个音，而不仅仅是它们指向的某一个物体，那么利用它们还能做到更多的事情。这种想法帮助苏美尔语——首个以书面形式呈现的语言——变得相当具有结构性，其中包含许多发音相似的词（同音异义词，homophones）。此外，我们还能从现存的古代苏美尔解梦文本中发现，苏美尔人热衷于使用双关语来推导含义；安德鲁·鲁宾逊在本书（见第 024 页）中描述的“画谜原则”早在苏美尔社会中就已活跃存在。我们由此能看到，是并列的材料、社会、语言和宗教因素为这场演变造就了创造性的背景。

多种技术的使用

书写历史上最引人注目的一大特点便是使用的工具与材料多种多样，从湿黏土到光影像素、石头、金属、树皮、纸张、皮革、织物、竹子，甚至人皮。同样引人注目的是，这些材料和工具有不少是在同一时期被使用的。在任何一个社会中，从来不会只存在一种书写材料或工具。罗马人在石头上雕刻字母，并用蚀刻法把它们留在金属表面，他们还用苇管笔和墨水在莎草纸卷轴上书写，他们用金属尖笔在蜡板上书写，也用软毛笔在墙上画出字母。他们拥有多种书写技术。

人们想要多种技术渠道的一大原因在于，我们常常需要在不同的状况下使用文字去做不同的事情。某些文本，像界碑，我们可能希望它岿然不动，经久耐用，能够承受所有的气候变化。其他信息可能与时间有着差别鲜明的关系：我们需要它们是可擦除的，或者在法律文件和账目中，只能在高度谨慎的操控下修改。我们可能期望其他通信能保持私密性，说到这儿，我想到了 2013 年的一桩新闻，克里姆林宫在打字机购置上的花费高达 20 万美元。在一个使用电子通信的年代，这令人意识到有些文件需要离线，并且可以追根溯源：打印机刚好符合这一要求。

实际上，我们是在一个多种书写技术交错的世界中过日子：从路牌到谷歌地图，从字幕到视听短片，从车辆号牌到执照文件，从电脑、打印机到扫描仪。20 世纪 90 年代末，施乐公司 PARC 团队对美国机场进行的一项研究，使从事信息科学领域工作的科学家（他们可能觉得单指望计算机就足够了）认识到了这种复杂性。

PARC 这座研究实验室是我们当今诸多信息技术的滥觞之地。那里开

巴西里约热内卢市内的运行控制室，2017 年。此地会集了气象站、交通流量摄像头等信息源提供的多样化数据

发出了第一台装有多功能软件的联网台式计算机、以太网和激光打印机，创造出了我们今天使用的 Windows 桌面的外观与特质。机场研究的产生源自 20 世纪 80 年代施乐公司围绕这项技术所犯的一个战略错误。PARC 的科学家们发明了“未来”，但施乐的决策层看不出这项发明与他们眼中的核

心业务复印有什么关系。所以，他们几乎完全放弃了这项知识与技术。很快他们便意识到自己犯了一个历史性错误。我们到底哪里做错了？他们问道。他们相信，答案在于他们将公司的理念维系在单一的技术（复印机）上，却不明白在数字世界他们会需要一个独立于任何一种技术的身份。因此，为了找寻那种既是业务核心又在技术上独立的东西，他们聚焦于一个理念——施乐的“文献公司”。那是个绝佳的主意；不管文献技术在未来能发展多远，他们始终都是这方面的专家。即使文献完全变成为视听形式，在理论上他们始终还能有生意。

后来他们又意识到，要考虑到文献的未来，他们必须对文献的本质和现在的工作有一个概念，一向全新领域的研究由此非正式地展开了。其中一个研究项目带领一队人类学家去观察一个充斥着文献的环境：一座美国机场的地面操作控制室。[6]

在机场里，地面“操作”管控着一架飞机从落地到登机的一切活动：所有旅客与行李的移动，餐食以及给飞机补充燃料。来自施乐 PARC 的社会科学家走进操控室，开启了 24 小时的观察；他们访问工作人员，他们观察并记录下工作人员的日常活动。一开始，他们以为可以将自己眼前的所有活动视为一个巨大的信息系统。渐渐地，他们意识到这种想法是不可能的，或者说是不可取的。地面管控人员工作所需的必要信息来自众多不同的渠道：来自喧闹的跑道、值机柜台、机场走廊，来自共享工作空间内监控各种系统的同事，来自移动的载具与飞机。所有这些纷繁复杂、片段式的信息都会被这间控制室内的高级技术操作人员根据正在展开的情形相互对照着读取。为了完成这项任务，地面管控人员使用了各种计算机显示屏、计算机打印的资料、打印与复印好的手册、白板、记事本、电话系统、无线电控制的对讲机，还会在整间操作室里“大声吼叫”，甚至看取窗外的景象，等等。

此次的研究成果并非发现了一座大型工作站，包含越来越多关于背景的事实，而是对信息系统的本质有了细致的了解。信息系统由多个片段式的信息资源碎片构成。人们通过使用各种工具和技能，针对展开的情况，相互对照着读取这些信息资源。信息系统是人工产物的集合体，连同为了理解它们而使用的所有工具和所做的工作。这便是书写的意义。它涵盖了使用人工产物和技能的集成。此外，各种片段式的信息资源在使人类交流本身变得有用方面，可能发挥着至关重要的作用。曾经任职于 PARC 的人类学家查尔斯·古德温（Charles Goodwin，1943—2018 年）在多篇出色的论文中指出，成功的对话并非由于在理解上没有困难，而是因为人类有可利用的资源来帮助他们进行协作与修正误解。[7] 换言之，我们往往是通过来来回回的对话理解对方的，这实际上就是意义的建立。这也是为什么脚本式对话会让人如此懊恼。理解某件事情其实是一个浑然天成的过程。它不会像算法那样从一个人的头脑中无缝传递到另一人的头脑中。这种理解的过程发生在言语中，但它也发生在我们使用书面制品本身的方式中。信息大都是通过相互对照或通过某些复杂的背景来读取的。我们也知道，寻找多种来源来确认一个“故事”是一个好做法。我们在不同的环境与背景下，运用不同的工具，使用不同的媒介来收集这些故事。英国电视节目《时间小队》（*Time Team*）为我们提供了这类过程的实例。首先，邀请一支队伍在一个周末对一处考古现场进行研究。小队的任务就是为这个遗址“构建意义”。这个构建意义过程的故事为这档节目平添了戏剧化的叙事。在 60 分钟一期的节目里，人们收集了大量的文献资料，绘制挖掘图纸，检查与比较发现的东西，探寻古老的地图与法律文件，获取地面雷达结果与航空照片。这一切在整个周末的各种会议上都被会集到一起。这些纷繁复杂的片段式信息资源传达出这样那样的证据，贯穿至节目收尾与最后的判断。

基于这些原因，在人类历史的各个时期，书写系统一旦开始运转，我们就会发现人们同时使用着多种工具和技术，还有许多不同种类的材料，这不足为奇。

在本篇的最后，笔者呼吁将所有技术都纳入我们对书面制品（或可以泛泛称为“文献”）制作的思考中。一种技术必须取代另一种技术的理由并不多，过去它们通常只是增加了一个层级。举个例子，在西方，活字印刷术于 15 世纪 50 年代发展起来。它确实触发了巨大的社会变革，但手写活动并没有消失。事实上，手写对西方下一阶段的科学和经济发展起到了绝对关键的作用。启蒙时代（17 世纪中叶至 18 世纪初）的一切新发现实际上都是通过手写信件和精心保存的第一手观察笔记（换句话说是手写的）来实现和交流的。比如，伦敦的皇家学会是作为一个聚会地点而成立的，在那里，来自世界各地，以科学为主题的信件可以向聚集在一起的会员宣读。实际上，它是一个通信社团。手写对于首批全球性公司——荷兰东印度公司和英国东印度公司——的扩张也至关重要。精心的文献记录确立了其公司性质与财务管理，并规范了其复杂的海外贸易业务、账簿、会议记录、提单和股份证书。手写对于工业革命中成长起来的所有分布式商业运作至关重要。我们今天所熟知的银行业务便是从手写本票开始的。直到 19 世纪末，所有法律业务都是通过手写文件操作的，个人信件和其他文书也是如此。

一种技术很少完全取代另一种技术的原因之一在于，在基于广泛理解的惯例系统中，连续性很重要。在系统本身不崩溃的情况下，你能改变的速度是有限的。20 世纪 90 年代，显示屏和打印机作为新的书写工具在早期被采用的一个巨大有利因素便是 Postscript 的发展，这是 Adobe 公司的一种页面描述语言，它为我们提供了 PDF（Portable Document Format，便携式文档格式）：一种在显示器与数字打印机上制作文档的方式，看起来就像纸张页面。虽然没有任何技术上的原因让事物必须朝这个方向发展，但它确实帮助人们理解了这项技术如何造福于人。

我们书写的所有材料和工具都具有丰富的历史，在此我们只能简单地一笔带过。具有不同重量、尺寸、颜色、可擦除性、形状和可用性的表面与标记过程相结合，在它们自身之间产生了一系列与储存、运输和复制相关联的问题。从本质上讲，它们都与空间和时间有着非常特殊的关系——因此也与人体和我们所运作的各种环境与关注点有关。在下一篇中，我们将要讨论的就是人与人之间的这些关系。

译者注

[1] 筱田桃红已于 2021 年 3 月 1 日去世。

焦点 2

双鸽牌中文打字机

艾玛·哈里森

如果你不熟悉中文，那么中文打字机的概念听上去让人一头雾水。就算你懂中文，你也可能会发现在自己试着构想出一个能够切实处理中文的机制时不知所措。中文既不存在字母系统，也没有音节表。相反，每个汉字代表了一个词语或一个概念。因此，即使只是掌握基本的读写能力，也需要认识上千个字，而书面语言作为一个整体，更是由上万个字组成的。值得庆幸的是，并不是所有的汉字都会出现在中文打字机上，但要想熟练地操作它，显然需要大量的技巧、灵活性和肌肉记忆。

在某些方面，双鸽牌打字机的工作原理与其他打字机一样：你按下一根操作杆，一个铅字就会被带起来敲在墨带上，在一张纸上印下一个汉字。在其他方面，它有实质性的不同。它采用的并非 QWERTY 键盘，而是一个由杠杆操作的选取工具悬停在一个由 2418 个字块（slug）组成的字盘上。理论上，这些都是最常见的字，并且根据使用频率和共有的偏旁部首被整理成不同类别。但是，如果这些都不是你要找的字，你会得到两个额外的铅字盒，每个盒子都包含了另外 1716 个字。此外，由于字盘内的铅字都是松动的，它完全可定制：你可以通过添加、删除或重新排列字块来满足自身的需求。

在中文打字机的背后有一个关于妥协的故事。在一个多世纪里，汉字被仔细地研究、被优先考虑，人们将其分类、碎片化、编码、解码，并最终重新设计。人们设计出新的方法，将成千上万的字浓缩成一个可供日常使用的系统。现在再看这台中文打字机，我们很快会忘记那些古怪的实验、失败的原型机或不合时宜的创新。但以上都在开发这台昔日传说的道路上发挥了作用。这台打字机将打字技术带入迅速现代化的中国家庭和办公室。

早在 20 世纪 20 年代和 30 年代，打字机就成为中国各地工作场所的常见设备。然而，由于有成千上万的字需要浏览，每分钟输出 20 个字被认为是一个不错的速度也就不足为奇了。双鸽牌打字机绝不是中国的第一台打字机，甚至也不是第一台批量生产的打字机，但它在正确的时间出现在正确的地点，并很快成为毛泽东时代的首选打字机。

这台机器制造于 1975 年前后的上海，充满了讲述当时历史和政治背景的线索。1949 年中华人民共和国成立，几年后就开始了文字改革，汉字得到简化；字盘留有特殊类别字符（如数字、重量、度量衡和基本方位）区域，构成“人民”和“中央委员会”字样；说明书上有红底的毛主席语录：“人民，只有人民，才是创造世界历史的动力。”[1]

打字机在印刷技术的民主化过程中起到了至关重要的作用，它比文字处理器和个人计算机早一个多世纪来到普通人的手中。双鸽牌中文打字机顺应了时代的号召，奇怪的是，它也具有永恒的意义，因为它展示了书写系统和人们用以生成这种书写系统的日常技术之间持续性对话的阶段。

双鸽牌中文打字机。上海（中国），1975 年。大英图书馆藏

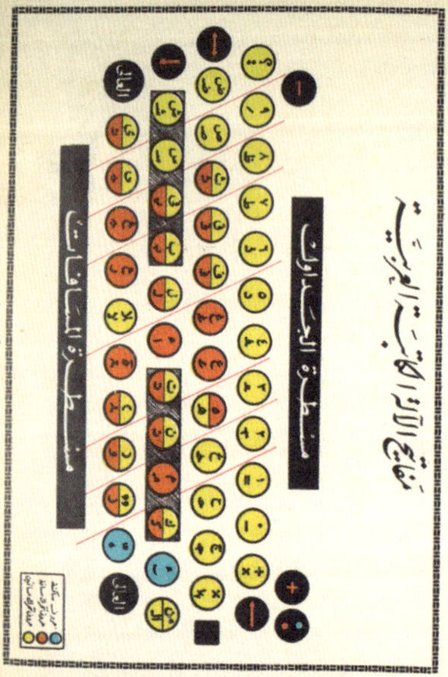

تطلب من دار مكتبة الحياة - بيروت

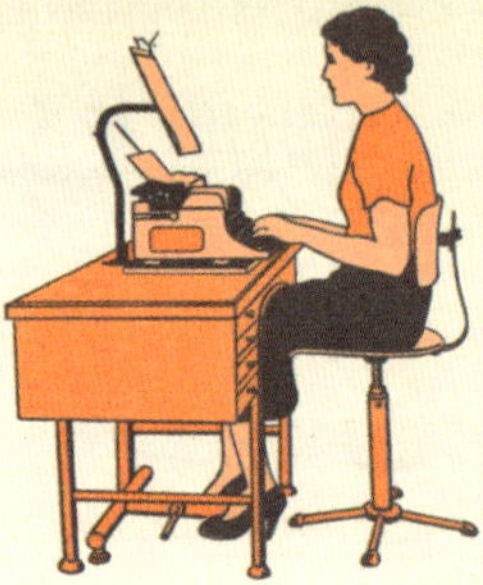

4 书写者的社群

COMMUNITIES OF WRITERS

尤安·克莱顿
EWAN CLAYTON

人们会以多种不同的方式参与书写活动：作为一种技艺、用于特定目的的工具，或是一种表达的方式。本篇展现的藏品将展示参与书写的四种方式。在我们深入细节之前，不妨先回头看看展示在这里的技术种类，以及这对书写本身和它的运作方式有何启示。

我们审视了众多书写系统，罗马字母系统的发展，以及不同书写系统使用的工具与材料。我们要想在自己所处的社会中具备功能性的读写能力，就必须熟稔另一项与书写相关的技能。文字从来不会凭空出现在我们面前，它往往以某种文献形式实质化呈现。可能是一本书，可能是在整栋楼里滚动新闻的电子显示屏，可能是一个地址标签、一张超市收据或一件艺术品。它总是根植在某种书面的人造制品上，往往是我们期望能够辨认出来的形式。为方便起见，我们将这些文献形式称为体裁（genre）：特定类目下某个对象具有辨识度的范本。即使隔着一段距离，大多数人也知道一张生日贺卡或一张请柬应该长什么样子。如果想要让书写发挥作用，我们必须学会的一项技术就是如何去创造与操控这些对象，我们需要理解围绕它们的惯例与期望。如果说文字系统与字母组成了书写的其中一面，那另一面便是文献本身的世界：书写产物的体裁与使用它们的社会群体。

我们可以把书写对象视为人的身体，书写符号则是在体内循环、使之活跃的血液。正是这些身体让书写进入世界，使其手手相传、流通，被储存与查阅。没有这些身体，书写在这个世界中就没有真正的立足点。我们在此尽量避免使用信息（information）这一术语，其中一个问题在于这个词意味着书写是无形的，不存在具体的实质性存在或含有结构，而恰恰是书写如何具象化的细节，可以解释它在各种案例中产生的特殊效果。不同种类的身体允许发生不同种类的相互作用。即使是体现在计算机电路中或

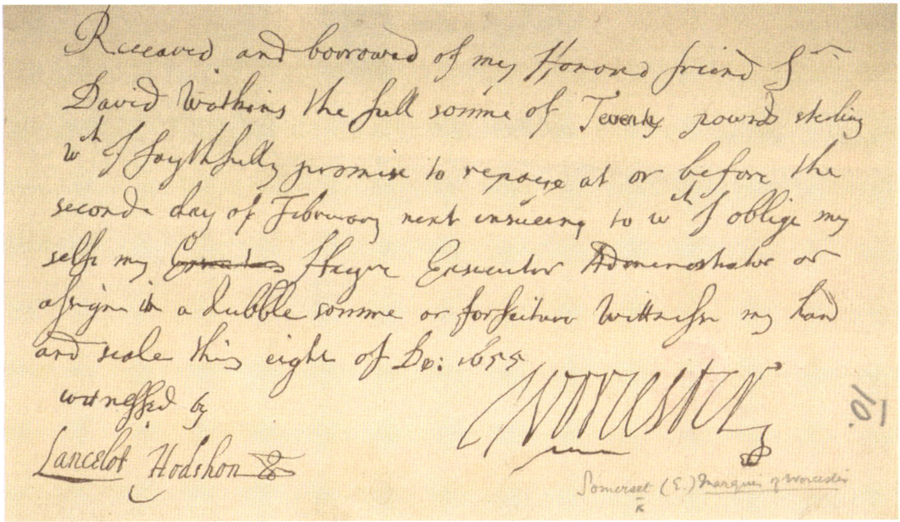
Received and borrowed of my Honored friend Sr
David Watkins the full somme of Twenty pound sterling
wch I faythfully promise to repaye at or before the
second day of February next ensueing to wch I oblige my
selfe my Heyre Executor Administrator or
assign in a dubble somme or forfeiture witnesse my hand
and seale this eight of De: 1655
witnessed by
Lancelot Hodshon
Worcester
10.
Somerset (E.) Marquis of Worcester

爱德华·萨默塞特（伍斯特侯爵二世）从戴维·沃特金斯爵士那里收到的 20 英镑期票，1655 年。平版印刷摹本。约 1840 年。大英图书馆：Tab. 436. a. 5(10)

存储在云端的书写，也会因其所处的特定环境而被赋予了一定的实体属性和潜能。

体裁在本质上具有社会性。它们的构成来自不同个体或社群在一段时间内做出的反复行为，并将社会生活的方方面面具象化。作为物质产物，这些书写对象亦是承载文化的产物。

文献的不同体裁也能被视为在以相当特别的方式构建社群。尽管它们可能代表了某种特定行为——要求获取信息，获取承诺——事实上从这些想法有了构思开始，这些行为就真实发生了。它们是生命本身的展开，它们就是一项活动本身的具象化。用一种文献举例，就拿一张偿还放贷人钱款的期票来说，当它在 17 世纪被写下时，就具有了生命力；书写那份文件就是在进行银行业务。人类的惯例，接着是组织，围绕这种重复的书写行为发展起来。组织（银行业）与文件在共创自身，两者之间在相互实例化。

书写也非常具有力量。因为它起源并根植于我们的体内，它是一个体感过程。书写可能被认为是被动地躺在书架上，或者只适用于一次操作。实际上，当阅读和写作发生时，它们会实质性融入我们的神经生物学，与我们的精力和想象力，我们对安全感、尊严的渴望，以及归属感、历史和目标发生潜在的相互作用。我们之所以采用书写，是因为我们发现使用它可以为我们的世界带来秩序，为我们的生活和关系带来意义。书写和阅读文献也可以建立我们的自我意识。

到目前为止，书写系统、技术和文献本身作为三个主题被提出，事实上它们是相互关联的。文献的体系和实体本质、制作文献的技术和材料，以及围绕它们建立起来的人类社群和惯例都是相互构成的。如果你改变了一个方面的因素，就会在另一个方面产生连锁反应。这就是为什么从纸张到电子媒介的改变会产生如此深远的影响。如前一篇所述，PARC 在地面控制室所做研究的结果恰能彰显文献系统对于各种技术与行为因素有多敏感。在研究的第一阶段后，这座机场被推倒重建。研究小队回到机场，拍摄了同一批人，做了与先前相同的工作。起初，甚至连飞机的起降表都是一模一样的。但文献记录的流程与形态发生了一个转变。造成这个情形的原因看似是一个巨大的谜题。其实是这间屋里的椅子被更换了。旧的椅子下面装有滚轮：你能够滑来滑去，往窗外看看，或者转过身子，瞥一眼同事的显示屏。而新的座位排布像一间阶梯教室，是固定的，不能再像之前那样活动了。信息流仅仅因为家具的变动就被打破了。这就是为什么在生态环境中思考文献与书写的存在是有益的。它暴露了大规模公共数字转换工程在没有非常仔细地理解当前系统是如何行事（而不是在理论上如何运作）的情况下所面临的许多风险。如果没有这类知识，所行方案很可能会以意想不到的方式扰乱当前的事物秩序。这也可能是解释为什么数字化还没有产生预期中生产力收益的一个原因；相反，我们有了一个所谓的“生产力鸿沟”。

有时候，一份文件所做的工作可能在工作流程分析中不可见。几年前，一家公司引进了一台多任务复印机。出乎意料的是，它大大增加了与制作文件相关的文书工作。该公司并没有意识到，由于允许所有文件都以电子方式发送，这一行为已经切断了办公室运作的一个重要部分。当你亲自递交文件时，你不仅收集了很多信息（他们有多忙，你是否能确信截止日期等），把文件送到打印室还会让你有其他很多互动——简短的对话，注意到谁在进进出出，等等——所有这些都对工作场所的顺利运作起到了一定的作用。而所有这些互动都被电子方式发送而不是由人亲自递交文件的简单行动剥夺了。

由于体裁的概念对我们作为知识公民的职能非常重要，本篇通过与几类特定与书写相关的对象来审视书写：那些正在学习书写的人、艺术家和设计师、记事员和公民。我们还可以讨论更多的社群或利益群体，比如那些与宗教、法律有关的社群。就执行特定任务的社群而言，这将有助于我们看到体裁、工具和技术，以及围绕书面文字的各种社会结构如何相互作用，以创造一种不断变化的形式。

学习者

书写是一种需要在多个层面上习得的技能。我们可以仅从简单的文字形态来学习：知晓字幕与字符的样子。书写也是一种联觉技巧：我们需要知晓笔画的数量、顺序与方向，完全掌握这些书写的动作。人们需要掌握书写，这样才能使它成为一项有目的的交流工具。我们是如何学会创造出可理解的信息或记录的呢？我们或许想写诗，或是用书写来思考，抑或是仅仅出于对世界的好奇。我们也可以将书写作为表达个人审美的手段。

自远古时代起，模仿就在书写的学习中扮演了重要角色：学生临摹老师写在蜡版、石板、黑板或纸条上的范本。指导可能伴随着这一过程进行，也可能在之后进行。古罗马教育家昆体良（约公元 35—100 年）曾记载，他制作了一套象牙字母来供学生们把玩，由此教会他们认识字母的形状，并建议他们学习如何用手指来描摹字母的形状。在东亚，除了在纸上习字外，有时还会让整个班级在空中运动手臂来学写字。这种身体练习能建立书写者对文字的肌肉记忆。中国的古典书法是用整条手臂（从肩关节开始）进行书写的，不是手指也不是手腕。可见，不同的书写系统面临着不同的挑战。

要想写好阿拉伯文，需要学会 28 个字母和复杂的变音规则，但阿拉伯文手书历史悠久，因而根据每个字母在单词中的位置发展出多达 4 种的变体。字母可以有独立的形式，也有位于单词开头、中间或结尾的形式。这就使手写指导手册变得很复杂。孩子必须掌握的形状约有 60 种，这只是学习的第一个阶段。接下来要学习字母如何以不同的组合方式连接，因为阿拉伯文总是以速写体的方式书写。事实上，字母的连接方式在一定程度上说明了字母在一个单词中不同位置的形状适应性。

日本孩子要学习的书写系统恐怕是最复杂的那一种。在小学，他们练习平假名与片假名——两套用于书写日文的音节文字。但日语系统也借用了部分来自中国的汉字。孩子们便会按照顺序依次学习一些汉字。他们在六年的小学学习期间将会掌握1006个汉字。此外，三年级的学生还会被教授书道（書道）：在特殊的方格纸上用毛笔写汉字。

从20世纪50年代起，中华人民共和国政府为了鼓励识读能力的普及，限制了繁体字的总数，并推行书写简化字。主要的修正体现在减少汉字笔画数。1964年和1986年均有《简化字总表》发布。2013年，中国教育部规定，将书法列为中小学的必修课。由于中国未曾中断的书法教习传统，中文在笔画顺序、数量、结构与走势上有着强烈的惯例属性。每一个汉字的笔顺都有标准规定。某种意义上，那是一个官方系统。阿拉伯语、奥斯曼土耳其语、波斯语和乌尔都语的高级书法艺术也是如此。

与之相反的是，罗马传统中对于笔画数量、顺序与笔画方向的理解，也就是正规书法中的笔法（ductus），已经逸失了（除了意大利斜体与德文尖角体）。之所以如此，是因为压印机与活字印刷技术逐步替代了欧洲撰写书稿的书法家所掌握的工作类型——他们的手艺至少很少以书面形式被记录下来。那些在20世纪的欧洲参与书法复兴运动的人不得不通过精心分析古代的手抄本来重新发现昔日的序列。这也意味着，即使在欧洲的手写系统中，也存在着不同的笔画数量、顺序与方向序列，特别是在涉及连字符的地方。

书写系统总是在经历变化。学习书写是一个终身过程，我们在变化，周遭的世界也在变化。现代技术正在以各种方式产生影响。在中国和日本，随着越来越多的人使用手机和电脑键盘这类电子设备写字，“汉字失忆症”的报道也越来越多。拼音使得中国的书写者可以用罗马字母拼出汉字字音，再由软件将字母串转换成汉字。注音符号（Bopomofo）与前者相似，这一系统使用基于汉字的简写形式。这意味着人们不再需要每天书写汉字。

在美国，计算机键盘技术的引入提出了一个问题，学习速写体（连写字）是否还有用呢？自2010年起，美国联邦政府的英语核心课程不再要求教授书写速写体，教授印刷体即可。在欧洲，芬兰也紧随其后。然而，最新的计算机软件对识别手写笔迹技术的投入越来越多。随着计算机的微型化，加之印度和中国等经济体成为越来越重要的市场（对他们来说，键盘可能太笨重），手写很可能会跨进数字平台，成为我们与数字世界互动的一

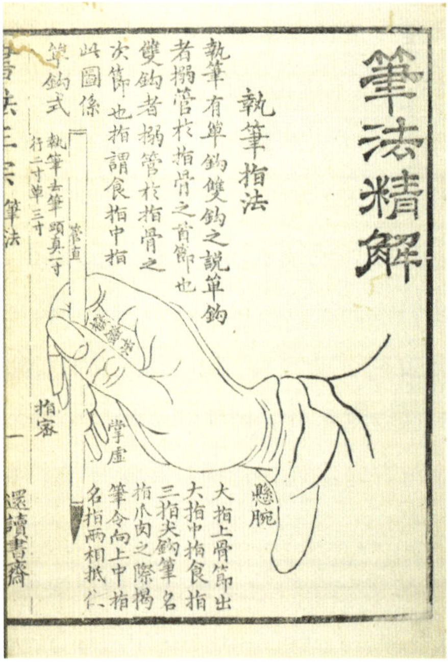

毛笔正确握笔姿势图解。蒋和《书学正宗》。印本。中国，1835年。大英图书馆：15344. b. 13, fol. 6

大主要方式。

有一说一，今天美国人书写的速写体基本上仍然沿用着19世纪的回环连笔字，其大写字母形状精细复杂，与印刷体的大写字母关系不大。这些手写字体是由商业习字教员开发的，最先是通过商学院作为体系进入市场。而在英国并不存在这样请求改变的呼声，延绵了近一个世纪的手写体改革造就了形式更为简单的速写体与大写字母。

总有那么一批教师有兴趣将理论运用到实践中去。其中最有意思的例子要数阿拉伯的传统。人们运用菱形的点来组织字母的比例。由于这个案例在阿拉伯书法转变为一种艺术形式上发挥了重要作用，对它的讨论会放在本篇后文关于艺术家和设计师的部分进行。

在欧洲，书写指南最早的印刷本诞生于1522年，是意大利人卢多维科·德利阿里吉在罗马所著。他采用了当时流行不久的意大利斜体手写风格，展示了形状背后的简单逻辑。他用了四个点让读者去想象它们构成了一个向前倾斜的平行四边形的四个角。这一想法提供了一个基本形状，而围绕这一形状就能写出一个字母。

印刷本形式的指南能够使一名书法大师的教育广为传播。先前，一名大师的影响力只局限于他所教的学生之间，而现在一本字帖可以在整个欧洲流传。新的范本与标准则由最流行的书本来决定。

一代人之后，同是来自意大利的乔万尼·弗朗切斯科·塞雷西（Giovanni Francesco Cresci）约于1535年在米兰出生。他设立了未来的新模式，使一种稍加圆润的速写体最终成为18世纪与19世纪初商业领域的主流字体，即英文圆体。在18世纪，人们对手写体采用了清晰的结构分析，对待印刷活字也是如此。英国人的理解则以理查德·兰福德（Richard Langford）

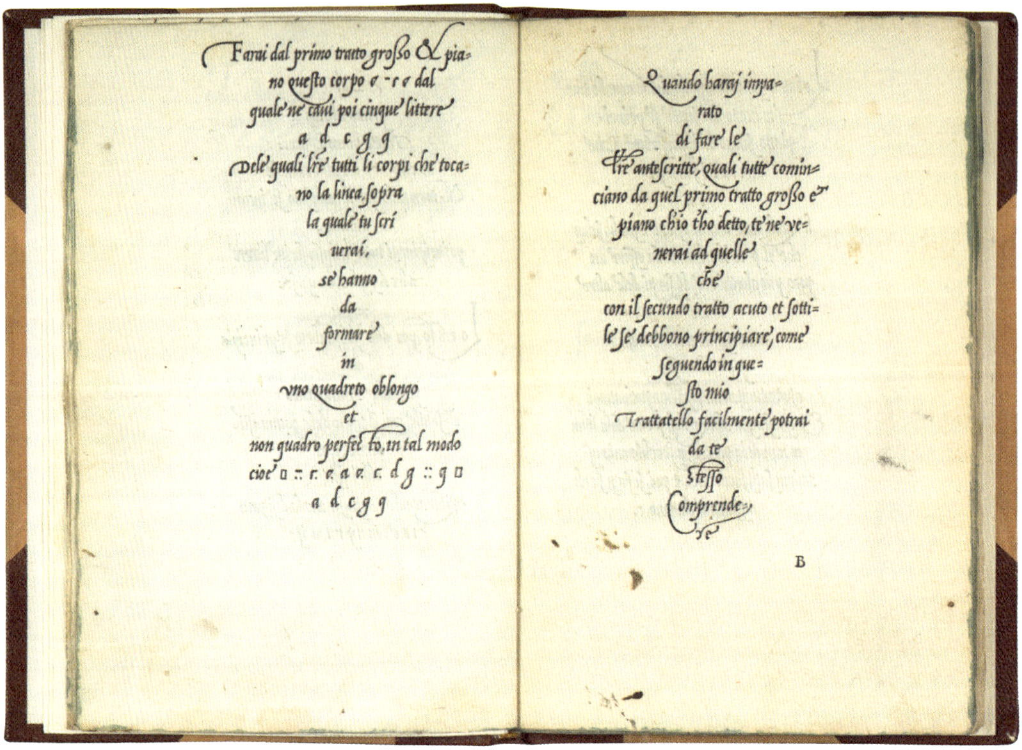
Farai dal primo tratto grosso & pia-
no questo corpo dal
quale ne caui poi cinque littere
a d c g g
Dele quali lre tutti li corpi che toca-
no la linea sopra
la quale tu scri
uerai,
se hanno
da
formare
in
vno quadretto oblongo
et
non quadro perfetto, in tal modo
cioe
a d c g g

Quando haraj impa-
rato
di fare le
lre antescritte, quali tutte comin-
ciano da quel primo tratto grosso e
piano chio tho detto, te ne ve-
nerai ad quelle
che
con il secundo tratto acuto et sotti-
le se debbono principiare, come
seguendo in que-
sto mio
Trattatello facilmente potrai
da te
stesso
comprende-
re

B

卢多维科·德利阿里吉，《歌剧》。镌版印本。罗马，1522 年。大英博物馆：C. 31. f. 8(1)

所写《圆体字母表的标准投影》的一张表格为代表，这篇文章出自他的著作《准确且自由书写的全套规则和范例》（伦敦，1787 年）。

19 世纪初流行起了一种新的书法构想。倡导者是约瑟夫·卡尔斯特（Joseph Carstairs，1783—1844 年），此人本来是一名桑德兰的裁缝，他提倡动用整条手臂来完成动作。这一动作来自肩关节。卡尔斯特倡议人们写的字至少要有 4 英寸（约 10 厘米）高，要让笔能游走到页面的四个角。这一设想将重点放在了人体上，而不是简单地只看字母形状。卡尔斯特系统被教育家本杰明·富兰克林·福斯特（Benjamin Franklin Foster，1798—1868年）看中并推行，从而流行于欧洲与北美。矛盾的是，只有当手臂和手保持僵硬不动时，肩部才有可能自由活动。为了协调这一点，卡尔斯特以及追随他的老师们有时会用丝带把笔捆绑在书写者的手上，这样就不可能有其他动作了。那是一个女性穿着鲸骨束腰、男人戴着硬领撑的年代，因此手写技艺同样也被规训为一种自我技能，正如美国历史学家塔玛拉·普拉金斯·桑顿（Tamara Plakins Thornton）描述的那样："教学法所保证的远不止是一种特定技巧的训练。它的真实产物并不是手写技艺而是人，一种与新社会秩序相适应的人。"[1]

英国到了19世纪中期，新的社会秩序与工艺秩序要求手写笔迹的形式与实用度更清晰。《维尔·福斯特的公学习字本》最初是一项慈善计划，旨在帮助爱尔兰移民在前往美国前自学书写能力，以便增加就业机会。维尔·福斯特（Vere Foster，1819—1900年）撤除向下笔画与向上笔画之间的粗细区别，而采用粗细匀称的笔画。他使字母呈现得更为竖直。这一方案得到了英国首相帕默斯顿勋爵的认可，并在英伦三岛的部分地区一直施行到20世纪60年代。

在英国，当今的手书教学法可以追根溯源到1906年伦敦郡议会的一份报告。这份报告由书法家爱德华·约翰斯顿所提出。他曾凭借为伦敦交通局设计的字体与标志在今天为人熟知。他推荐学生去追溯罗马字母形态的演变，从蜡版上的大写字母开始（这一理念为我们带来了今天所使用的大写字母），接着追寻从大写字母到小写字母的历史转变。下一步，试着用一支平尖的钢笔写出基本的小写印刷体，熟练后就能写出连贯的速写体。约翰斯顿的理念并没有收获多少推崇。1913年——出乎他本人的意料——伦

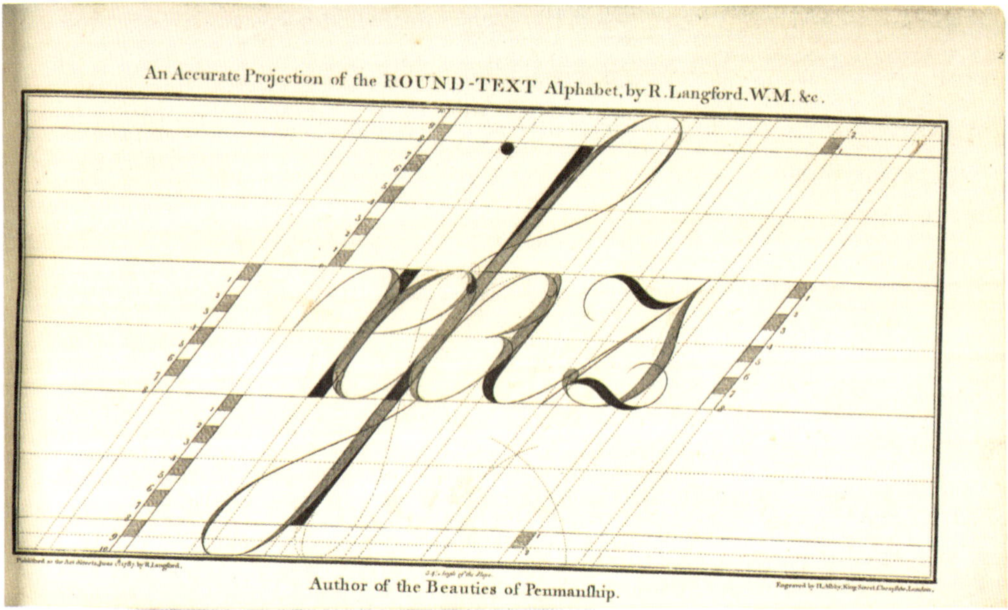

理查德·兰福德，《准确且自由书写的全套规则和范例》。重新装订时页面歪斜，印刷本。伦敦：为作者出版，1787 年。大英图书馆：1322.m.55,fol.3

敦郡议会宣布采纳一种被他们称作“印刷体”的手写系统。

约翰斯顿的想法被一些新兴的教育理论家看中，不过他们是把儿童时期视为一个发展阶段。他们不会指望孩子能够写出成年人的字迹，因为他们的神经肌肉与认知发育尚未完善。手写是一个“涌现”的过程。孩子会随着时间推移找到将字母连起来的方式，并形成个人独一无二的字迹。研究进一步证实：这些简单的形状不仅仅与孩子有限的心理发育相适应。孩子在开始学习的那一刻，就能开始组合字母，用词语表达自己。再者，这些字母在视觉上与孩子们阅读时看到的字母形状相关联。这一系统之后在美国被称作“手稿创作”（manuscript），把亲笔书写重新理解为“一种‘讲

《维尔·福斯特的公学习字本：帕默斯顿版》。印刷本。爱丁堡和格拉斯哥：布莱基及其后辈出版社，1881 年。大英图书馆：12200. bbb. 20/37

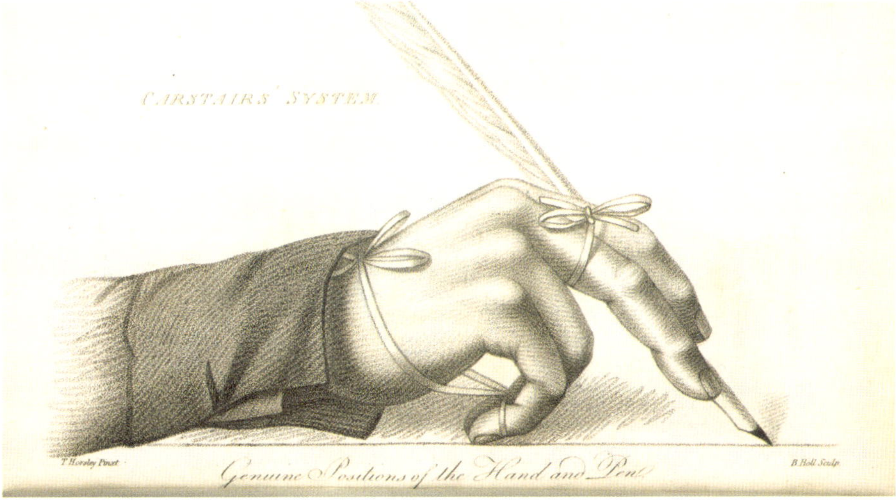

约瑟夫·卡斯泰尔丝，《书写艺术课》第 161 页前的图版。印刷本。第 5 版。伦敦：J. 泰勒出版社，1822 年。大英图书馆：RB. 23. a. 23715

述的方式’而非一种机动的习惯。”[2]在学校里，孩子们学习书写日期，记录天气，为教室窗沿的花盆订购种子，制作各种各样的告示。这些都是真实的任务作业，而不是简单的习字训练。

唯一获得约翰斯顿直接认可的手书方案由他的学生玛丽昂·理查森（Marion Richardson，1892—1946年）提出，尽管我们今天拥有的方案并不包括她在过早离世前就打算做的修正。新的方案会优先考虑不同的书写节奏。理查森将之称为“拱廊”般的节奏——与m和n的字弧呼应——排在后面的才是我们在u中看到的“花环”节奏。太多书写者笔下m和n的形状和u难以区分。她有一个重大发现，实际上人们是通过一个单词的上半部分来识别单词的。保留上半部分的形状某种程度上使文字在本质上更加清晰易认。我们在理查森习字本中见到的这些简化方案是如今采用的众多

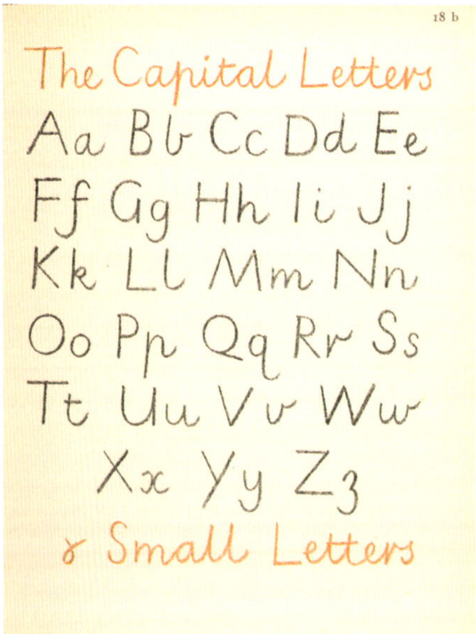

玛丽昂·理查森，《书写与书写模式》。印刷本。伦敦：伦敦大学出版社，1935年。大英图书馆：7946. e. 6, Book 1, p. 18b

手书范本的起源。

在第二次世界大战之后，伊丽莎白二世的新时代恰逢意大利斜体手书复兴。这些字体为英国、欧洲以及北美的许多手书课程提供了模板。罗伊德·雷诺兹（Lloyd Reynolds，1902—1978 年）是美国重要的意大利斜体字倡导者。他在俄勒冈州波特兰的里德学院教授英语与艺术。而史蒂夫·乔布斯（Steve Jobs，1955—2011 年）正是在那所学校里对设计精良的字体迸发出热爱，这些字体在他日后所有的苹果电脑上必会占有一席之地。想要深入了解现今手书教育与研究的细节，我建议读者查阅本书第 6 篇。

艺术家与设计师

除了践行功能性目的，书写也被视为一种艺术形式，它是一处人类迸发生发明、创造、奇迹与技艺的游乐场。有些人立志于满足社会中的最高期许，而有些人寻求挑战与重塑。艺术家能自由地选择表达自己的地点与方式，设计师总是需要与接收到的特定指示进行沟通。

在传统书法中，自由度受到任务性质的强行限制。在印刷术出现前，是书法家负责将文献一代代地传承下去。如果制作出的作品无法长存、难以辨识，那么这一任务就失败了。一直到最近，书法才从辨识度的桎梏中解放出来，人们可以全力去挖掘它的视觉潜质。我们在这里呈现了来自欧洲、亚洲与非洲的书法作品，从中我们可以看到人们对于作品趣味性的广泛共识：对于笔画形式与完成度的明确感受；空距与字重的细致平衡；对于构成的整体意识，从中可以辨明特定的主题，它们既相互平衡，又形成对照；对于刻意施加在文字区域与页面的比例所产生的理解；最后，也可能是最重要的一点，就是其灵活运动性。

到底什么才能造就美丽的形式？历史上的想法有过诸多变迁。诸多西方艺术与书写的背后潜藏着来自希腊的理念。在希腊，公元前 5 世纪的雕塑家波利克利托斯在他著名的《正典》中宣称，美来自一个部分在另一个部分中的比例，以及所有部分与整体的比例。类似的想法似乎引导着希腊人以模块化的方式去思考他们的字母系统（以及普遍的设计），一直到现代的经典罗马书法都是如此。字母系统没有被视为 26 个字母的随机集合，而是一个整体系统，建筑在一系列正方形、长方形和圆形紧密相连的比例之上。这些理想化的比例往往在实际操作中屡屡调整，但总有一股内在的连贯性思想在引导它们。

英国书法家爱德华·约翰斯顿是欧洲 20 世纪书法复兴的核心人物，这位自学成才的人物通过回访大英博物馆中的馆藏手稿来学习书法。他意识到，他参考的手稿是由一种平尖笔写就的。这与他同时代大多数人使用的尖头笔不同。通过悉心研究，他重现了一项几乎失却的传统。1899 年，约翰斯顿开始在伦敦的中央美术与工艺学校教授书法、插画与艺术字体。1906 年他出版了一本以字体为主题的手册，里面的章节包括书法印刷体、艺术印刷字体与石刻艺术字。正是通过这本书以及他在皇家艺术学院的授课，复兴运动得以传播。

那些启发约翰斯顿教授基础书法字体（他称为“基础字体”）的手稿是来自 10 世纪的《拉姆齐圣咏集》。我们可以看到那些字母的形态大致与我们今天使用的印刷字体相似。这套字母系统有一种内在的连贯性：我们可以看到 m 和 n 顶部的字拱在 o 顶部的弧线中有所反映；在 d 和 p 之后也能看到 o 的形状，u 就像是旋转了 180 度的 n。书写这一手迹要保持一致的笔尖角度（所持笔尖与书写走线的夹角），一个字母的高度约为四个笔尖的宽度。字母与字母间的形式呈现出具有清晰关联的和谐感。这份手迹是由一位本笃教会僧侣于 980 年在盎格鲁－撒克逊英国末期的一座修道院完成的。这件手稿运笔肆意，自带一种不经意的随意。其中并无炫技，排列在一起的字母犹如一整个社会群体，呼应着圣本笃生活准则的价值观。有了这一范本，便有了约翰斯顿倡议我们用平尖笔书写的“印刷”体。

在时间上还出现了一个离奇的巧合，《拉姆齐圣咏集》的抄写员与为阿拉伯传统带来重大发展的书法家出生在同一时代。正当盎格鲁－撒克逊英格兰开始兴起修道院改革时，在巴格达，曾任阿拔斯王朝三任哈里发的维

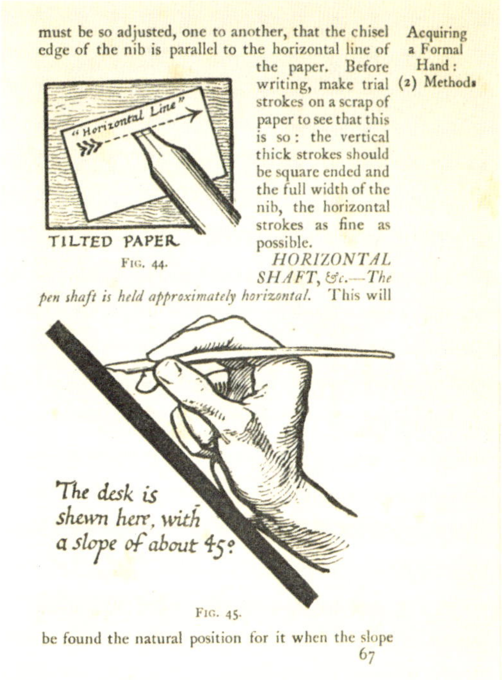
Acquiring a Formal Hand: (2) Methods

must be so adjusted, one to another, that the chisel edge of the nib is parallel to the horizontal line of the paper. Before writing, make trial strokes on a scrap of paper to see that this is so: the vertical thick strokes should be square ended and the full width of the nib, the horizontal strokes as fine as possible.

FIG. 44.

HORIZONTAL SHAFT, &c.—The pen shaft is held approximately horizontal. This will

FIG. 45.

be found the natural position for it when the slope

67

爱德华·约翰斯顿，《书写、插图和书信》（工艺美术系列）。印刷本。伦敦：约翰霍格出版社，1906 年。大英图书馆：07942. e. 1/5, p. 67

pudore: & operiantur
sicut diploide confusione sua.
Confitebor dn̄o nimis in ore meo.
& in medio multorum
laudabo eum
Qui astitit a dextris pauperis
ut saluam facer&
a persequentibus animā meā.

PSALM̄ DAUID.

DIXIT DN̄S DN̄O MEO.

SEDE A DEXTRIS MEIS
Donec ponā inimicos tuos
scabellum pedum tuorum
Uirgam uirtutis tuę emitt& dn̄s

齐尔的伊本·穆格莱（885/886—940年）被投入了监狱。他因卷入政治风波而饱受伤害，死于公元940年7月20日，可能是被处决。

伊本·穆格莱是一位技艺精湛的书法家。他的政敌曾将他的右手斩下，传说他将笔绑在自己的手臂上继续书写。他在脑海中为阿拉伯文字创造出了一套包罗万象的比例系统，灵感可能来自毕达哥拉斯的理论。他以菱形点作为基本元素，这也是方尖笔能写出的最简单的一个形状。以此为基础，他建立了一个系统，它与伊斯兰哲学的各个层面都产生了共鸣。并且在实际操作中，这个由点组成的无形网格能够用来将整个阿拉伯字母系统中任何当下或未来的字母形态的相关比例可视化。这一系统使阿拉伯书法得以发展，甚至将形式上的思考延伸到了速写体的形态。由此，引用德国著名学者安娜玛丽·席梅尔的话来说："评判一套手稿是否完美，不只是看字母的形状，还要根据字母之间的联系。"[3]伊本·穆格莱创造了一种研究与分析方法，为他的书法传统带来了理性与形而上学的基础。其他书法家，如他的追随者伊本·巴瓦卜（？—1022年），则为自己的作品带去了更多优雅。之后的雅古特·穆斯泰西米（？—1298年）提出了一种不一样的削笔尖方式，这种方法为后世所有阿拉伯正规书法的彰显奠定了基础。

阿拉伯文书写活动的最早例证可以追溯到6世纪初。在不同的城市中有简单的日常手写体，也有更为正规精心写就的字体。许多早期《古兰经》使用的正规手写体被称为库法体，因伊拉克城市库法而得名，强调纵向笔画。它被应用于建筑、金属制品与陶瓷，繁荣了数个世纪。今天，它长方形的形态依然出现在装饰中。到了10世纪，诞生了诸多速写体与大法官体，学者将它们归为六个书法大类：穆哈加格体，最初指所有精心写就的字体，也是人们抄写《古兰经》最爱用的；雷哈尼体，一个穆哈加格体的

对页图 《拉丁圣咏集》，又名《拉姆齐圣咏集》。抄本（羊皮纸）。温彻斯特或拉姆齐（？，英格兰），约925年。大英图书馆：Harley MS 2904, 144r

稍小版本；誊抄体，主要由抄写者使用，也是今天运用最广泛的字体；苏鲁斯体（又称三一体），这是一种大型的展示字体，也是奥斯曼人的最爱，在许多建筑铭文中尤为夺目；签署体，它是苏鲁斯体的轻型版本，多用于官方签名，沿着一道从右向左的线上扬；里卡体，比签署体更为潦草，常用于书信。这些命名代表了对一种复杂历史的合理化，并延绵了数个世纪。还要算上四种具有地方属性的字体。较为柔软圆润的马格里布体来自北非与西班牙。在同一时期，15 世纪的波斯书法家，大不里士的米尔・阿里（约 1360—1420 年）发明了纳斯塔利克体（又称波斯悬体），他曾梦见一群飞翔的鹅，他笔下的字母悬在空中，沿着书写方向微微下坠。一部来自波斯萨法维王朝的 17 世纪末期的《古兰经》（Or.13371），主体文字使用纳斯赫体阿拉伯文，红色的行间夹注是波斯文对照翻译，以波斯悬体写就。最后，另有两种字体——迪瓦尼体和西亚格特体（siyaqat）在奥斯曼帝国的官方文件中发挥了重要作用。

希伯来文的字体风格也拥有诸多变体。第 180 页的插图展示了哈加达，它是用于逾越节规训的阅读文本，可以追溯到 15 世纪中期的德国。这一文本使用了阿什肯纳兹方体和一种阿什肯纳兹半速写体，写在这张 15 世纪中期的德国羊皮纸上。泥金师还在扉页上添上了自己的名字：乔尔・本・西梅昂（Joel ben Simeon）。在这张插图中，我们可以见证抄写员是如何令左侧边缘对齐的。希伯来文是从右向左书写的。在第二行，他创造了一个“抽象”的书法符号来达成左对齐的效果。它看上去像个字母，实则不是。在这份手稿上，所有的元音变音符号全都由短横线组成，与平时的点线组合不同。

有一份来自 14 或 15 世纪埃塞俄比亚的手稿收录了《旧约》的八册，

使用的是吉兹语的祭礼语言（见第182页图）。这份由苇管笔写就的埃塞俄比亚手稿位于一个矩阵中，它的空间由犊皮纸上钝点标记形成的线条来界定。红色的点缀与凯尔特文化中交缠的装饰很相似。实际上，今天有学者认为，这种在海岛体抄本中出现的装饰可能就是受到了爱尔兰传教对埃及以及其他非洲地区的影响。

以成熟的婆罗米字母与佉卢文字写就的阿育王敕令，这类来自公元前3世纪南亚的石碑表明，文字早在几个世纪前就已传入了印度次大陆，婆罗米字母极有可能由埃兰文字演变而来，后派生出200多种变体。北方分支包括天城体、藏文、古木基文、孟加拉文、古吉拉特文，以及悉昙体——这种字体在如今的日本依然用于宗教目的的书写。南部分支包括僧伽罗文和泰米尔文，以及东南亚的文字，包括泰文、高棉文与缅甸文。恢宏的《政事论》在19世纪以古木基文写就，是为兰季德·辛格·摩诃拉者（Mahārājā Ranjīt Singh，1780—1839年）准备的。书写者使用一支平尖笔，字母的笔法有力、直率并富有自信。

这部1857年的折页书讲述了帕玛来（Phra Malai）的故事。传说这名佛教僧侣曾造访过天堂与地狱。该书采用了神圣的古代高棉文，与高棉文有渊源。在这里，它用于泰语和巴利语的文字。古代高棉文最早可以追溯到13世纪，因其堪称神迹的效力而备受推崇；是一种广泛用于护身符、文身与战袍的保护性文字。抄写者在一块经过抛光、染有颜色的背景上用金色的墨水写出具有棱角的文字。行文为从左到右。

第185页这套编纂于19世纪的书帖全面展示了日本著名书法家的作品。开篇是圣武天皇（701—756年）与光明皇后（701—760年）的宝贵真迹，约可以追溯至公元750年。在伊斯兰世界与东亚，搜集书帖是精进个人书

הא לחמא עניא

[illegible]

עבדי לשנה הבאה בני חור
חורין

ומוזגין כוס שני ״ ו ״

מה

נשתנה הלילה הזה מכל הל
הלילות שבכל הלילות אנו
אוכלים חמץ ומצה הלילה

法的一大途径，亦是修养的一种展现。

在任何书法传统中，交流不仅通过印记体现，也通过色彩、表面、气味、色泽与运动体现。但是，讨论来自不同书法文化的各类艺术品是一项敏感的任务。当每个人都有特定的感受作为基础时，一个人就有风险将一个系统挪用到自己的理解上。无论如何，我们还是期望在遇到任何传统的书法作品时，由于它源于一种具有实质性、有目的的任务，我们或许会发现，它能激发我们更生动地去认识自身。

随着 15 世纪 50 年代活字印刷技术在美因茨发展起来，这一印刷方式也在欧洲其他城市流传开来。最早的印刷本采用了哥特体形式的字母，这些书本可与德语的泥金手抄本一较高下。当印刷术在 15 世纪 60 年代转播至意大利时，对当地字体形式的模仿也发生了。第一批区分罗马字大小写的印刷本由法国人尼古拉·让桑在威尼斯印制。其灵感源自盛行于帕瓦多与威尼托周边地区的人文主义体书法。三十年后，依然是在威尼斯，罗马字母在出版印刷商阿尔杜斯·马努提乌斯手中达到了制作工艺的全新顶峰。他于 1499 年印制的《寻爱绮梦》是首部展现罗马字字体排印的印刷本，每一处都呈现出精美的设计。由阿尔杜斯设定的版式为后世确立了标准，一直延续到 17 世纪。这也是阿尔杜斯首次在印刷形式中运用意大利斜体字母。

1693 年，法国科学院成立了一个委员会来研究印刷字形。其研究成果是一系列由夏尔 – 路易·西莫诺制作的雕版（1695—1716 年），展示了罗马大小写字母（见第 090 页图）与意大利斜体字的理想形式。这些雕版展现了理念的转变，字母形状的字谷（counter）变得更为直立，笔画粗细更鲜明。（字谷指的是字形内部的空白部分。在早期的活字设计中，它反映了

对页图 《阿什肯纳兹哈加达》。抄本。德国南部，15 世纪中期。大英图书馆：Add MS 14762, fol. 6v

ወጸውዖ፡እግዚአብሔር
ለሙሴ፡ወተናገሮ፡እም
ውስተ፡ደብተራ፡ዘመርጡ
ል፡፡ወይቤሎ፡በሎሙ፡
ለደቂቀ፡እስራኤል፡ወአይ
ድዖሙ፡እመቦ፡ዘአብአ፡
ብእሲ፡መባአ፡እምኔክ
ሙ፡ለእግዚአብሔር፡እ
ምእንስሳ፡ወእምኔ፡አልህ
ምት፡ወእምኔ፡አባግዕ፡፡
ተበውኡ፡መባአክሙ፡ለእ
ግዚአብሔር፡ለእመ፡ለሠ
ዋዕ፡መባኡ፡እምውስተ፡
አልህምት፡ተባዕተ፡ንጹ
ሐ፡ያመጽእ፡ኀበ፡ኆኅተ፡
ደብተራ፡ዘመርጡል፡ያበ
ውእ፡ስጥወ፡ቅድመ፡እግ
ዚአብሔር፡፡ወያንብር፡እ
ዴሁ፡ላዕለ፡ርእሱ፡ለዝክ
ቱ፡ላህም፡ዘአምጽአ፡ለሠ
ዋዕ፡ከመ፡ይስጠዎ፡ወይሰ
ሪ፡ሎቱ፡በእንቲአሁ፡ወይ
ጠብሕዎ፡ለውእቱ፡ላህም፡
ቅድመ፡እግዚአብሔር፡፡

ወያመጽኡ፡ደቂቀ፡አሮን፡ደ
ሞ፡ለሊሆሙ፡ካህናት፡ወይ
ክዕውዎ፡ለደሙ፡ላዕለ፡
ምሥዋዕ፡አውደ፡ዘኀበ፡
ኆኅተ፡ደብተራ፡ዘመርጡል
ወይወቅዕዎ፡፡ወይፈልጡ
መለያልዮ፡ዘዘዚአሁ፡ወ
ይወድዩ፡እሳተ፡ደቂቀ፡አሮ
ን፡ካህናት፡ላዕለ፡ምሥዋ
ዕ፡ወይዌጥሑ፡ደቂቀ፡አሮን
ካህናት፡ዘክተ፡ዘገመዱ፡
ወርእሶኒ፡ወሥብሖኒ፡ላዕ
ለ፡ዕፀው፡ወላዕለ፡እሳት፡ዘ
ውስተ፡ምሥዋዕ፡ወንዋየ፡
ውስጡ፡ወእገሪሁ፡የሐፅቡ፡
በማይ፡ወይወድዩ፡ካህን፡ኵ
ሎ፡ውስተ፡ምሥዋዕ፡ወመሥ
ዋዕት፡ውእቱ፡ዘቍርባን፡ወ
መዓዛ፡ሠናይ፡ለእግዚአብ
ሔር፡፡ወእመሰ፡እምኔ፡አባግ
ዕ፡ውእቱ፡መባኡ፡ለእግዚአ
ብሔር፡እመኒ፡በግዕ፡ወእመ
ኒ፡ማሕስእ፡ለሠዋዕ፡ተባዕተ፡
ንጹሐ፡ያመጽእ፡ወይጠብሖ

《政事论》。抄本，为兰季德·辛格·摩诃拉者而作。印度。19世纪。大英图书馆：MS Hin D13a, fol. 1r

来自手写字母的倾斜轴线，取自手握宽尖笔书写时舒适的倾斜角度。）这样看来，它们是追随着欧洲手写与罗马镌刻字母的风靡趋势，自16世纪50年代中期就朝着这个方向发展。

在英国，书写大师约翰·巴斯克维尔于18世纪中期冒险挺进印刷世界时就注意到了这些趋势。他身处的年代正在有意识地“改善”生活的方方面面。他在1758年印制了约翰·弥尔顿的《失乐园》，在前言里，他称自己“很早便是美丽字母的仰慕者……并且渴望为完善它们做出贡献”[4]。当时作为伯明翰最伟大的制造商之一，他也把在日本漆器行业积累的敏锐眼光与经验迁移到了印刷行业上。他打造出新的活字设计，字形更宽，粗细笔画也有了更清晰的对比。

不仅如此，巴斯克维尔为他的压印机重新设计了印刷雕版，通过

对页图 《八卷》（即《先知书》）。抄本。埃塞俄比亚，14世纪。大英图书馆：Or. 480，fol. 88r

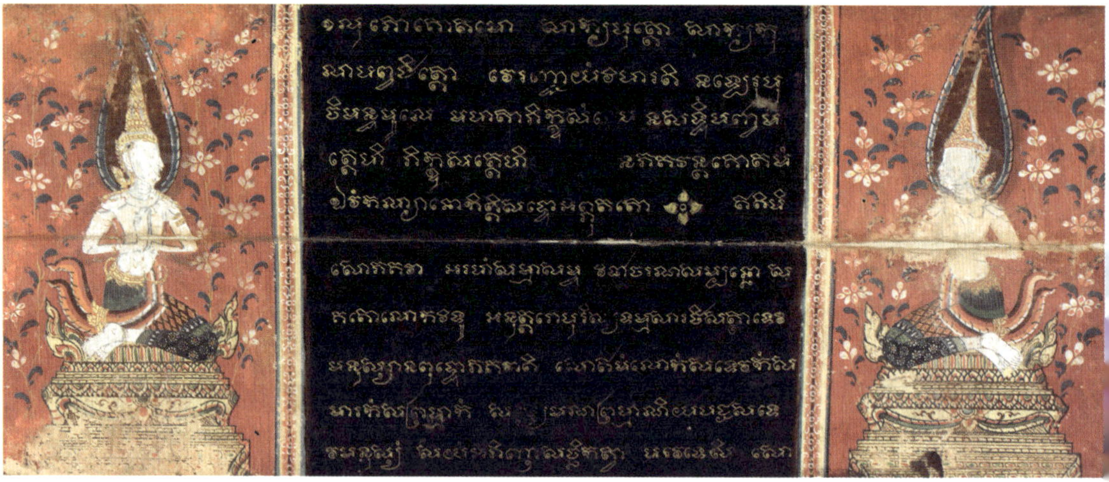

《帕玛来传说及其他佛教文本》。手抄折页书。泰国，1857 年。大英图书馆：Or. 14732

“热压印”工序，并混合一种更黑的油墨，引入了一种使纸张变平整的新颖方式。没有一道制作工序能逃过他的注意，他的书籍也在整个欧洲受到追捧。

他的作品建立在法国的迪多兄弟的基础上。在意大利，他启发了詹巴蒂斯塔·博多尼，为他的活字设计与印刷带来了终身影响。博多尼的遗孀在他去世后，于 1818 年出版了他的《排印工艺手册》，堪称西方活字设计最伟大的个人成就之一。他展示了包含能想到的每一种尺寸与字重的活字铸字样本，这套矩阵源自他亲手刻制的字模。该书分为两册，共计 538 页，还收录了他为希腊文、希伯来文、俄文、阿拉伯文、腓尼基文、亚美尼亚文、科普特语与藏文设计的活字字体。

随着印刷技术的变迁，以及活字新用途的开辟，设计师做出了回应。爱德华·约翰斯顿在 1916 年为伦敦地下电气铁路公司所做的设计是首套

对页图 圣武天皇与光明皇后书法作品。日本，750—1650 年（著录于 19 世纪）。大英图书馆：Or. 12227, fol. 1r

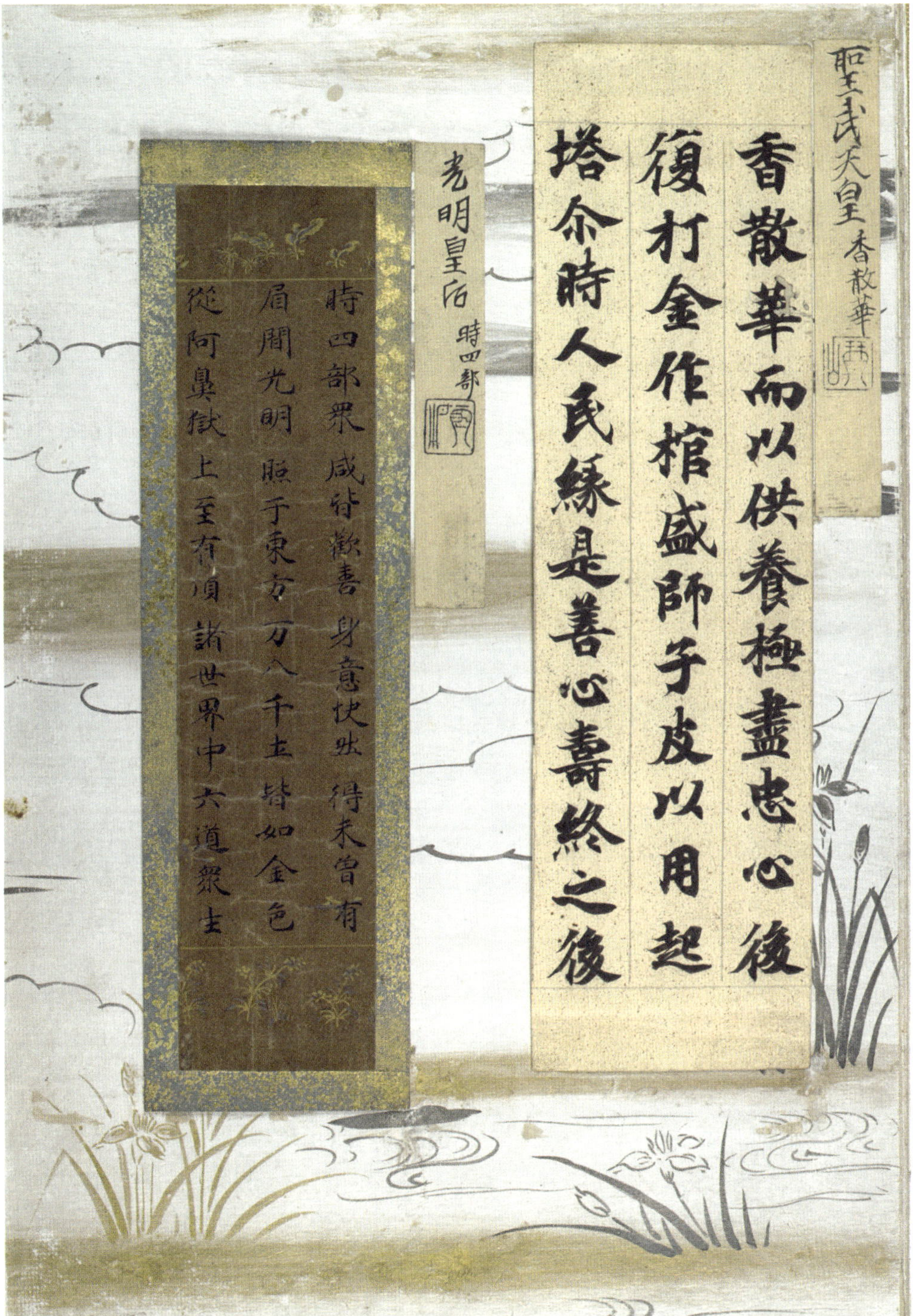
聖武天皇 香散華
香散華而以供養極盡忠心後
復打金作棺盛師子皮以用起
塔尒時人民緣是善心壽終之後
光明皇后 時四部
時四部衆咸皆歡喜身意快然得未曾有
眉間光明照于東方万八千土皆如金色
從阿鼻獄上至有頂諸世界中六道衆生

elegi. Concupiui salutare tuū domine: et lex tua meditatio mea est. Viuet anima mea et laudabit te: et iudicia tua adiuuabunt me. Erraui sicut ouis que perijt quere seruum tuum quia mādata tua non sum oblitus. Gloria patri et. Antiphona.

Aspice in me et miserere mei domine. Alleluia alleluia alleluia alleluia. ℟. Redime me dñe et miserere mei. ℣. Pes enim meus stetit in via recta. Et mi. Gloria. ℟. Domine. Dñicis diebus. Amplius laua me domine ab iniusticia tua corde meo. Exaudi me dñe. ℣. Justificationes tuas requiram. Exau. Gloria. Clamaui. ... cunda. Inuit. Venite exultemus domino.

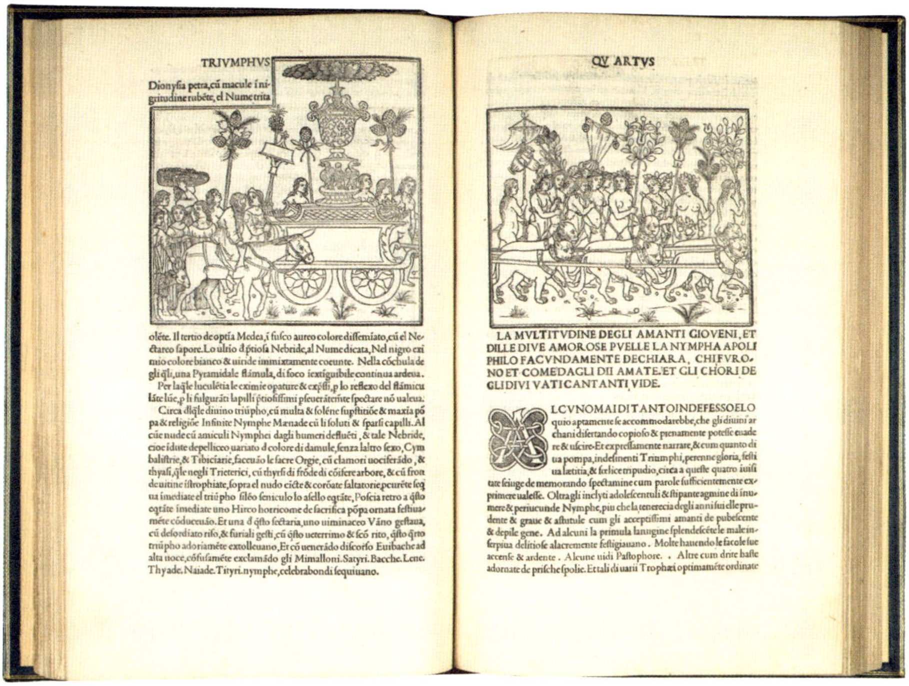

弗朗切斯科・科隆那，《寻爱绮梦》。印刷本。威尼斯：阿尔杜斯・马努提乌斯，1499 年。大英图书馆：G. 10564, fol. l ii r-lvr

用于为一家机构树立品牌的活字字体。约翰斯顿的大写印刷字为无衬线字体——当今最风靡的一大字体——确立了趋势。

约翰斯顿的学生埃里克・吉尔将导师的思想运用到自己的字体——吉尔无衬线体中。这一字体也因用于英国广播公司的标志而广为人知。英国广播公司面临着多种平台对字体提出的诸多新需求，最近委托他人为自己设计了一款专有字体。瑞思体（Reith）由总部位于伦敦的字体开发公司达尔顿・马格（Dalton Maag）设计，英国广播公司于 2017 年投入使用。整

对页图 《拉丁圣咏集》，又名《美因茨圣咏集》。印刷本。美因茨（德国）：约翰内斯・富斯特和彼得・舍费尔，1457 年。大英图书馆：G. 12216, fol. 36v

个设计过程展现出活字字体设计在过去几十年的变迁，还体现出我们是如何从深厚的根源中汲取灵感。设计师用铅笔和宽尖笔书书写字母，还参考了大英图书馆的《拉姆齐圣咏集》，对不同字体的优缺点展开头脑风暴，接着为英国广播公司遍布全球的平台开发出了包含衬线与无衬线形态的字体家族。

软件能够使设计师为字母创造出母版，可以在显示屏上运作，或是根据扫描的图画运行。这些字母由软件生成，该软件可以在设计师放置于字母轮廓上的点之间画出线条和曲线。其中一个目标就是要在节省点数的情况下实现这点，同时设计出轻字重与重字重（粗体）字母。在确定了这些尺寸之后，就可以插补出区间内所有的字重。

通过上面提到的六名设计师（让桑、马努提乌斯、巴斯克维尔、博多尼、约翰斯顿和吉尔），我们可以看到一个跨世纪的群体在相互对话。每个人都意识到过去的瞩目成就，同时热衷于为所处年代的问题拓展新的解决方案。总的来说，清晰字迹世界的发展是以进化性而非革命性的原则以及一种同人的情感作为指导的。

◇◇◇

文字游戏对书写系统的艺术家们产生了莫大的吸引力；不仅可以把玩字母的形态，还可以把玩它们的排列。拉巴努斯·莫鲁斯（Rabanus Maurus，约 780—856 年）是德国富尔达的一名僧侣，也是一名学者兼教师。他的《圣十字赞颂诗》就是精妙空间文字游戏的典型案例。他所遵循的这项传统可以追溯至罗马诗人恩尼乌斯（Ennius，公元前 239—公元

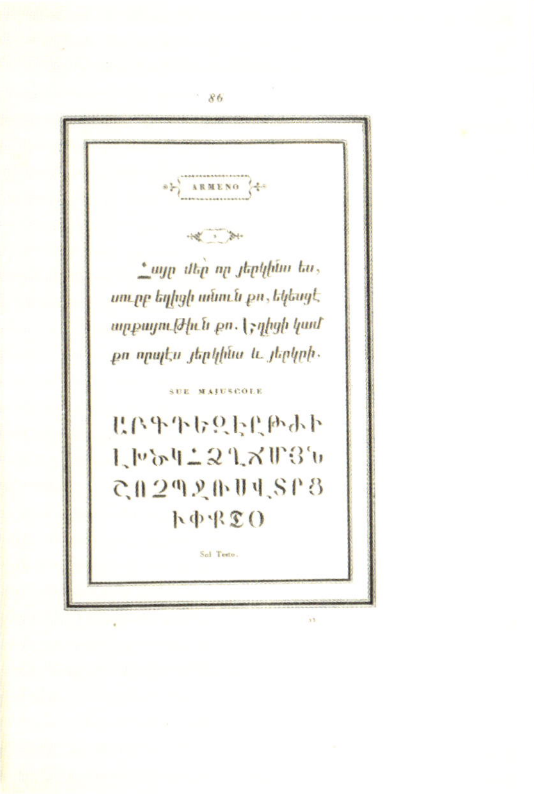

左图 美式活字。詹巴斯蒂塔·博多尼，《排印工艺手册》。印刷本。帕尔马（意大利）：詹巴斯蒂塔·博多尼，1818 年。大英博物馆：59. c. 19-20, vol. 2, p. 86

右图 爱德华·约翰斯顿的无衬线体活字样。由乔治·莫罗设计的海报。伦敦：伦敦地下电气铁路公司，1918 年

前 169 年)，并向下传承至纪尧姆·阿波利奈尔（Guillaume Apollinaire，1880—1918 年）和 20 世纪的具象诗人。他完全打破了诗歌呈现的寻常惯例，而是要依靠人们的好奇心去揣摩他的意思。

埃尔·利西茨基的《声音》(*Dlia golosa*，1923 年）将俄罗斯未来主义

诗人弗拉基米尔·马雅可夫斯基（Vladimir Mayakovsky，1893—1930 年）的 13 首诗歌诠释为用于出声朗读的排版形式。利西茨基（1890—1941 年）是将建构主义者的一些思想转移到图形和排版设计中的重要桥梁。最重要的一点在于，他将网格的使用作为一种为多种图像元素服务的组织原则，他们是在毕加索处理其立体主义拼贴画时发现的这种原则。后来，正是在网格的辅助下，字体与摄影得以整合到强大的平面图像中。

在中国艺术家徐冰（生于 1955 年）的《英文方块字书法入门》（包括教材和描红簿，1994—1996 年）中，这又成了另外一回事。我们相信自己看到的是中国的毛笔书法，实际上，这些是以单个“汉字”排列的英文单词。徐冰鼓励我们去质疑我们究竟是将什么意义归结于文字。文字作为一种图像、一种视觉现象，接着又是某种具有言语意义的东西，摇摆不定，然后回到原点。在这方面，它是一件艺术作品，不仅挑战了我们对文字整体的思考，也挑战了我们如何去理解世界上任何关乎我们的事物。当我们将不同的视觉文化和概念架构带入文字游戏中时，意义是固定的，还是会发生变化？这件作品表明事物会发生变化。来自欧洲和美国的文字艺术家也存在于这个边缘地带，但“市场”将他们牢牢地置于“艺术”中。

在离开谈文字与创作这一部分之前，我们必须考虑到一个现象。涂鸦一直都在我们身边，过去与现在最大的区别在于书写者人群的身份以及可用的工具。在我们这个时代，媒体所说的涂鸦一直是年轻人所为，但书写者自己简单地称之为“书写”。当局可能为清理成本而苦恼，但“书写”表明，几个世纪以来的全民教育运动已然奏效。这是人类历史上第一次，大多数年轻人拥有书写的能力。他们开始写自己想写的东西，这难道不令人吃惊吗？另一个改变体现在工具上。喷漆可以轻易地施加在任何表面上，而且是以大规模的形式，这便是一种自由。马克笔的墨水具有永久性，同样，你几乎可以在任何东西上书写。“书写”背后的能量与驱动不同地方诞生文字的能量是同一股：渴望命名与宣告事物，渴望归属、展示的热忱；对于涂鸦来说，我们还可以加入表演的冒险。“书写”将文字带回了它的根源。

美学重要吗？从我们的自我价值来看，它们自然相当重要：能够将我们的创意注入某些事物，去制造出一些美丽或精巧的东西，让我们感到快乐。对于那些使用这些创作的人来说，我们感受到他所注入的关怀与创意，还能联想到我们自己。美学与功能性的相交点是一场甜蜜的邂逅。罗马字母系统背后的美学经过多年的发展，创造出一套在统一与差异上达到完美平衡的字母形状。这些经过演变的形状使我们在阅读时能够保持注意力。在当今世界，我们身边的信息并不缺乏：实际上，信息多到令人不知所措。美学一直是我们用来让某些类型的书写向我们发出号召并吸引我们注意力的工具之一。作家尼古拉斯·卡尔曾指出，我们周围的信息如此之多，而我们仍然面临着长久以来的问题：我们如何将单纯的信息转化为形象化的智慧？[5]美学一直是我们为实现这一目标而拓展的方法之一，以强调并将文本的一个部分与另一个部分联系起来，最重要的是让我们能持续地参与到文本中，如果有必要的话，可以持续数小时。甚至某些建筑楼房或房间，如图书馆，也帮助我们做到了这一点——就像图书馆内保持沉默的社会规范一样。美学尽可能地让人在充分参与的情况下，帮助我们将自己带入阅读和书写的任务中。

PV
NATEPATRISSVMMIQVITELAFEROCIAFRANGIS
DAMIHIRITECRVCISVICTRICIACARMINAFARI
NACAELESTANIMALMILESVOLATOREIOHANNIS
TRANSPENETRANSAQVILAETVERBOMINEVIDIT
EOVMSOLEVERBVMHAVSITINARCEPOLORVMHOC
GRATIASICQVIOHANNIANTEOMNESQVIVIDAFATV
DONATAVTEMARTHOMINISSIBISVMERETAVCTOR
SCRIPSERITATQE PIODEVSVNETALM
SEPERCVPATREQ ITAQVESALVSQVE
SITNATVSFACTVSQVECARODOMINATORINORBE
HVNCLEOHVNCVITVLVSREGEDANTPONTIFICEM
VTLEOQVIFORTISRETVLITCERTAMINEPREDAM
HOSTIAETOBTVLERATSVVMVSSERITESACERDOS
MYSTICADONASVISCONSORTIBOPTIMEDONANS
NEMPEDATORVMMYSTERIOSEPTEMETPIEPANVM
MARCVS LEO SIGNAT
SEPTEM SPS
ECCE AGNVS DEI ECCE QVI TOLLIT
LVCAS PONTIFICE
INBETHLEEGENITMATREAMMIRABILISINFANS
IPSEATVSMARIAMVNDODITISSIMACVRAHVIC
NOBILISATQVEPVERPERSONAVETVSTADIERVM
QVIVENITDEEDOMDEBOSRAHICVESTECRVENTA
CALCATVRVSERATQVISOLVSTORCVLARAVCTOR
INCRVCEPENSANDQVISVSTINETASTRASVPERN
VTCRVXALMAFORETDIVINOHAECMVNEREDIVES
NASCRIBENSBENEMATHEVSDEDITORDINEPRIM
QVINFACIEFIRMATIHVNCABORGINEDAVID
PROGENITVESSEHOMINESIGNAVITEMPIEVOTV
CVMMONSTRAVITINORDINESTIRPISFIDABRAA
QVODGENHOCDEDERITILLOFRAVDISINTQ
EXPVLSONAMRITE VSOMNERETEXTVM
CONTINETHOCVER SCREDERESIGNVM
NEMPEDECETDVDVMCRISTVSQIANASCIERILLA
PROMISSVSSTIRPESTSALVATORMAXIMVSORBI

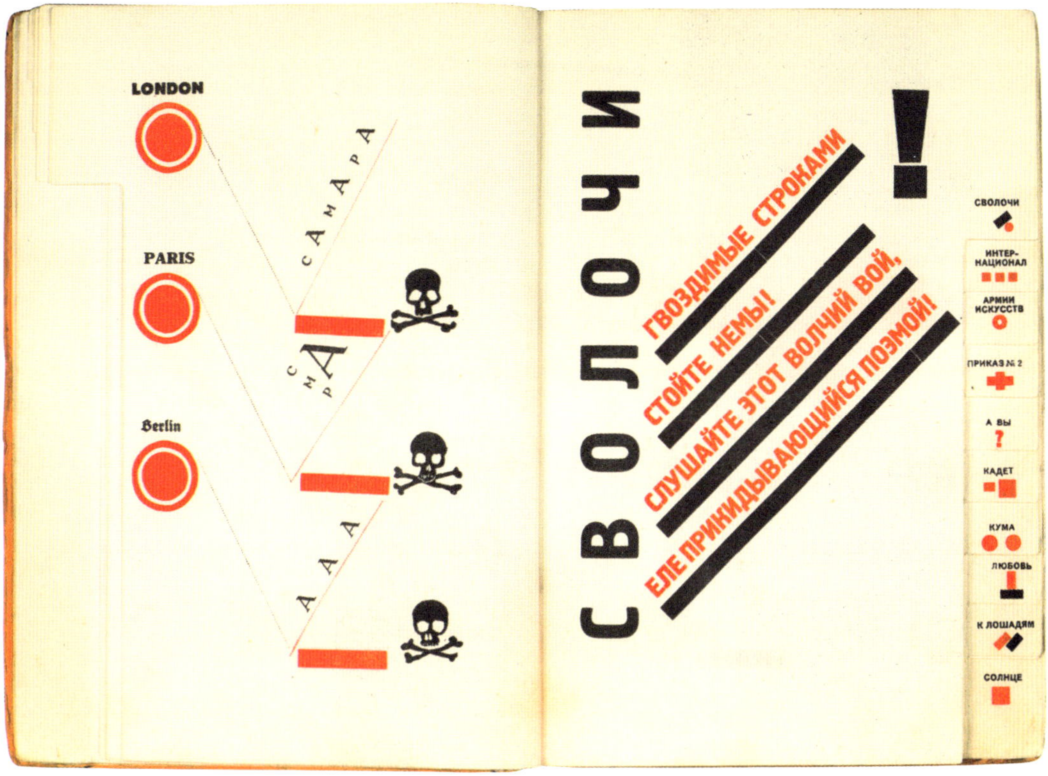

弗拉基米尔·马雅可夫斯基,《声音》。印刷本。柏林:Gosudarstvennoe izdatel' stvo,1923 年。大英图书馆:C. 114. mm. 33, pp. 6-7

记录人员

记录事实和数字,记录清单,是书写最古老的功能之一,也是近年来一些最新技术得以应用的领域。通过电子手段,我们可以收集、存储并分析大量的数据,这在过去是不可想象的。这一手段正在改变我们生活的许

对页图 拉巴努斯·莫鲁斯,《圣十字赞颂诗》。手抄本。阿恩施泰因(德国),1170—1780 年。大英图书馆:Harley MS 3045, fol. 20v

徐冰，“艺术为人民”。方块字书法条幅。纽约现代艺术博物馆，1999 年

多方面，从政治到健康（想想人类基因组计划），以及我们在网上的日常体验。记笔记可以有不同程度的讲究。笔记可以在各种限制下——从地点到时间——进行实地记录。它们的可读性反映出影响书写者的压力、他们的个人技能和他们的书写对象。策略可以包括使用书写体、缩写和速记。

在一些专业环境中，人们显然会运用方法来记笔记，这在历史上的私人手稿中也有所体现。沃尔特·罗利爵士（Walter Raleigh，1552—1618 年）的笔记最后在他 1614 年的著作《世界史》中得以发表，那是他被囚禁于伦敦塔期间写的。书的副本采用了一种清晰的手写字迹，包括精心绘制的地图。给人的感觉仿佛那就是一部手抄本，不管它是否能够出版。这与波尼苏丹艾哈迈德·萨利赫·金姆斯丁（Sultan Ahmad al-Salih Syamsuddin of Bone，1775—1812 年在位）写的日记有类似的感觉。这份日记以阿拉伯文和布吉语写成：阿拉伯行文从右到左，布吉语行文从左到右。书页经过精心排布，记录了政治事件、宗教仪式、显赫的访客以及王室成员的出生、死亡和婚姻。

沃尔夫冈·阿马多伊斯·莫扎特手写的作曲记录，从 1784 年开始，一直到 1791 年去世的那一年，也都是经过精心编排的。本质上这是一份清单。每一页都有五首作品，按时间顺序排列。在左页上，他记下了曲子的标题、适用于曲子的配器以及其他细节。在另一侧页面上，他规整地画出五组五线谱，又写出了每首作品的前几小节。显然，他希望自己的作品能有一份完整的清单留存下去。这在今天是很有用的，因为有些曲子已经失传了，如果它们被找到，这份清单可以帮助我们辨识它们。

边缘处的留白给予了书写者另一程度上的自由。在中世纪书籍中，泥金师在边缘空白处的涂画常常包含着幽默讥讽的文字。这一空间有一些即

eL Seed，《知觉》。开罗“拾荒者家园”曼什亚特纳赛尔（Manshiyat Naser）的 50 座建筑物上的书法涂鸦壁画。以阿拉伯语写成，引自圣亚他拿修：“任何人想要清楚地看到阳光，都需要先擦拭自己的眼睛。”开罗，2016 年

兴的东西。空白的白色页面和上面的文字区域也可以是相当骇人的。在威廉·华兹华斯开始创作（1802 年）那部后来成为他自传的诗歌大作《序曲》（1850 年）时，他是从笔记本的最后几页开始写的，好像从第一页开始写就会造成过于结论性的声明一样。艾米莉·狄金森（1830—1886 年）有时会随意在纸片上写诗。如旧信封这类纸张已经有了印记，也就不那么有

压迫感，有时纸张不规整的形状实际上有助于诗歌长度与形态的塑造。从一张纸被填满的方式就能看出背后的故事。奥斯卡·王尔德在狱中写下了《雷丁监狱之歌》(1898年)，其原稿是一张张匆匆填满的纸，没有一丝空白。每天早上有人给他送来这些纸张，到了晚上又被取走。

或许在所有带有注释的手稿中，编排最精心的要属中世纪那些带有夹边注的大部头。书页上整齐地排布着各种空白，有一些已经预先填满了对正文的批注，还有一些则留白给读者去添加他们的注释。这些书被视为一种会随着时间推进而充实的资源。

东印度公司1663年的会议记录簿是一系列记录簿的一部分，展示了17—18世纪行政记录中的典型案例。其中的字体是英式圆体的早期形式。东印度公司发展出了复杂的文件系统，来掌控其在印度的船只和堡垒式的“工厂”。最终，它分别在印度和伦敦保留了一套一式一样的记录。保存得当的记录对全球各地的分销机构和政府的发展至关重要。

即使在印刷技术发明之后，手写依然在科学与研究前沿的第一手报告中至关重要。亚历山大·弗莱明（1881—1955年）关于青霉素的研究笔记是众多科学家笔记的代表。从艾萨克·牛顿爵士（1643—1727年）到之前伽利略在1610年所做的观测，还有1506年达·芬奇人体解剖的记录，都具有代表性。

斯科特船长最后一次远征南极的日记令人不忍卒读。这篇日记写于1912年3月29日，他是在自己的雪地帐篷里用铅笔写完的。第二行的but显示出笔和纸张间的接触是如何来去的。他很清楚，要控制住自己的笔势很难。字母棱角（见第三行的are）与走势的变化表明他的手指冻得僵硬。最后一行的people中的p让人联想到他或许是深吸了一口气。他的手部、

c.30 Damiata is not Pelusium. but the next port of Nilus unto it towards the west. wch is also called Tanis. but this is not Tanis wch Ezekiel calls Taphnes, Antonius, Thanis, & Egesippus Thamna c. 4. for that Tanais is adioyning to Gosen. the same wher Jeremy was stoned to death, & wch the hebrews call Soan. & hath also the name

Melr: guil: of Bais, & now Sibnit.

Pelusium. the scriptures call Sin, & Libna, saith Montanus. others take it for Caphtor. Castaldus & Zieglerus think it is Damiata. Ang: Curio saith yt it is now Bilbin. Ortelius Tenese: others, Belbais.

Babilon, the Arabians call Mazar. the Chaldeans Alchabyr. Josep: Lerusspolin, the Hebrews Misraim. Cairo stood on the west side of it & are now become one Citty, saith Brochard.

Heliopolis, ther are too Citties of yt name, the one on the edg of the inferior Egypt, the other surnamed metropolis standeth farther north, the scriptures call it On. gen. 41. Esai. 19. p: Mela l. 6. c. 9. & plinij l. 5. c. 9. call it Solis oppidum. Melr: Guilandinus calls it Bethsemes, Tyreus, Malber. the Arabeans, Bahalbeth. Simeon Sethi, Solis fons. Bethsemes. in Josua c. 15. 19. 21. kings, 1. 6. kings. 4. 14. par. 1. J. 2. 25. 28.

Memphis built by Apis saith Aristippus in ye 1 booke of ye Arcadien history & therfore Aristeus argiuus called it Sarapidis. & Apis was ye third from Inachus.

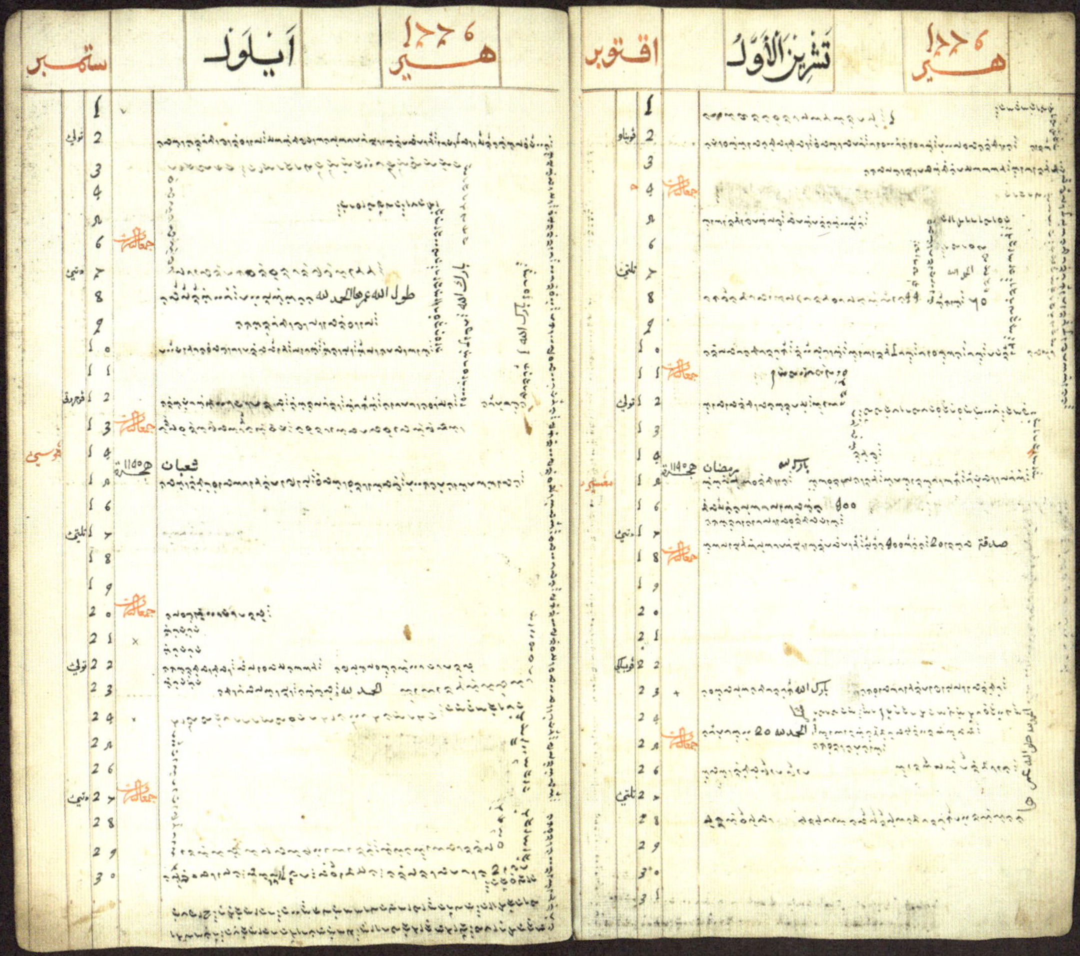

对页图　沃尔特·罗利，摘抄本。手抄卷。伦敦，约 1606—1608 年。大英图书馆：Add MS 57555, fol. 23r

上图　波尼苏丹艾哈迈德 – 萨利赫，日记。手抄卷。波尼（印度尼西亚），1775—1795 年。大英图书馆：Or. 12354, ff. 17v-18r

W. A. 莫扎特，《我所有作品的清单目录，自 1784 年 2 月到 1791 年 11 月》。手抄卷。维也纳（？），1784—1791 年。大英图书馆：Zweig MS 63,ff. 6v-7r

手臂和胸口摇曳着沉重的情感。

自希腊时代起，书写者就竭力想要追上飞速运转的思绪与滔滔不绝的言语。古代世界最受欢迎的一套体系源自马库斯·图利乌斯·蒂罗（Marcus Tullius Tiro，？—公元前 4 年）。蒂罗曾经是西塞罗的奴隶，后来被释放。此人发明了一套能将西塞罗演讲记录下来的方法。他原本的这套系统包含约 4000 个符号与缩写。到了中世纪，这套系统在失宠前，符号的数量几乎增加了四倍。到了 17 世纪，速记在英伦三岛又盛行起来。托马斯·谢尔顿（Thomas Shelton，1600 年 1 月—约 1650 年）的《速记术，最精确和最简洁速写法》（*Tachygraphy, the Most Exact and Compendious*

对页图 东印度公司，《委员会会议记录簿，1657—1666 年》。手抄卷。伦敦，1657—1666。大英图书馆：IOR/B/26, fol. 296r

A Court of Committees holden the XXth of February 1662.

Present.

Sr Thomas Chambrelan Governour
Sr William Rider Deputy.

Sr Andrew Riccard	Mr Christ Boone
Sr Jno Lewis.	Mr Petr Vandeput
Sr George Smith.	Mr Thoms Kendall
Sr Stephen White	Mr Francis Clarke
Arthur Ingram Esqr	Mr Robert Sant
Jno Bathurst Esqr	Mr Jno Mascall
Mauri Thompson Esqr	Mr Christ Willoughby
Mr Sam Barnardiston	Mr Thomas Canham

The Court had this day a long debate about disposeing of their Iron and Battery to the Royall Company but they came to noe resolucon.

...ister at ye ...ort — It was Ordered that the remainder of the proceeds of the Callicoes sold by the Governour, which was given the Minnister at the Fort by the Factors and sent home to buy him bookes, should be sent him in Rialls of 8t after the bookes are paid for.

...port. — The Transport of 1000li Subscription, of which 500li is paid by Mr Edward Sidcomb, to Mr Christopher Boone, was this this day read in Court & allowed of.

Warrants were now signed for payment of.

100.00.00.	Percivall Anngeir	21.00.00.	Henry Risbey
16.10.06.	Thomas Winter	10.03.06	Thomas Fend
1.19.00.	Mary Mitton	56.05.06	Jno Watts.

500li Owners Coast Friggott.

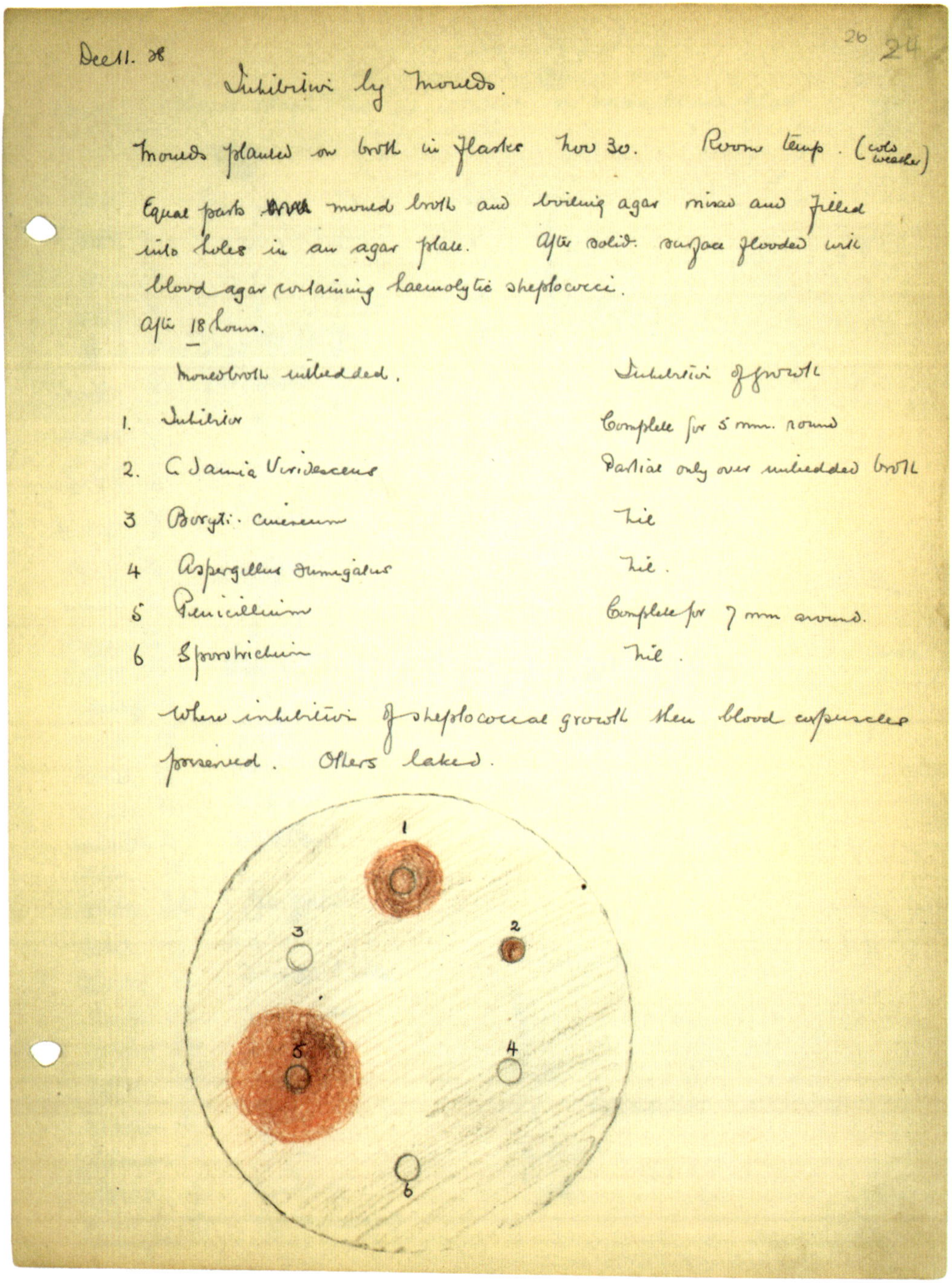

26 24

Dec 11. 28

Inhibition by moulds.

Moulds planted on broth in flasks Nov 30. Room temp. (cold weather)

Equal parts ~~broth~~ mould broth and boiling agar mixed and filled into holes in an agar plate. After solid. surface flooded with blood agar containing haemolytic streptococci.

After 18 hours.

Mould broth imbedded.	Inhibition of growth
1. Inhibitor	Complete for 5 mm. round
2. Oidium Viridescens	Partial only over imbedded broth
3 Botrytis cinereum	Nil
4 Aspergillus fumigatus	Nil.
5 Penicillium	Complete for 7 mm around.
6 Sporotrichum	Nil.

Where inhibition of streptococcal growth there blood corpuscles preserved. Others laked.

Method of Short and Swift Writing）于1628年在伦敦首次出版，并诞生了许多版本。tachygraphy一词在希腊语中是快速书写的意思。谢尔顿的系统包括缩略的字母形状以及简单的线条和曲线。艾萨克·牛顿爵士、托马斯·杰斐逊（1743—1826年）和塞缪尔·佩皮斯都曾使用过这一系统。佩皮斯在其著名的日记中也使用过这一系统。

在19世纪，艾萨克·皮特曼（Isaac Pitman，1813—1897年）开发了一个新的简写符号系统，可以连接起来并快速地书写。元音化为小型符号，沿着辅音的词干被添加在不同位置上，还有许多指代整个单词的符号。经证实，这个系统对秘书行业、警察界和新闻界大有帮助。它通过对笔的不同施压来区分一些印记，反映了当时的书写习惯。根据记录，最快的抄写速度每分钟达到了350个词。

机械也不可避免地对这个问题

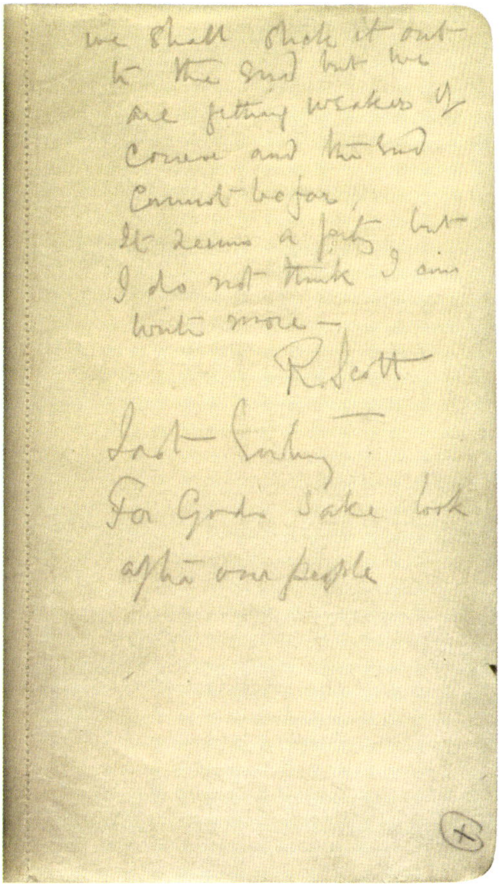

罗伯特·法尔孔·斯科特船长，《南极新地日记》。手抄卷。南极，1912年。大英图书馆：Add MS 51035, fol. 39

对页图 亚历山大·弗莱明，实验室手册。手抄卷。伦敦，1928年。大英图书馆：Add MS 56162, fol. 26r

产生了影响，一些速记设备在工作场所和法院系统中被普遍运用。如今，语音识别软件开启了口述转录的新时代。

值得注意的是，转录并不是写下东西的唯一原因。我们要求书写为我们做很多事情，我们并不总是需要快速完成任务。书写也可以用于精心地汇编资料，书写行为本身就可以帮助我们加强记忆。我们可以利用书写提出要求，作为一种艺术或冥想的形式，用来抗议，用来控制，用来创造和表达自己，或者把具有特殊意义的地方标记出来。

公民

单独的群体能够通过书写系统来反映他们的文化与宗教身份。国家会采用并改变书写系统来达到各自的政治目的：为了国家建设，为了鼓励大众认字，或是为了推进现代化。抗议者也使用书写来反抗国家统治，或是参与运动。

几乎自书写诞生以来，人们就在发明书写系统以更好地反应不同群体所关心的问题。加拿大北部的因纽特人，讲因纽特语，推行音节文字，这是他们最先在 19 世纪中期向他们南面的邻居克里人借鉴的。1976 年，因纽特文化研究所语言委员会将它与加拿大的罗马文字一起作为因纽特语言的共同官方文字。利比里亚的瓦伊文字（Vai Script）的诞生可以追溯到 19 世纪 30 年代，这些文字浮现在莫莫卢·杜瓦卢·布克勒（Mọmọlu Duwalu Bukẹlẹ）的梦中，他由此发明了瓦伊文字。今天，西非人依然在使用它们。

书写系统本身的流行程度也经历了起起伏伏。20 世纪最具戏剧性的一次字母系统变革发生在希伯来文中。这个往往出现在学术或宗教背景中的字母系统，在觉醒后，发现自己正处于一个现代国家的核心，不得不以惊人的速度去适应并实现多样化。20 世纪另一个复活的字母形态的例子是塞凯伊社群使用的经过修订的中世纪匈牙利卢恩文字——罗瓦什（Rovásírás）。

与之相反的也有，有些文字在国家的现代化进程中被取代。在 20 世纪初，最突出的例子发生在土耳其。随着奥斯曼帝国的瓦解，国家领袖穆斯法塔·凯末尔·阿塔图尔克（1881—1938 年）企图让国家向西方靠拢，并淡化其与中东过往的联系。在语言革命中，诞生了一个以罗马字母系统为基础的全新体系，由 29 个字符组成，阿拉伯字母书写系统遭到放弃。阿塔图尔克亲自巡视全国，阐述改革的性质，并敦促国民立即采用。阿塔图尔克从 1928 年开始的改革改变了国家的历史进程。

2018 年，我们在哈萨克斯坦见识了一场类似的字母系统改革，改革计划在几年内分阶段进行。哈萨克语属于突厥语族，书写采用多种罗马音转写和阿拉伯字母。自 20 世纪 30 年代起，主要采用西里尔字母。以罗马字为基础的新系统试图摆脱苏联时期那种强加的影响，强调一种不同的民族性。同时期的俄罗斯，以 5 月 24 日为官方的斯拉夫文字与文化日（巧合的是，这句话也是在这天写的）。西里尔字母被视为非官方的民族象征。2002 年，西里尔字母成为俄罗斯及其共和国的官方文字。

正如书写可以被国家机器用来达到自身的目的一样，书写为个人和团体带去了反对现行秩序的声音，一种公开可见或私下传播的反抗之声。苏联时代，被称为“萨米兹达特”（Samizdat）的地下文学广为流传，是官方审查所不能及的，它的外观反映了这一点。无论是打字稿还是手写稿，都使用了半专业的压印机或简单的复写本，上面的文字往往是模模糊糊的，

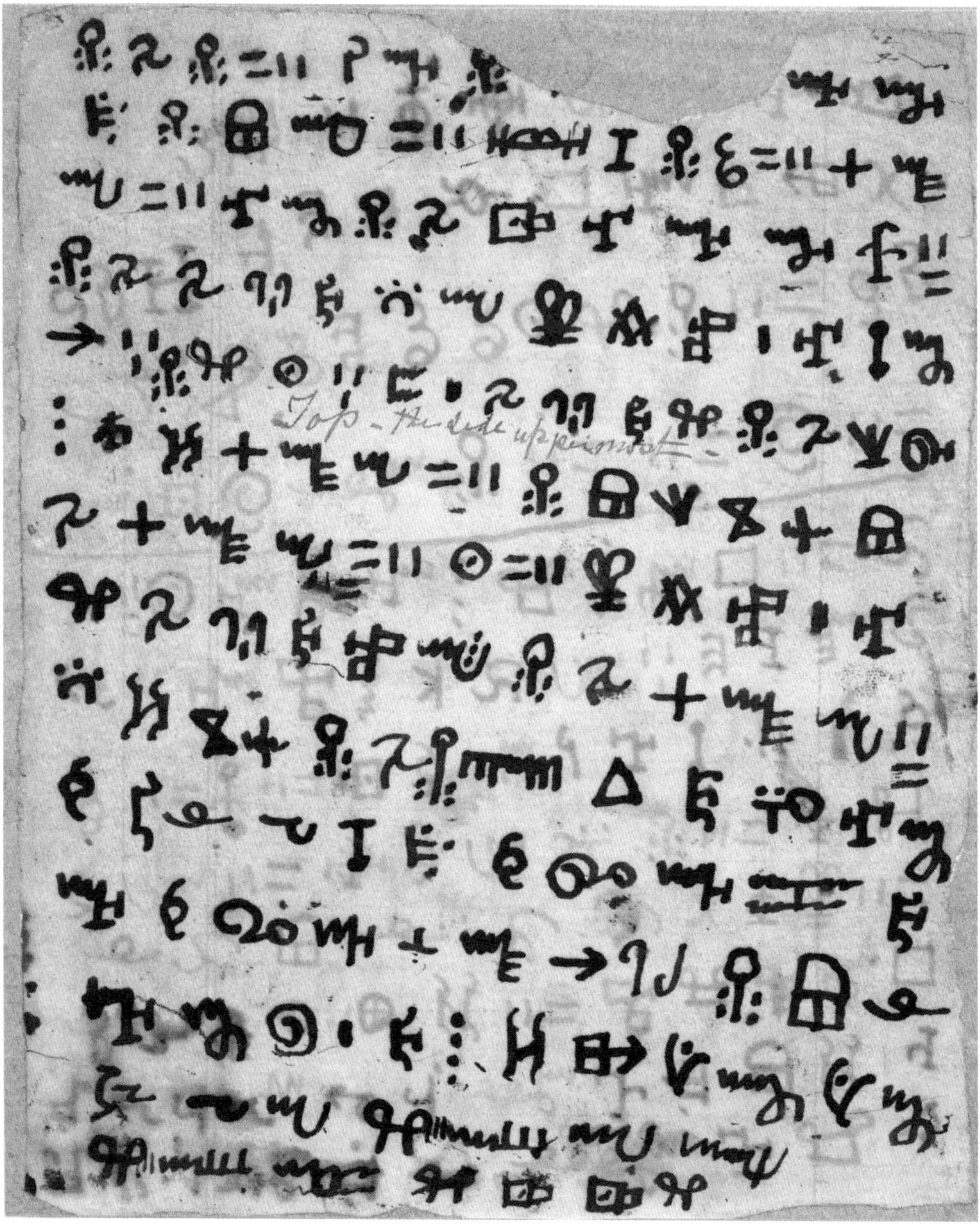
Top - the side uppermost

呈现形式也不具有显著特征。

从一开始，书写就受到审查，书籍被禁或被焚毁，个体被戕害。书写可能是一桩危险的差使，是人类以生命为赌注的东西。有些人可能认为涂鸦是一种无害和混乱的讨厌玩意。但在某些情况下，这种在公共空间的书写动作可能是一种强有力的行为。在叙利亚德拉的墙壁上写下政治口号的孩子们，被逮捕后遭到酷刑，他们的酷刑引发了叙利亚内战的第一次抗议——是什么促使他们这样做？年轻人的“书写”文化是否已经遍布全球？他们是否明白，在这个媒介中，他们有话语权？也许这就是原因。

还有就是官方渠道。公民可以组织投票。一道写在庞贝城墙上的标语显示，一位候选人以赞助一对角斗士在庞贝竞技场上战斗的方式谋求选民的青睐。标语恳求道：“给我你的票。”在一些国家，人们可能会举着横幅，在衣服、发带和徽章上写上口号，参与游行。另一种抗议形式是通过收集签名来请愿，或在网上征集请愿书。

书写和权力之间存在且一直存在一种关系——权力有好有坏。文字和文献也有黑暗的一面。在纳粹德国，从 1936 年奥运会开始，书法体与哥特体的字母形式就被有意识地投射到纳粹的宣传中。所以在战后，这一整套形式是下一代德国设计者所无法触碰的。如果没有文字及其带有组织性的力量，20 世纪的许多大规模种族灭绝就不可能发生到如此惨烈的地步。集中营和古拉格的建立和控制是通过数以百万计与受害者和犯罪者相关的书面文件来实现的。对于所有所谓的文明力量，文字只是人类的一种工具，它不具备自身的道德力量。

早在公元前 4 世纪的雅典，柏拉图就明白这一点。在对话集《斐德罗篇》（约公元前 370 年）中——当时文字在希腊诞生才几个世纪——他就

对页图　瓦伊文字手稿。利比亚，1849 年。大英图书馆：Add MS 17817A

ALL

CXVI. UOX APOSTOLORUM

ADCENTES.

CXVII

ALL. ALL. ostendit hominib;

uia id est xps p quam ingredit

ad porta qui ingressus claudi n possit

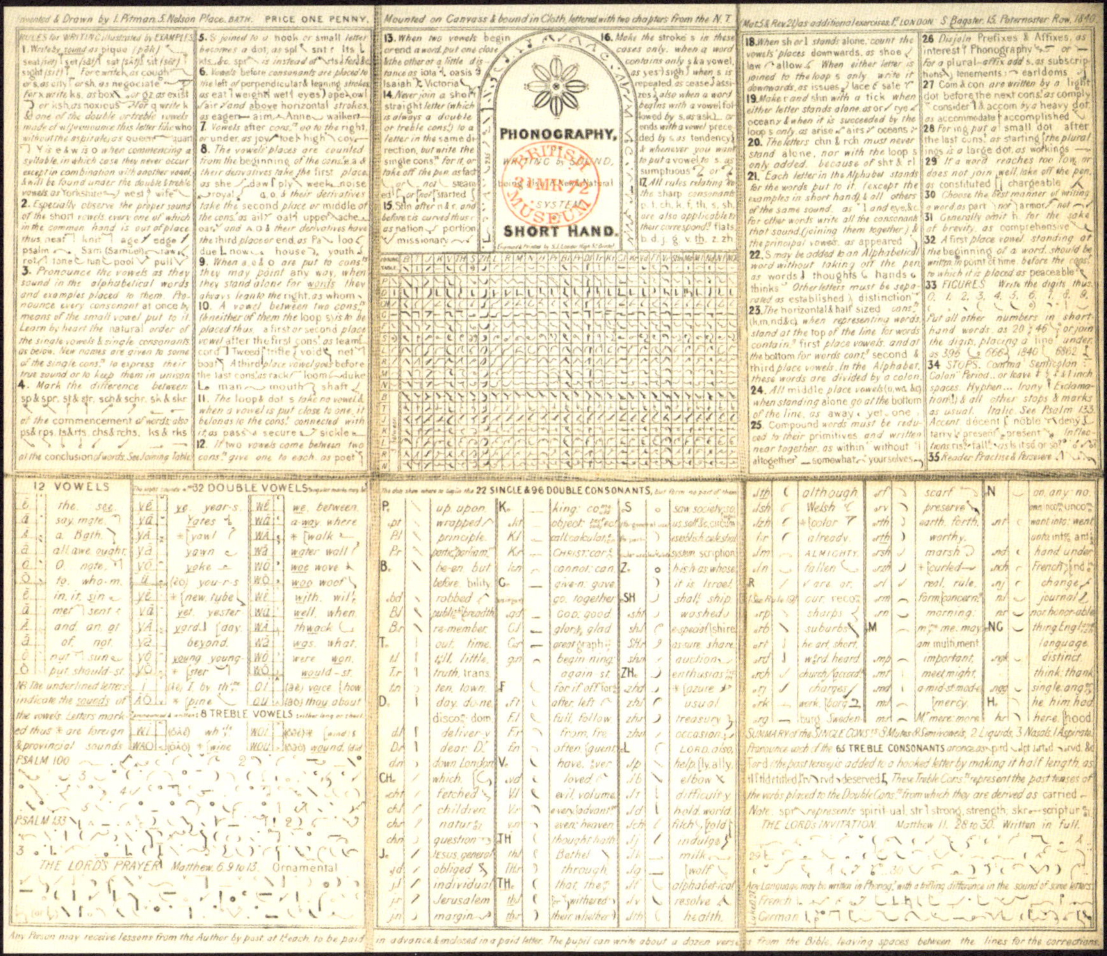

对页图　蒂罗速记体的拉丁圣咏。兰斯（法国），9 世纪晚期。大英图书馆：Add MS 9046, fol. 70r

上图　艾萨克·皮特曼。《表音速记法》。袖珍指南印刷本。伦敦（英格兰）：艾萨克·皮特曼，1840 年。大英图书馆：12991. a. 4

提出了这个问题：书写如何才能保持活力和真实性？他又把焦点转回我们身上，问我们如何形成观点，以及寻找我们可能持有的任何真理意味着什么。当我们现在开始考虑书写及其未来时，这是一个需要谨记的人类基本目标。

焦点 3

灵巧与多元：一封来自摩苏尔的双语信件

迈克尔·詹姆斯·埃尔德曼
策展人，大英图书馆土耳其语与突厥语馆藏部门

作为土耳其语与突厥语部门的策展人，我要频繁地处理各种语言的作品。这些作品往往是用同一种文字的语言写就的——俄语与哈萨克语、英语与土耳其语、库尔德语与阿拉伯语——至少为文本的创作者与阅读者消除了一项知识障碍。这就是我会觉得杰雷米亚·沙默尔（Jeremiah Shamer）的书信集如此有趣的缘故。他是 19 世纪摩苏尔的一名书商。沙默尔不仅用两种不同的语言——阿拉伯语和斯瓦达亚语（Swadaya）来写下这些书信，同时还用了两种文字。斯瓦达亚语是新阿拉姆语的一种方言，如今在伊拉克、伊朗、高加索地区和一些散居的群落仍然被使用。他书信中的阿拉伯文是被称为“里卡”的书体，这是一种阿拉伯文的速记形式，笔在纸上只需要微微抬起，保证了书信书写的高效和快速。同样，他笔下的斯瓦达亚文字也显示出对速度的渴望，与叙利亚手稿的华丽字母形式截然不同。

在沙默尔的一封信中谈到了书籍的销售和投递，其中大部分是西奈山圣徒和其他叙利亚文化学习中心的基督教文献。阿拉伯语的一半提及了他获取的各种书目，而斯瓦达亚语部分则提到了他向一位不知名的长老——一位居住在摩苏尔的法国多明我会修士出售东西（他获取的书？）。关于这

段文字，有两点令我印象深刻。第一，沙默尔显然精通阿拉伯语和斯瓦达亚语，能够以里卡这类系统所需的速度和灵活性，用两种文字进行书写。这需要不断地练习，不仅证明了该地区语言的多样性，也证明美索不达米亚历来就拥有多样的文字。第二，他显然觉得在整封信中切换文字和语言是非常重要的。这样做的原因并不明显，因为从一种文字到另一种文字，其内容并没有大变化。选择用叙利亚的斯瓦达亚字体书写是身份的标志，还是机敏的表现，抑或是一种粗暴的加密形式，保护商业信息，以防被不相干的人知道？

对于这些问题，我们只能提供可能性和猜想，猜想基于我们自己与文字和语言的关系。沙默尔的信让我们意识到，人们对书写系统的选择是如此个人化。他能如此流畅地书写阿拉伯文和叙利亚文两种文字，这意味着他的选择不仅仅受到技巧的影响。这篇简短的作文凸显出我们记录思想和感情的方式所有的编码信息：我们的归属感，我们的欲望，以及我们希望与特定之人建立纽带的意愿，无论多么脆弱。我们不知道杰雷米亚·沙默尔是否曾将他的书卖给了那位法国多明我会修士，但我们可以肯定的是，尽管容易损毁，他还是在中东写作丰富的历史上留下了自己的印记。

对页图　杰雷米亚·沙默尔（Jeremiah Shamer），商务书信。摩苏尔（伊拉克），1881 年。大英图书馆：Or. 9326, fol. 37

الموصل تشرين ثاني شرقي ٨/٤١

سيدي العزيز

بعد السلام خطك المورخ تشرين اول ٢٦ وصل شكرنا الله تعالى على سلامتكم
وصحة مزاجكم : ما جاني منكم جواب مكاتيبي ٤ ما اعرف ما وصلوا
او يوجد سبب اخر واحد منهم اذكر عن ٩ كتب اشتريت من ورثة
شماسي عبد الواحد اليعقوبي : وثاني اذكرت فيه عن عن ܗܦܟܐ ܕܗܦܟܐ
ورقتايه : والثالث داخله مكتوب ضمنه دفتر الكتب الذي جاني لي
من جبل طور : والان يوجد كتاب ميامر مار افريم ومار يعقوب
سرياني ثمنه ٨٢ غرش وكتاب [illegible] لابن العبري ثمنه ليرا عثمانية ٢٤
ليرتين ونصف خط جيد وتمام وطلوا حسنة الموجود من اسقفي
جبل طور ويوجد كتب كمي اردته من ضياع حوالي الموصل وجبل طور
وكم وستاين جبل النا طمع الكان نديد ارسلي بخد ٥٠ ليرا حتى اطلع
اشتري لك الله وكيل بذالك بقيمة التي اخذها لك والكتب يلزمني كل
يوم خدمتك ٤ واحد لاكلي ثاني لامراتي : ثالث الحصاني : رابع اي
خادمي او ادعي الذي يدور معي من قرية الى قرية

[illegible]
[illegible]
[illegible]
[illegible]
[illegible]
[illegible]
[illegible]
[illegible]
[illegible]

iPad
9:50 PM
93%
All Contacts
Search
A
B
C
D
E
F
G
H
I
J
K
L
M
N
O
P
Q
R
S
T
U
V
W
X
Y
Z
#
+
No Contacts

5

书写的未来

THE FUTURE OF WRITING

尤安·克莱顿
EWAN CLAYTON

如果未来已经以某种形式来到我们身边，那么我们对其最好的评价将来自对当下的仔细审视。这种审视往往包括了打造一种全新语言，去谈论我们日常普遍的体验。因此本篇将收录与书写领域专家的两场对谈：戴维·利维，计算机科学家、作家、华盛顿大学信息学院教授；布罗迪·诺伊施万德，生活在比利时布鲁日的书法家与文字艺术家。两位不仅都带着深度思考参与过新技术的应用，也对书写的根源有着深刻的理解。

自古以来，精神生活的一大特点就是对个人经验进行细致的重新审视，而且往往比人类思想的前进领先一步。在文字记录中，这种活动的痕迹往往源自对语法（语言的谨慎使用）高涨的兴趣。在欧洲，我们在 8 世纪的加洛林时代看到了这一点，在意大利文艺复兴早期再次看到这一点。从 16 世纪开始，我们在学者和科学家保存的手写笔记本中看到了这种痕迹。他们重视第一手的经验和观察。在我们这个时代，编程语言、正念运动和其他提升意识的练习、针对书写本身的研究，以及报刊上大量关于新型信息技术的文章都可以理解为提供了相似的迹象。

正如我们在本书引言中看到的那样，我们如今情况的特征在于，有越来越多发送与记录各种信息的电子手段得到了发展，而这正影响着世界上大多数书写系统。同时，我们正在经历媒体使用方式的转变。现在可以对机器“说出”命令，而不是输入机器中。YouTube 视频正在取代某些种类的说明书，生物识别数据被用来取代签名，播客和有声读物逐渐取代了文字在娱乐中扮演的角色。据报道，随着手写在日常生活中逐渐减少，“字符失忆症”在中国和日本已然成了一个问题。

围绕这些转变的辩论必须谨慎地使用语言。历史告诉我们，最好避免用黑白对比的方式构思故事。细节往往是微妙的，而往往细节才是关键。

学生使用各种工具记笔记。法兰克福大学，法兰克福（德国），2014 年

追踪像书这类标志性物品的命运，并在夺人眼球的标题中提出简单的二元论选择，比如“电子书取代了书”，是会有后果的。十年前，我们见证了电子书的崛起：市场份额在一年内从 1% 多增长到 3%。如今，销量已经趋于平稳，约占市场份额的 23% ~ 25%。英国的前沿书店已经不再有电子阅读器的库存了。与此同时，图书馆面临被关闭、建造计划被调整的命运。

在把手写假想为多余产物这点上，我们或许会犯下同样的错误。2010 年，在美国，由于手写（被构想为与键盘输入对立）的实用性持续遭到质疑，联邦当局发布了新的指导意见，赞成放弃对连笔字、速写体的教授，只教授印刷体的书写。在欧洲，芬兰于 2015 年也效仿了这一举措。但是，正如我们在前几篇中讨论的那样，拥有一个书写工具与材料丰富的生态环境是有用的。况且，电子媒体自身也在向手写迈进，当键盘在某些领域不再是实用的输入设备时，书写作为一种新的接口取而代之。不仅如此，近期有证据表明，在某些任务中，手写有着比键盘输入更强的优势（比如在大课讲座中记笔记），可以对内容进行更好的概念分析，并能保留更长期的记忆。[1]

故事在另一面也很重要：它们暗示了社会如何重新定义经验领域。戴维·利维在访问中提到了塔玛拉·普拉金斯·桑顿的《手写在美国：一段文化史》（1996 年）一书。她指出，当印刷文化最终在 17 世纪末普及时，人们对手写的看法发生了转变。在欧洲，手写稿开始被视为个人化的事物，而不是像印刷品那样，所有的东西看起来都一样。人们第一次从他们在纸上留下的印记中看到了个体性和特点，他们开始收集亲笔签名，发明了笔迹学的"科学"，纯粹的图像手势开始被认可为绘画的一个表现方面。今天，正如诺伊施万德在采访中指出的那样，我们对手写的感觉可能又在发生变化。当然，他发现手写体很难运用到当代艺术作品中。他认为手写是怀旧的，但也不是短短十年前它所代表的"真实"声音。这类来自工作领域的故事才是有趣的"数据"，而本篇中访谈所要揭示的素材正是来自一位科学家和一位艺术家，它们为我们的自省提供了一个范本。

与计算机科学家对谈

戴维·利维教授是一位训练有素的计算机科学家。一直以来，他对书写形式与文献的本质，以及它们在数字时代如何变化、是否变化，深感兴趣。对他来说，一个关键的形成时期要数他 20 世纪 80 年代在伦敦罗汉普顿高等教育学院度过的两年学习时光。他在那里学习了书法与书籍装订，与他往日长期浸淫的人工智能世界相互制衡。如今戴维是华盛顿大学信息学院的一名教授。戴维与我（即采访稿中的“尤安”）于伦敦初次相遇，20 世纪 90 年代又在 PARC 共事。

尤安：你如何定义文字呢，戴维？

戴维：嗯，在我和华盛顿大学图书馆的图书艺术馆员桑德拉·科罗帕一起教授的一门课中，我用了一节课来谈文字的本质。我们讨论了丹尼丝·施曼特－贝瑟拉和伊尼亚斯·盖尔布关于文字起源的理论。我们谈到文字的起源——来自计数或来自图像，以及它与口头语言的联系。所以，我让学生做了个练习，让他们在一张纸上写下自己定义下的文字。我让他们审视自己的定义，看这里面包括什么、不包括什么。每一个定义会对什么是文字、什么不是文字有某种概念（至少隐含着）。

我给他们列出了可能的文字形式，能够算在内或排除在外的形式。比如说，你会把沙子上的脚印算进去吗？你会算上一段音频录音还是一段视频？那符号语言算什么？

我想让学生意识到每一次对定义文字的尝试都是一次概念练习。而且是带有政治性的，因为它在优先考虑某些人的活动，而将他人的减至最小，这点非常重要。接下来，我将各种文字的定义抽离。我抽走了盖尔布的，还抽走了语言学家乔弗里·桑普森的，并向他们展示，对文字的部分传统定义认为，文字与口语十分接近，几乎就是口语的转录，而其他定义更加抽象。

尤安：据我所知，在你的作品与文字中，你根据你的工作方式配置了不同的定义。

戴维：对此我要给你两个答案。答案一，你说的一点没错，我几乎是站在人类学角度上，对各种不同的定义更感兴趣——并不是因为我认为其中有任何一个是绝对正确的，而是因为每一个，正如我刚才所说，是对重要事物在社会性与政治性上一种不同的概念化。再说另一个答案，实际上在我自己的工作中，我根本不会对文字下定义（与我的教学恰恰相反，探讨定义在教学层面上是有用的。）

再说以特定方式定义文字时牵涉的政治因素。我觉得来谈谈口头表达与读写能力很有用。在我的课上，我们会谈论过去一百年来的政治，涉及人类学家与语言学家试图接受所谓的发达世界和欠发达世界之间的区别。以最初的人类学层面理解来说，既有原始人，又有开蒙的现代人——我们这样的人。后来，人们开始意识到这种区别属于欧洲中心论且带有种族主义色彩。学者从而另辟蹊径来区别这两种社群。或许，他们认为，我们实际上谈论的是口头表达与读写能力的区别。但结果也很复杂，因为你意识到一种文明是否拥有读写能力取决于你对文字的定义是什么！所以我们又回到原点，意识到文字的定义并不存在单一的正确答案，你如何去定义则会产生政治性的后果。这一点真是迷人。

尤安：我正在思考当下书写行为的转变。我注意到，我们在过去曾使用书写来处理生活中的种种，而现在这一手段被其他方式所取代了。例如，生物识别数据正在取代签名，视听制品正在向说明书这类领域挺进。我想到了 YouTube 视频，还有亚马逊的 Alexa 智能助理和计算机的声控指令。尽管我们现在参与的书写比之前的都要多，但我们所书写的东西似乎开始了变化与转型。当然，还有机器书写这个整体问题。最近出了很多新闻，如人们并没有意识到，有许多数据正在共享。你对现在正在发生的转变有何看法？你是如何审视这些变化的呢？

戴维：好吧，首先，我得强调你所说的。我认为这是我们目前必须全力解决的一个最深刻的问题：新媒体与新技术的成果是如何让我们拥有了你前面提到的那些新型“书写”。如生物信息的收集，这种方式在某种程度上是我们之前从未有过的，但它也是某种早期个人交流模式的替代品。这种更新的手段取代了如写信这样的交流。我们现在拥有了其他众多机制，从短信到视频与音频等等，通过它们实现某种个人交流。人们参与的交流功能似乎拥有广泛的范围。无论这些功能的确切范围是否正在改变，我认为这是一个开放问题。显然，其中有些交流模式正在经历被置换或转译为另一种新媒体。

尤安：是啊，就像讲故事成了拍电影。

戴维：没错，这是个绝佳的例子。来看广告，最初诞生于印刷媒体，随后进入了广播与电视，现在又以新的形态出现在网络上。

这项转变中有一点看似确实如此，也是我们始终无法完全理解的，那就是实现任意一种交流模式的可能性和以前相比多了许多选择。以个人交流为例，人们现在依然在写信，寄送问候卡片，就算他们用短信和社交媒体来进行个人联系。在普拉金斯·桑顿的《手写在美国》一书中，她指出了这点，印刷技术在美国扎根立足，而手写改变了它的社会意义。我猜，我们拥有这么多通过数字手段交流的机会，我们也正在见证手写再度改变其社会意义。

这里还有个尤为特别的例子，是我和桑德拉·科罗帕一同教了近二十年书后了解到的，与书籍长久却也易变的性质有关。就在不久前，我们经历了这样一个时期，人们宣告或谴责书籍的死亡。当然啦，这并没有成真。实际上，现在“出版”有了更多选择，某种程度上来说解放了书籍，具有更多可能。在书籍形式、手抄典籍和书籍艺术不同的使用方面都有了爆发式增长。传统的纸质书或许已经失去了昔日卓越的文化地位，但无穷的艺术创造力被释放出来，注入书籍艺术中。

尤安：书法界也在发生同样的情况。它们摆脱了可读性的桎梏。我相信与布罗迪·诺伊施万德对谈时，他会切入这个话题。

戴维：总而言之，我真的觉得我们正在见证更多不同交流模式的选择：社会意义的转变以及传统形式的运用，但是这些形式并没有远去。伴随着的还有某些形式上潜在的自由度，带有某种解放意味，它们不会再拘泥于先前的传统表达模式。

尤安：实际上，这让我马上就想到了你的著作《正念技术》（*Mindful Tech*，2016 年），以及你为什么要写这本书。在你大学里的工作与你学生的生活中，人们正在面对层出不穷的新的可能与挑战是如何对书写本身产生影响的。

戴维：棒极了。我想回到早些时候来谈这点。20 世纪 80 年代和 90 年代，我还是施乐 PARC 的一名研究员。有几个夏天，我请你当顾问。我俩兴致高昂地探索了纸质到电子形式的过渡。这项工作给我的著作《向前滚动》（*Scrolling Forward*，2001 年）和你的《笔下流金》带来了深刻的影响。

那时候，我就对这些新的数字形式对社会产生的效力有兴趣。人们开始频繁地探讨起信息过载的问题。我开始忧虑，我们正陷入信息的提速与激增中。这也让我对较为缓慢也更具思考性的读写方式产生了兴趣，并开始关注，从而引领了我前往罗汉普顿学习书法与书籍装订，我们最初就是在那里见面的。

围绕数字化发展对加速与过载产生的影响，我的考虑也与我自己加深的冥想相关联。冥想为我的《正念技术》一书提供了些许大背景。我开始感觉到，如果人们能放得够慢，在使用自己的数码设备时更加切实地意识到自己到底在做什么，他们会获得一些有趣的发现，有可能会转变他们操作网络的方式。事实上也的确如此。我创立的这门信息与沉思课程已有十三年。这门课帮助学生们在使用数字设备时变得更有意识，加强临场感。在这个过程中，注意到某些冲动会促使他们以不健康且无效的方式参与其中。这很有趣，我首次迁往伦敦去学习书法，就是因为想要放慢节奏，远离数字文化。经过数年的观察，我发现这种速度更慢、更具思考性的模式能用于帮助我们在参与数字文化时提升效率。

看着学生们把脚步放得足够慢，去观察人们与数字媒体接触时的复杂百态，以及实现这些技术的书写新模式，这很棒。如发短信，表面上看，这是一种表达性极其有限的沟通方式，但是这并没有妨碍年轻人尝试读取每条短信的重要社交线索。

举个例子，他们可能给自己的男朋友或女朋友发消息，或是有人发消息给他们。他们多快能收到回复？他们会马上收到回复吗？标点符号呢？句末带不带句号？会不会有个笑脸或其他表情符号？

我又意识到尽管交流方式是新的，但社会关注的问题与早先还是相同的。在人们通网前，同样的焦虑、同样形式的社交学习也在发挥作用。某某某是不是生我的气了？他们还想和我做朋友吗？我们是多亲密的朋友？在早些时候，这些事情会当面交流。或许至少有一部分能通过电话交流。但这些问题似乎出现了新的速度与密度。我现在开始意识到，在年轻人有了这些设备后，他们就行走在与其社会群体不断交流互动的云端上，持续一整天，甚至到晚上。互相打招呼。我好吗，你好吗，你觉得我怎么样？

所以，我的“正念技术”著作给予了我教学手段，来支持任何年龄的人群去观察并反思他们对设备的使用，以及在身上起的作用。我可以帮助他们看到他们的网络行为在多大程度上受到焦虑、无聊、嫉妒、愤怒与挫败的驱使，与此同时，也能看到诸多积极情绪与意图的影响。

尤安：现在我想知道你作为一名学者以及一名思想家对书写的运用，以及书写对你的意义。你是如何书写的，在你的世界中，作为一项思考工具，书写意味着什么。我知道你目前正在写一本新书。你的书写实践是什么？你实际上在做什么呢？你要去哪里？你会使用什么？

戴维：首先，书写对我而言真的很重要，但也真的很难。所以，多年以来，我就意识到我需要创造出有助于书写的生理与情绪条件。我发觉我的写作状态在早上最好。在西雅图，我会上我最喜欢的咖啡馆。带上我的笔记本电脑，在上面创作。我在笔记本上会用到许许多多材料，同时，无论我在做什么工作，我总备着一摞纸。我上咖啡馆是因为我想要那种与他人相处的社交感觉，与此同时，我会戴上我的降噪耳机。我会听着自己iPhone里的巴赫康塔塔。这些康塔塔真的相当振奋人心，它们其实是用德语咏唱的，但我又不懂德语，这意味着我不会被其中的唱词分心。基本上，我会在某个地方坐下来，工作一到三小时，这是我能坚持最久的时间了。再久，我感觉我就没有精神敏锐度了。

当我有足够时间时，我会日复一日地这么做。就像我每天冥想、喝咖啡或阅读《纽约时报》一样，它成了我日常生活的一部分。这意味着在任何一天里，有时我正在写东西，有时没有，有时我在重新构思和做笔记。

作家金斯利·埃米斯在书桌旁，1974 年，费伊·戈德温拍摄

当它起作用时，它使我进入一种奇妙的沉思状态，对我来说，这种状态与我（是否有）产出一样珍贵。

实际上，当我沉浸在这样一种参与和联结的状态时，我写的东西、我的产出似乎都是次要的，几乎就是一种祷告中的状态。这是我相当看重的一件事情。这很有趣，因为它有一部分是智性的。我正在思考，我正在书写阅读，我的头脑同时也向一切可能敞开，有一种自由度。然而，当我感到焦虑，当我对书写的进程与书的走向有所顾及时，基本上我就无法进入，或是说保持这种状态了。三年了，在我写了两本书，开始写第三本书的时候，我依然在竭力学习如何围绕写作来处理我的内心状态。

我意识到我在说这些的时候，与我尽力帮助学生和其他人的工作（厘清围绕他们的设备和应用程序）有很大的相似之处。我帮助他们看到他们的精神和身体状态如何规律地驱动他们实际的在线操作方式，以及他们如何潜在地重新配置他们的内在和外在条件，以更有效地工作。同时，我也不断结合自己的写作来进行这项工作，以达到更高的书写效率。

尤安：我知道这是个不可能回答的问题，但我还是要问。你如何看待书写的未来？

戴维：确实，没法回答！既然你问了，我想先聊聊别的。在谈书写的走向之前，我想先聊聊我们作为一个物种的走向。接下来，我不是去预测书写的未来走向，而是想说说我希望它能去的方向。实际上，目前我相当关注我们在美国乃至全世界面临的种种政治挑战。我想说的自然就是右翼专制主义领导人的崛起，左派和右派之间的深刻分歧，以及在全球面临重大挑战时，人们似乎无法理智可靠地进行交流。

除非我们能学会用更真实、更富有同理心且更聪明的方式来彼此沟通，否则我担心长此以往，我们会从这座可怕的悬崖上掉下去。我相信你知道我在说什么。而所有这一切都被社交媒体大大加剧了，人们使用它的方式加深了我们之间的分歧，犹如引燃了部落间的战火。

所以，我们需要以更深刻的方式学习互相诉说与倾听。我觉得，我们当中那些对于现状感到惊骇，并且真心想要帮助弥合自由秩序的人，在某种程度上由于与他人的进一步疏离，加剧了我们的愤怒与沮丧。羞辱与谩骂——当然了，这是两方都存在的——并不能使我们的分歧获得更多的融洽与和解。

因此，也许我想说的是，有一些讲述与书写的伦理标准超出了我们在此所触及的特定书写模式和机制。我们需要恢复并培养更多沟通的伦理形式，无论是在言语还是书写中，无论是在网络还是传统媒体中。今年，有一名学生在我的课程论文中引用了马丁·布伯的那句名言："一切真实的生活都是相遇。"[2]对我来说，我们最深层的生活，我们最伟大的生命力，是在我们与彼此以及物质世界与我们自己的实际关系和交往中找到的。也许我们需要培养这种理解，并努力在最深层次上实现真正的"相遇"。我认为，只有我们能够明确地将伦理层面置入教育和文化对话中，让我们能以不同的方式相互联系，我们才能从部落战争行为中解脱。

那说到未来，我怎么看呢？嗯，如果我们从今天的现状开始推断，我们将会看到浅薄、分散加速的交际行为涌现。我们将会见证广告，以及其他带有强大说服力的形式继续操纵人们的态度与生活方向，其中大部分与我们经济体系的基础系统息息相关，这也是为什么我们要让伦理标准介入。

所以当我想到书写的未来时，我希望我们能够以更富道德感与责任感的方式交流。作为一道思考题，我会问，看到如今的阅读与书写，真实参与其中的伦理与深刻形式体现在何处？它们在发生时，是如何依赖于媒体属性的？最重要的是，这些事例作为未来书写的范例能够如何启发我们？书写可以成为给世界的礼物，一如它鼎盛时期的那样。

尤安：最后一个问题，书写的审美重要吗？

戴维：自然是的！

尤安：它们为什么重要呢？我们难道不只是想要更高效迅捷的沟通方式吗？

戴维：因为在我们生命中有不同的维度，并不是只有单纯的工具性。从工具角度来看，没错，我们想用最快速、最低廉、最高效的方式与他人接触。但还有完全不同的维度，就是人类的体验，是我们真切地活着的感受，我们爱着彼此，爱这个世界。这当中蕴含了美，有惊叹，有敬畏，还有种种品质。这让我想到威廉·莫里斯，他对美的倾注，认为那是一个健康社会不可或缺的部分。要是让我生活在一个由技术统治的世界，人们只会通过找到最高效的方式解决问题，我怕是会恨透这一切：我觉得那宣告了我们最深层人性的死亡。

与艺术家对谈

布罗迪·诺伊施万德是一名书法家与文字艺术家，他把自己的职业生涯描绘为长期致力于理解书法的精髓，从西方文化开始，再延伸到其他文化以及它们的文字。他不写阿拉伯文、中文与日文书法，但是为了丰富自己对罗马字母（布罗迪在采访中称其为“拉丁字母”）的理解，他也研究了这三门语言以及它们的书写传统。

与此同时，几乎就在他职业生涯的起点，他针对书法与现代艺术之间的关系提出了问题。

在这次采访的准备中，他发来了一封邮件，写道：“我是要待在那片传统拉丁字母（罗马、中世纪与文艺复兴）的舒适区吗？它们塑造了 80 年代初我在伦敦作为一名书法家的教学核心。还是说我应当鼓起勇气（与洞见），去挑战英国自 20 世纪初期书法复兴后艺术与工艺的分离？令人惊讶的是，像毕加索、杜尚和马里内蒂这样的艺术家创造出了一个全新的艺术流派——文字艺术，几乎与爱德华·约翰斯顿的《书写、插图和书信》

（1906 年）的出版刚好撞上。约翰斯顿和他在工艺美术运动中的同侪并不知道这些新的发展。但我很难承受一份同样奢侈的怀旧情绪。”

除了在本书与此次展览中，布罗迪还会在伦敦 Dox Productions 为 Arte 和英国广播公司制作的一系列电影中继续探索这些主题。这套分为三部分的纪录片将会审视世界文字的起源、中国伟大书法传统的发展、伊斯兰世界和西方世界，以及印刷术与数字技术对未来书写与书法的影响。

尤安：在筹备本书的过程中，有一个主题讲到了定义在书写领域中的转变。我知道，你作为一名艺术家正在经历的一个转变就是我们对手写意义的解读。

布罗迪：在我面前，手写的实践与意义的变化着实是个艺术上的两难境地。眼见手写在艺术作品中失去了它的效用，我感到非常沮丧，它原是一种代表我的存在、我的声音的途径。如果你纵观20世纪的文字艺术，无数的艺术家以手写来说出“这是我的声音，这是我的想法”。现在，我们再也不能那么说了，因为几乎每一种手写形式都已经沾染上了怀旧的意味。

20 世纪的艺术家们也使用打字机，后来打字机字体也呈现出他们的参与，更为正式的字体则意味着权威的声音。而打字机也进入了怀旧的领域。字体设计在桌上出版领域掀起了革命，彻底转变了书写的美学面貌。用手完成的东西看上去就属于过去。我曾经为此挣扎了好一阵，因为我使用过各式各样的奇怪工具来营造出飞溅的效果，不规则的印记与粗犷的线条，就是为了增强我书写的表现力。现在我甚至觉得这类书写 / 书法也从我的指缝间溜走，消失在沙砾中。

那些围绕书法的研究意义又在哪里呢？我觉得我想要汲取杰克逊・波

洛克的能量，将之融入书写，进入视觉语言中。在我眼里，波洛克充满了非现实的潜能（从一名书法家的角度来看）。如果你让颜料顺着一根棍子往下滴，你可能会一遍又一遍地重复相同的动作。他作品的趣味性并不在于其图像的创意，而是不同种类线性的密度与图案。然而，如果你使用类似的手势去写字，哪怕它们都难以辨识，每个字母依次给出的指令意味着你能做出更多有趣的动作。所以，从本质上来说，图像会比没有书写的自动过程呈现出更丰富的内容。

汉斯－约阿希姆·博格特（Hans-Joachim Burgert，20 世纪来自柏林的艺术家和具有影响力的书法家）帮助我理解了这一点。他促使我去探索，如果书写与书法不是一种手工艺（也就是没有功能性），那会是什么。博格特认为书法并不会成为一种创造性艺术。对他而言，线条与表面的自由度过于局限了。他给了我一种语言，可以用相同的形式术语来分析波洛克、中国书法与阿拉伯书法。这帮助我看清，超越书法家或艺术家正在做的，还有更多可以达成的。

我的下一个重大范式转移源自与电影导演彼得·格林纳威的共事。在电影《魔法师的宝典》（*Prospero's Books*，1991 年）中，他要求我创造出一套在视觉上带有冲击力的莎士比亚时代字体，能够攫住镜头。任谁看了电影中的这套字，都会觉得符合史实。但是，电影中的字体实际上变成了一种当代的审美，一种当代的艺术产物，蕴含着一种相当强烈的概念性基础。将一种历史上的字体迁移到电影银幕上，它会获取一种艺术上的力量与意义。这么说吧，我不是艺术家，格林纳威才是那个艺术家，但是这让我意识到，介质的转变可以拯救我的书法。笔与墨在纸上是符合史实的，它们承载着历史的联系。有些东西必须给予，而这是由将书法迁移到银幕上实

布罗迪·诺伊施万德："在这个阶段，开发出一种新的图像语言，尽力将我的灵魂暴露出来。"Rives BFK 纸上的水粉画，用尖头貂毛笔书写，2018 年

现的。

尤安：近几年你也开始参与装置艺术了，是吧？

布罗迪：没错，各种各样的，不过这开始让我力不从心了。这些年，我的精力可见地越发有限，所有这些项目各不相同。一个是建筑方向的，用激光切割钢材，另一项是陶瓷，还有织物、视频，还有表演。我觉得我可能是着了魔，在探索书法的各种不同表现形式，除了写在纸上。

尤安：那你在这些媒介中找到归宿了吗？电影显然是其中之一吧。

布罗迪：我从来没有学过编辑软件。我认为这还是要好好学学。因为，但凡我不得不依靠一个懂软件的技术人员，我就无法拥有在 Photoshop 中的那种自由。在 Photoshop 中，我觉得使用任何模拟工具几乎都要更自由。

那里有一定的限制，模拟工具也有限制。金属、激光作品、建筑、织物等类型的委托不断涌来。这些都需要媒介的转换。我通常从纸上开始，然后把我的作品扫描进去，用触控笔与和冠（Wacom）手绘板在屏幕上修改，然后创建矢量文件，送到工厂进行激光切割或编织之类。接着，再由其他人来搭建或装裱这个东西。

我认为未来的书法，大部分来说，会脱离纸张。我们或许是从使用传统工具在纸上书写学起。但是，我的作品鲜少以纸质形式传递给我的客户：会通过金属、铜、玻璃、织物、陶瓷、墙体，甚至任何东西，唯独不会通过纸。在成品制作出来前，它往往要经历一次消化过程。

尤安：那么你能跟我们说说你最近的一些项目吗？

布罗迪：可以。在布鲁日，我们搞了一项传统的公共刻字项目，大多数是在石头上。有时候，当地的公共机构想要一些不是刻在石头上的献词，他们就委托我做一组门。我就在耐候钢上用激光刻字，然后让它锈蚀出一种有光泽的铜绿色。这套门又给我来了另外两组门的委托，所以说我现在在布鲁日有了三组漂亮的大门。第一组门遵循了严格的几何结构，当时我正在摸索新的技术。第二组门我用上了书法线条，效果喜人。第三组门则使用了相当简单的字体排印术。我发现较为严格的字体排印样式与建筑融洽地相联系，也顺理成章地用到了激光技术。在这三组门之后，我用激光雕刻的字母把一整座礼拜教堂包了起来。这项工程无比复杂，考虑到建筑的体量，还有需要完成大量的矢量化工作。

我现在把矢量化工作交给了我的学生们，所以这块略过。教堂工程又带给我另一项大工程，来自同一位委托人（佛兰德斯的一座修道院）。这次的委托要我在一处新墓地修一圈护栏，需要包含过去 130 多年来此地所有

邬君梅在电影《枕边书》中，彼得·格林纳威执导，1996 年

修女的名字。

出于可行性考虑，这个项目会采用字体排印术。有 500 个名字等着被矢量化，无论用哪种字体都会耗费大量时间且价格昂贵，辨识度也大打折扣。所以我想到，一种简单的无衬线字体很可能就能取得最佳效果。

尤安：可以的话，我希望能够将对话暂时跳回去一点，彼得·格林纳威这个名字因此会在人们脑海里闪现。尽管我知道这个故事，但如果你能简单地聊聊你在那次合作中的收获就太好了。

布罗迪：我在格林纳威与唐纳德（书法家唐纳德·杰克逊是布罗迪的第一任雇主，可以在本书第 130 页看到他的作品）那里学到了没能从安·坎普（布罗迪的书法老师）和博格特那儿学到的东西。很简单，彼得教会我概念性地构想我们正在做的事情，认识到艺术作品传达的信息能够在许多层面——形式、关联、直觉与理念层面——起作用，艺术家的任务并不单单是选择一个媒介，如字母，把字母玩得漂漂亮亮的，几乎所有的书法家都会普遍去做的那样，而是要通透地思考这个项目，为所有层面赋予意义。书法或许是一个出路，但它不能是一个人出于喜欢而做的一个选择。字体排印术在一些案例中效果会更好。材料与规模的选择在创造文字艺术的过程中也同样重要。彼得便是这样打破了我与书法的联系，同时也使我成为一名更棒的书法家。

尤安：你提到了安·坎普、唐纳德·杰克逊与博格特。你从这三个人身上学到了哪些对你意义重大的东西呢？

布罗迪：在安身上，我学会了清晰地思考字母的形状（笑），以及将想法贯彻到底。在唐纳德身上，我学到了变通、自发性、具象化，以及为客户迅速模拟事物的方法。他教会我许多关于书法业务的东西，我也教会了他！我从博格特那里学到了一种形式语言，能让我将西方文字与阿拉伯文和中国文字做比较，去描述我在这些文字中所看到的东西。阿拉伯文字有什么是拉丁文字所没有的？博格特给了我一门语言，让我可以去分析这个问题，自那以后我就一直在运用。这些问题是一位遵循约翰斯顿惯例的书法家不会提出的。在他的书中，有一页展示了 26 个 a，只有一个是正确的，这把我逼疯了。变化越多才越好。一套遵循西方传统的字母表中的和谐感与一套发展完全的图像语言所拥有的感觉是不同的。

这是一项美妙的启示。最近我开始写融合书法，竭力摆脱我具有爆发力的手势书法。似乎已经到了做出些改变的时候，要回到某些更缓慢、更慎重的东西上去。不仅是因为我感觉到我正带着这些波洛克式的手势飞出轨道，也因为用手势书法去填满一幅巨大的空白页或画布只需要一点点时间……那接下来你能干点啥呢？

我认为我想要找寻某种方式去慢下来。博格特总是对速度持批评态度。他总觉得要是你写得太快了，你就无法真正思考，哪怕是在一个直觉层面上思考。你无法想通形式间的关系。同样，这也是我对波洛克的批评。我无法想通形式间的联系，所以最终的产物要么就是单调的，要么就是形态糟糕的。静下心来，深思熟虑，如将不同类型的书写融合在一起，你才有可能思考，这里可以从库法体中汲取什么，那里可以从20世纪60年代《黄色潜水艇》的唱片封面中汲取什么，这里可以从装饰艺术中汲取什么，那里可以从哥特体中汲取什么，甚至可以回到罗马大写字母这样端正的形式上。这些只能在一个较为缓慢的节奏中发生。它会面临一定风险，因为你走得越慢，你倾注在一件作品上的时间越多，要是搞砸了，你的损失也就越大。

尤安：真有意思。风险，在你的作品中重要吗？

布罗迪：哦，那可是我的全部，我认为。我这辈子就是在热炭上行走（笑）。还是别那么做，但这就是野兽的本性。即使要仰赖数千人的金钱，我始终愿意（或者说蠢到）拿起软毛笔，对着墙，不去多想什么就留下印记。我的过程是对某事做出回应，不是坐在椅子上，想清楚了再执行。我更喜欢拿起一张白纸，让它变得没那么白，再继续。

我这几天在用一支高级的点尖软毛笔：用的是非常高级的西伯利亚貂毛。我对成果尤为满意，因为我感觉它们给我带回了一些……我不知道其他人能否看见……新鲜感与现代感，那种我觉得自己正在失去的感觉。我会假装我走在前沿，创作一种阿拉伯文、中文、拉丁文和其他文字的融合。它依旧是英语，写的还是拉丁字母，但它成了英语在尼日利亚这类地方的形态。它不再属于英语（母语）使用者。拉丁字母系统，当然了，不属于这些发明它的人。我喜爱的理念是，融合会昭示出一种其他文化正在发生什么的认知。我们现在把所有时期都融合在了一起。

对于这种“交叉授粉”与融合的关联性，我还想说一点。我在写书法时，只有一个瞬间我没想问自己书法的意义是什么，它是否有价值，是否值得做。那个瞬间产生在一场名为《一支静默的软毛笔》的表演中。

《一支静默的软毛笔》将 12 至 15 位来自不同文化背景的书法家会集到一处大型空间内。有汉字、日文、阿拉伯文、希伯来文、拉丁文、希腊文、英文、西里尔文、泰文、印地文、藏文等等，凡是我们能找到的都来了。每一名书写者身着白衣，在一个昏暗的空间中，坐在一张聚光灯下的桌子旁，简单地书写着。我就让他们写下一段对他们以及他们文化具有重要意义的文字。我还要求他们摒弃杂念。这次活动并非书法家的炫技；这是一幅美妙高尚的佳作，这份以尊严写就的手稿不具有色彩。每个人都保持静默。公众也被要求保持静默，所以他们只是在一张张桌子间移动，观看不同的文字被书写下来。公众对此的反应着实令人吃惊。他们保持沉默，并专注于书法家们的作品。孩子们默不作声，全神贯注。人们走出门，给他们的亲友打电话说：“你得过来看看这个。”

我们首次完成《一支静默的软毛笔》（提起这个我始终心怀感慨）之后，我意识到这场活动并非关乎书法，而是与所有聚集在一起的书法家相关，这象征着所有人聚到一起，和平相处。多美啊！

一瞬间，一切都顺理成章了。书法重要，是因为文字始终是每一个社

会的标志，实际上，是最具有辨识度的标志之一。当你经过一家写有中文字的店铺，你就知道那是一家中餐厅。文字能够很快地反映出背后的文化。我们不需要知道这写的是什么。我们知晓它们的形状。西里尔文字和印地文一样，一眼就能认出来。这些文字在国际舞台上就是子文化的徽记。我们以平和、静默的方式将它们会聚一堂，便是宣告了一种具有尊严且充满人性的包容与尊重。当人们看到这些，便能再度获得希望。

《一支静默的软毛笔》突然变得广受欢迎。我们前后举办了七次，现在准备7月去莫斯科，10月去波兰和巴黎。《一支静默的软毛笔》便是我向世界传递的消息。

◇◇◇

这些访谈可以在各专业领域传播，也希望它们确实可以广为传播。要是能把办公室职员、会计（电子表格是具有革命性的）、在校学生、外交官、商店营业员、社会书法家、记者和律师的经历发布出来，那将会很有启示。如果能在 21 世纪初，在当下，围绕我们书写的经历展开一场大型对话，不受新产品炒作或媒体故事的驱使，而是反映切实的生活经历，那就太棒了。有一点很清晰，即无论新兴技术未来会为我们带来什么改变，我们目前的技术已经在要求我们思考一种新的交流伦理，或许还需要一种新的修辞。

在筹备本篇时，每一名受访者都给我发了一封邮件，让我知晓他们想要在读者跟前亮相的方式。后来，我们就用 Zoom 会议软件在网上录制了一场对话。在接下来的 48 小时里，音频被转录下来，并且发回受访者检查。显然，谈话比书面形式松散得多。语句会被其他思绪打断，有时，转录下的文字很难理解。使用新工具需要新的工作方式、新的自我约束，在这个案例中，我们需要为书写采用新的说话方式。当然啦，技术时时刻刻都在变革：旧的在升级，新的被发布。我们现在已经完全站在顶端了吗？《脱颖而出：注意力经济中的自由与抵抗》（*Stand Out of Our Light*：*Freedom and Resistance in the Attention Economy*，2018 年）一书的作者詹姆斯·威廉姆斯（James Williams）曾将这种体验描绘为生活在“一台不能胜任的跑步机上”。[3] 毫无疑问，学习书写是一项终身过程。在过去的 2000 年里，历史记录中变革的实证连绵不绝，似乎表明历史一向如此。

◇◇◇

所以，书写在未来会是什么样子？我们将会写什么呢？我们要如何书写？它是否会消失？这些难以预测，而技术在飞速发展。我们通过阅读本书的不同篇章可以得出一点，我们这些作者还是达成了一个共识，那就是书写会一直存在；新的技术鲜少能彻底取代旧的技艺，它们只不过会增加选项。

同样，即使如今我们使用的工具看上去已经大不一样，手写依然拥有未来。它们包括智能触控笔、正常现实或增强现实技术中的动态追踪软件、可折叠或卷起的智能电子纸张，还有众多可供人们在上面书写的表面。书法现今也有着令人兴奋的崭新未来，可以通过扫描或影印手段无缝进入数字世界。它可以被转译到各种不同的材料上，用于建筑项目或发展成一项表演艺术，我们光在照片墙上的众多短视频中就能看到它的潜力。在我们今天的屏幕上，我们用光来书写！这样一来，图片可以马上变化或上色：对于绘制泥金手抄本的画家来说，这将是一块充满魅力的新大陆。

字体设计也在进化中；手绘的字母与字符经过扫描，被矢量化。虽然这样做会导致一些字体由标准部件构成，让它们与过去相比变得更为统一，或许说会更平淡，但是人们现在对这一领域又重新燃起了兴趣。字体设计大家族现在的规模已经全球化，从罗马字母到日文和泰文。它们需要根据众多不同的规模，横跨各种媒体与平台运作。它们也拥有与之关联的符号和颜文字（emoji）大家族。颜文字尤为有趣。短消息系统已经成为一项新兴的混合书写系统的试验场。首先我们使用了表情符号，现在又使用了颜文字，几乎就像定语一样，帮助解开形式上的歧义，为短消息赋予带有细微情感色彩的差别。未来，字体可能也会变得动画化和个性化。

社交媒体是一种现象，我们现在刚开始了解其含义。我们所见的媒体总是具有社交属性的，而今天不同之处在于，它们将不计其数的用户置于几乎是实时的交流中。与此同时，它们也向社会公信力与数据分析开放。在将野心放眼全球的公司、民族国家以及其他联盟手中，个体会受制于超出个体掌控与利益的目标。许多声音都指出，在处理这些媒体时，有一项新关注是有益的。在本篇中，戴维·利维谈到了他与他在华盛顿大学的学生如何处理这一点。对语言的关注、呈现与交会或许就是一个新的窗口，我们可以透过它来审视这个主题。

所有这些媒体、素材与工具，这些交流、记录、命名、宣告、信息开放以及故事讲述的驱动力，所有围绕书面文字并赋予我们个体生活以结构的机构，构成了书写的生态。书写在数个层级与不同规模上向前发展。正是人类的想象力，实际上更是我们的身体，使其保持活力，并不断变化。我们或他们通过按压、印刷、绘制、刮擦、用墨书写以及描摹形态来留下印记，这些印记本身就传承着一段神圣的历史，记录着它们从这一生态中产生的部分。它们中的大多数都随着时间的推移缓慢地进化，但在其他时刻，变化看上去是革命性的。因为某些社群或个人经过激发，对人类思想或环境的变化做出了深刻的回应。要是我们现在穿越到其中某个时刻，我们不禁会问，“书于墙上的字”[1]便是书写吗？不，书写比这更大，它大到超乎我们的想象，那样多姿多彩。我们不应该让我们的梦想被某一个过去的技术缩小。

最后我还想说，每当我穿过楼层，登上大英图书馆的楼梯，去和与我共事的馆员见面时，我想到了有一处像图书馆这样的地方包容了我们所有的梦想。想到这些照料着我们想象力果实的人，我心怀感激。正是我们每个人经年累月地学习去成为一个文化社会的合格一员，才产生了这些成果。

在伦敦大英图书馆国王图书馆之塔周围的公共空间中工作的人

译者注

[1] 出自《圣经》故事伯沙撒的筵席，有“不祥之兆”的意思。

使用数字触控笔在智能手机上书写

6 手写：现在与未来

HANDWRITING: NOW AND IN THE FUTURE

安吉拉·韦布
ANGELA WEBB

英语中的writing一词既被用于描述把符号印记放在一个表面上的过程，也用来表述书写出来的产物——正如短语a piece of writing所表达的：前者是动态的，“写上一段”，后者则是一个完成了的动作，“一份稿子”。回溯历史，我们有许多实际的产物。正如此次特展展示的，包括黏土上的压痕、刻在石头上的圣书字、用墨水画在羊皮纸或一般纸张上的符号。它们是书写者意志的最后线索。然而，当我们审视这些证据时，还是很难收集到很多关于这些符号产生过程的知识——手如何传递眼睛所见到的东西——或者开始知晓书写者的大脑里在想什么。我们只能靠推测去审视他们获得艺术作品的过程。他们是遵循着指定的风格或形态逐字逐句地“照本宣科”，还是肆意地即兴发挥，随心所欲地创作呢？他们笔下的形式在形状和尺寸上是统一的吗？书写者的身体素质如何？他们是否会因为身负特殊的灵活性而被选中呢？对于他们而言，书写的视觉冲击力有多重要呢？审美呢？它和用于交流的信息同等重要吗？我们不得而知。我们也不知道这些古时候的书写者是如何精进自己的书写技艺的。他们是在艺术导师的教育下学习，还是仅仅通过观察他人的举动进行模仿呢？他们会不会练习写字来提高自己的水平呢？这些来自遥远过去的问题在很大程度上无从解答。

不过，事情有了变化，尤其在过去的一百年里。如今，我们能够更好地去评估书写的过程。这一点是通过广泛观察实现的。此外，在更大程度上，也是借助了高度发达的工具。以电子手段去分析文字的做法也只是在最近才出现，伴随着越来越快的速度与越来越高的精准度，它们都正在持续发展。为什么我们应该有兴趣去更多地了解人们如何书写？对此，我们可以提出怀疑。但有一个论点表示，由于书写已经变得极为普遍，和阅读

对页图　鲁道夫·拉班和他的舞谱系统

一样是大众都可以掌握的技能。为了促使更多人可以掌握这项技能，人们产生了一种求知欲，去获取更多与手写文字相关的知识。无论我们的动机是什么，我们如今正站在一个优越的位置，有能力对我们的手写活动进行高度细致的分析，从而优化所有书写者的能力。

衡量书写的过程

描述身体行为

在评估书写的身体层面时，用到了两种不同的方法。第一种方法试图从骨骼、肌肉、神经与感官系统的角度衡量书写者的生物力学。这类理解借鉴了运动科学的框架，并且受到了该领域研究的影响，让我们知道学习与精进书写是作为一项运动技能存在的。由理查德·施密特和提姆·李创作的运动技能的“圣经”在过去几十年中不断更新，反映了研究成果。[1]这一手段与手写有关联，因为这项技能蕴含大量的运动成分，哪怕它没有涵盖所有方面。第二种手段较少聚焦于书写者的体格和能力，而是更关注动作本身的质量，审视动作的空间、时间和力量的构成，以及传递的流畅性。客观地衡量书写痕迹的动作性质，为我们提供了各种方法去评价书写者的熟练程度。举例来说，如果动作缓慢而笨重，或者踟蹰且缺乏流畅性，会对字迹造成明显的影响。匈牙利舞蹈理论家兼教师鲁道夫·拉班（1879—1958 年）在 1928 年便创立了一套名为“拉班舞谱”（Kinetography Laban）的动作系统分析。他对人类动作的研究为中欧现代舞的发展奠定了思想基础。[2] 这一动作记谱系统让观察者记录下人类运动的一切形式。拉班系统在某种程度上属于"字母表式的"，其中的符号代表了动作的组成部分。通过这些符号，每个动作中的模式可以被"清晰地拼读出来"，这与书写一个字母文字无甚大差异。

尽管拉班从未曾特意去衡量书写的动作，但是他的系统确实提供了一个平台。可以根据这个平台做出对动作的判断，因为它详细地描述了特定的身体部位是如何动作的。它还可以记录单个动作的速率和力度以及流畅性：所有的这些因素都对手写至关重要。我提及这一点，是作为一个例子来看早期人们通过观察与娴熟的人体分析来记录肌肉运动技能的过程。在电子工具被采用前，这一技术就已存在。人们的手写动作加上胶片拍摄与后来的录像手段，可以通过使用拉班系统来分析摄录下的动作序列。虽然这些为学习目的提供了有用的实证，但肉眼可见的东西显然是有局限的。像手写这样复杂的过程，仅凭视觉观察无法描述其所具有的一些层面。评估的下一阶段是开发工具，来测量那些可能不怎么明显的潜在要素。

用以衡量书写的电子工具

当时，独具革新的拉班舞谱从来都不是一门精密的科学。毫无意外，随着新技术的引入，提供了更具科学性的分析，拉班系统被取代了。可以说，这一领域最显眼的革命便是数字转换器与图像平板电脑的发展。配合日益丰富与功能复杂的软件程序，它们可以收获许多不同的测量数据。这一发明极大地促进了我们对于手写中人体工程学的理解，帮助我们更准确地诠释手写"行为"。

通过这类技术测量手写的因素，如果我们去检视其范畴，会看到它有潜力把我们带到远超过去的境地。比如，这种方式被广泛运用在收集具有空间、时间与力度要素的数据。这些测量中的典型例子就有笔画长度、方位角（笔的角度）、笔画速度以及画笔压力。[3] 客观的读数可以证明能力的特定水平。开发出来的软件通过追踪眼睛与笔的动作来展示文本制作的流畅度。[4] 其他程序能够提供各种数据，包括笔在何时何地如何运动，也能追踪它什么时候没有动，即书写者在何时何地停顿了。

有趣的是，通过测量一项书写任务中停顿的模式，与计算笔尖在页面停留的时间比例，这些停顿的频率，以及在文本中发生的位置，就可以获取任意时间段中自动化转录的信息。[5] 停顿分析还能指出像拼写困难这类对书写产生限制的其他因素。[6] 甚至有软件可以绘制出笔尖不在页面而是在空中的路径图，显示出书写者对运动与空间控制的程度。[7] 还有一种进一步的分析类型与手写运动的流畅度相关。这一研究展现了书写者的表现是如何根据上下文与环境状况而变化的，以及流畅的表现会在多大程度上受到非书写因素（如认知与情感因素）的制约。克里斯蒂安·马夸特（Christian Marquardt）为了说明这一点，展示了一个 5 岁孩童虽然能够流畅地、不带犹豫地画出圆圈，却在书写自己名字开头的 O 时使制图模式变得笨拙且卡顿。[8]

能够以这种精确的细致程度来衡量书写过程有着显著的优势，尤其是对于初学书写的人来说。这样不仅有助于识别效率的普遍水平，而且对于那些欠缺熟练度的人来说，它还能突显技能在哪个或哪些方面会导致问题，使干预计划更具敏感度。我会在本篇后半部分仔细阐述手写困难这一话题。但是在诊断异常，以及作为研究手写过程的工具上，技术发挥的作用一向显著。

这里提到的最后一种测量工具，提供了人们在执行不同书写任务时大脑内发生的信息。磁共振成像（MRI）、功能性磁共振成像（fMRI）或脑电图描记术（EEG）的使用，为我们打开了一扇窗，可以看到书写（以及其他任务）期间大脑的工作，还展示了活动时神经激活的发生率与位置。这一具有革命性的工具有潜力在更大程度上拓展我们对认识过程的界限。[9] 进一步来说，它现在能够展现出一种可能性：改变神经反应模式（经过一定的干预），并实现长久的神经重塑。[10] 这一点对于教学的重要性无须赘述。

手写的复杂本质

手写被频频认作一种纯粹的动作技能，与扔个球、穿根针、编织或抛接这类身体技能相似。在这种情况下，灵敏度与良好的手眼配合或许是掌握这项技能的唯一要求。这一观点部分正确，对的点在于书写确实包含大量的动作成分，可能约占到 70%。我们接下来会发现，书写的内涵远比看上去多得多。仅从手部功能来看，手写常常被描述为只与手腕、手和手指的力量与灵活性相连的动作，不会考虑到身体其他部分可能做出的贡献。一项更准确的描述会包含整个身体，不仅仅是手部。举例来说，要想手与手臂自由流畅，就要控制住身体核心，稳定扎实。要取得这种稳定，躯干、骨盆和肩带的肌肉必须努力工作，以维持良好的姿势。理疗师有时会用“活动源自稳定”这样的口号来体现控制住整个身体的重要性。

对于书写字母系统的文字来说，姿势的稳定性尤为重要，因为这类文字是以水平形式呈现的（无论朝哪个方向），行云流水地在页面上展开。这一点也对表意文字、象形文字和其他符号的产出产生影响，这些符号动作的终点可能聚焦在手指上，伴随短促与戳刺的姿态。

教授身体技能的基本方法中涵盖了较多运动内容，这一点在书写教学中也适用。一般来说，可以看到三个明晰的阶段。第一个阶段，有时也称为“认知”阶段，聚焦在技能中基本动作的传授上。在手写中，这就是教授字母形态的阶段。第二阶段则被称为“联想”阶段，即技能经过练习精进的时候，而对于书写者来说，这时手写的精确度与连贯性都在提升。第三个也是最后一个阶段，就是“自主”阶段，书写者获得了高度的自主性，书写动作能够流畅地展现出来，仅需要最低程度的意识思考。[11] 自主化使书写者去关注其本身想要表达的内容，而不是聚焦于这些符号如何在页面上呈现的细枝末节。当书写需要过多的思考时，注意力就会从创作、计划与编辑文本这种“更高层次”的过程中转移开。[12] 尽管身体构造与运动能力的个体差异意味着不同阶段的进展速度可能也不同，但认识到这个框架能够帮助老师传授手写这类具有运动成分的技能。

人们对运动技能还有一项误读，觉得它们只涉及身体因素——肌肉力量、灵活性、柔韧性与协调性——但人体中还有其他微妙的系统通过运作来产生动作，其中就有感官系统的参与。我们在运动时，来自肌肉的反馈（动觉）、我们在空间中对自身位置的理解（本体感觉）和保持平衡的能力（前庭觉），再加上视觉监测，都会影响动作的产生。这一切都是对表现产生影响的技能。在手写符号的产出中，参与最多的就是这些要素。

在展示了手写与其他运动技能有如此多的共同点后，还必须认识到手写比其他技能复杂得多，它之所以与众不同是因为拥有额外的因素。除了运动、感知，视觉与感觉系统，认知因素也在发挥因素，尤其是人们在学习每个特定书写系统的传统时。所有系统在方向与空间规则上有所区别。这一点涵盖了象形文字、表意文字与字母文字。想要知晓书写传统与每种特定正字法（拼写模式）的语言限制离不开认知的输入[13]。要理解字母与单词在页面上空间架构的重要意义，同时也要能够“看见”它们，并进行再造，这取决于敏锐的视觉感知技能。[14]从文字习得来看，通晓细枝末节，明确地制定出规则与传统能够增强孩子对它们的吸收。

所有这些书写的不同层面都发挥了一项重要作用。然而，其中有一项组成部分的贡献常常被忽视，那就是语言。手写是一种语言的形式，所以手写要通过语言这一媒介进行交流。为了阐述语言是如何支持并统一语言技能的四大支柱的，美国心理学家弗吉尼亚·贝尔宁格（Virginia Berninger）将这四种技能分别描述为“通过耳朵的语言”（听）、“通过嘴的语言”（说）、“通过眼睛的语言”（读）与“通过手的语言”（写）。[15]随着孩子的成熟，这些系统并非离散发展，而是同时发生与互相交叠。每项技能的熟练掌握是沿着一条连续的轨迹发生的，同时也受到其他形式的语言影响。知晓各种语言系统是如何发展与相互关联，可以帮助我们理解一名书写者的表现是如何受到所有系统能力影响的。尤其在口头语言中，“内心的声音”为将要落笔写下的东西做好了准备。[16]一些研究表明，语言能力是支持书写的关键要素。要是这些因素到位的话，口头语言掌握良好的孩子更有可能成为熟练的书写者。[17]反之，也有研究表明，那些有发展性语言障碍的人往往在手写上遭遇困难。[18]所有这些技能——运动、感觉、知觉、视觉、认知、语言——无论是字母文字与否，在一种书写系统的手写表现中都是不可或缺的部分。

书写的核心即交流，哪怕仅限于个人自身，包括记录个人的日记或笔记的过程。举例来说，人们认为写下某些东西的目的在于有人能够去阅读它并分享书写者的想法，它具有触达观众的意愿。我们可能成为专业的杂耍人或编织者，尽管向他人炫技或许能感受到快乐，但我们表演这些技能的熟练度并非仰仗这一点。和口语不同，手写笔迹本就能留下持久可见的痕迹，因而书写留下的印记能够随着时间的推移而留存下来。在某些情况下，它的持久度甚至可以长到在相隔时间很久后再度被审视。要是没有这些痕迹，我们就欣赏不到这次展览的大部分内容，也无法赞叹文字创作者高超的技术了。

手写作为一种需要传授的技能

手写语言的另一项核心特点与阅读一样，包含了一个高度精妙的符号系统作为其模式。这也是一些亚洲语言、玛雅或埃及的象形文字以及字母文字的共同点。无论如何，使用的语言系统都需要经过诠释与教授。一个无人看管的孩子和一只球被丢在沙漠里，他很可能在没有教导的情况下把球举起来，去踢它、投掷它、滚动它或拍打它。给他的是一根棍子，他就可能在沙子上制造印记，留下图案或图画。但是在没有特定指导的情况下，对我们语言进行指代与交流的符号无论以哪种形式都无法表现。这一关键要素意味着所有手写系统的教授对于文字系统的存续都是不可或缺的。

来看一对相反的例子，两名 10 岁的男孩写字，一个受过指导，一个没有。上方的例子显示，这个男孩从 5 岁起就接受了持续的指导与练习。而另一名男孩从未接受过有效指导，只是单纯地临摹符号，并不知悉它们形状的要素，也没有习得写就它们的理想运笔。区别显而易见。如果第二个男孩得到过指导，看到字母是如何由不同线条构成的——垂直的、水平的、对角的、带有曲线的——并学习形成这些线条的正确笔顺，他的输出就会得以转变。

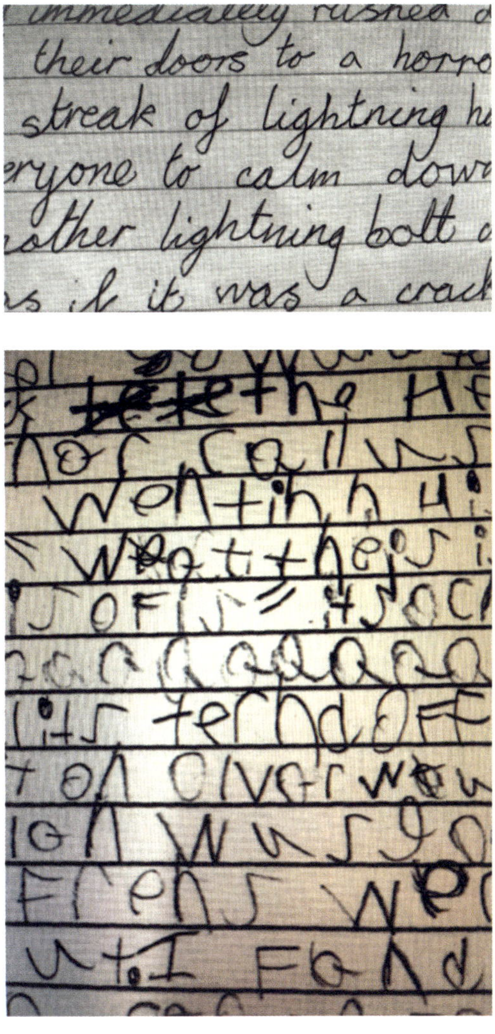

两名 10 岁男童的书写案例，一人接受过书写教育（上图），一人未接受过书写教育（下图）

通过手写传递的机制

数位心理学家试图描述或模拟我们手写的方式，由于这项任务极为复杂，大多失败了。荷兰心理学家赫拉德·范加伦（Gerard van Galen）在 1991 建立了一个模型，来阐释手写的机制与过程。它经受住了时间的考验，现今依然被许多人视为描述字母文字书写过程最为完善的一个模型。[19]

在范加伦的模型中，七个单独的单元以阶梯形式从上到下按顺序排列，每个部分都接着前一个部分。这些步骤发生的时间跨度非常小，以至在熟练的书写者来看，这是一个单独的连续动作。然而通过更细致的分析，人们还是能够在整体中探测出一系列离散的过程。有些是概念性的，有些是语言性质的，之后就进入了运动领域。起初，书写者必须要有一个书写的意愿，以及对任务目标的想法。他会决定去写什么，不管是草草地写张便条，还是写张生日贺卡或撰写书中的一个章节。这个决定激活了整个系列的连续动作。首先，随着书写者想法的产生，这些思绪会被转化为文字。无论是有意识还是下意识，书写者会选择词汇来囊括想要传达的意义。这个“想法到文字”的过程往往被视作“转译”，并触发了书写活动。这一过程还包括如何更好地去传达本意的那些决定——使用什么语言，如何构建与组织这些语言——简而言之，创作（compose）一篇作品。composition 一词在《牛津简明英语词典》中的释义为“组织集合成文”，包含通过对文字、短语与句子的精心雕琢来传达作者意图表达的意思，这一步对智力资源要求极高。雕琢的阶段也要求书写者体现出句法，也就是说保证语法结构的准确。如果书写者的任务是要产出更长或更详尽的内容，还要考虑到文本的组织、统一与连贯。

截至目前描述的所有步骤都是在内部触发，并且发生在文字落到页面上之前。随着这些想法被生成，被囊括为语言，并被精心加工成有意义的单元，经过转录落到页面上，一整套全新的过程开始发挥作用。首先，每个单词的拼写不是以语音（“声音”）机制或作为一整个单元在记忆中回溯。这些拼写单元被储存在一个记忆库（有时称为“正字法缓冲区”）中，随时可以被访问。多年来，人们都相信单词的拼写不是在单个字母，就是在整个单词的层面上进行记忆的。然而，根据法国心理学家索尼娅·坎德尔（Sonya Kandel）的研究，以及她的同事的发现，这种溯回也会发生在音节与正字（拼写）集群的中间层次中。[20]无论回忆的能力水平如何，按顺序排列的每个字母或字母组合都会被选取，并与视觉上的字母形态（或“书写变体”）相匹配。要以书写形式完成这些字母，必须从一个视觉记忆库中选择出准确的书写变体（字母的形式，比如字母g，分小写g和大写G），塑造这些字母的运动必须被投射到运动的“动觉”记忆上。如果这些运动模式已经确立并经过练习，它们可以在必要时随时生效，那么产出过程就会更加顺畅与快速。在行文的运动传达期间，书写者必须对所写下的笔画触发运动控制，这样写出来的字母大小与倾斜度匀称，还能呈现出适宜的间距。此外，力量控制确保来自书写工具的精确压力被施加在书写表面上，并且维持下去。一切的细节都要求细微的肌肉调整，既涉及姿势的控制（调动全身的大块肌肉），又涉及对手指的操作，需要更精细的控制。这七个步骤的全部过程，从构思到执行，发生在我们每次的手写行为中。不过，我们可能从来没有意识到步骤顺序有多复杂，也没想到为了实现它们所需要的细致协调有哪些。

以这种方式罗列出范加伦的手写步骤有助于提升人们对手写动作复杂性的认识，并强调每个步骤对于整个文本产出所做的贡献。它可以说明，一名书写者如果在其中任何一个步骤中遭受了障碍，整个过程就会被打断，影响到文本的流畅传达。在某种程度上，这也终止了手写需要（尽可能）形成自动性的过程，这样注意力不会从这项活动的本质上转移。

熟练掌握手写技能是否至关重要？益处又在哪里？

鉴于本篇目前都在探讨手写过程的复杂性，随着技术选择变得随处可见，人们会由此开始怀疑手写是否依然有价值，会有这样的声音并不奇怪。总之，要是我们能通过在键盘上敲下一串按键，或是对着麦克风说上一通，就能简单快捷且毫不费力地产出清晰利落的文本，我们为什么还要去用手写字呢？我们中的多数人会认同，与过去五到十年相比，越来越少的成年人在日常生活中会用到手写。我们的常规书写活动目前主要由发短信、敲键盘、触屏技术与声控组成。手写只会用在偶尔的私人信件或零星的潦草字条上。光从这一点来看，足以让我们相信手写与我们的生活已经无甚联系，它的消亡也不远了。

在 20 世纪和 21 世纪之交，这一论调曾大量出现，不仅在英国，在欧洲与美国乃至整个文字世界都充斥着这股声音。手写正在消亡成了一个广泛的论调。为了深入了解这一点，人们做了调研来收集数据，先从学校中的现行施教开始，接着去衡量大众与专业人士的态度。紧接着，又对教师在学校中展开手写教育的能力与信心进行了问卷调查。这一系列探究带来的结果出乎意料。从现行施教来看，仅仅在小学阶段，在校的孩子们每天在纸笔任务上会花费高达 60% 的时间。[21] 另外，在拼写、知识测试，以及在校与公共考试中，纸笔仍然是衡量一个孩子学识、认知与能力的媒介。[22] 此外，每天会使用技术手段来完成学校课业的中学生只占到 10% ~ 17%。[23] 因此，这里的信息表明手写依然具有旺盛的生命力。根据英国市场数据公司舆观（YouGov）进行的公众态度调查，94% 的成年人与 91% 的孩子认为手写依然具有重要性。86% 的商务经理希望应聘者在掌握键盘输入技能的同时，也具备手写能力。[24] 在调查中，专业人士的态度展现出惊人的相似。85% 的教师将手写评为非常重要（与阅读相当）的技能；其中有三分之二并没有接受过书写教育的初始训练，只有 50% 不到的受访者接受过某类在职培训。从手写技能未来的不确定性来看，这可能会对教师的培训产生负面影响，并对儿童产生无法避免的连带效应。

我们幡然醒悟，意识到预料中的手写大消亡似乎并不会发生，千禧年的头一个十年中，人们几度展开研究，检验手写能否带来益处。大部分研究将中小学和大学作业的手写产出与口头或计算机键盘的产出做了对比。有趣的是，大多数已发表的研究结果表明，手写模式能够在最大程度上支持学习。研究结果的偏向和一致性着实令一些人感到惊讶。简而言之，显现出的证据表明，笔和纸的实际接触似乎在提升创作质量和激发书面创造力方面为学习带来了益处。[25] 其他研究强调了熟练度的重要性，经证实，缺乏流畅度的手写由于限制了高阶过程的资源，会对书写质量产生制约。[26] 产生足够的文本也与书面内容的创作质量有关，儿童写出的字数越多，他们创造故事的语言丰富程度和深度也就越强。[27] 反之，改善儿童手写质量和数量的干预措施在相似的衡量标准上引发了书面文字的改善。[28] 在事实回顾方面也能看到益处，一场讲座中，用手写记录的学生在后续测试中比用键盘记录的学生记下了更多内容。[29] 2012 年，一场名为“手写在 21 世纪”的峰会在美国举办，旨在证实手写的益处。当前的研究涉及大量主题。其中特别提及手写对阅读发展的影响，显示出单个字母的形态如何刺激声音与符号对应所需的区域的神经活动。[30] 同时，研究也展现了手写带来的影响——对于广泛意义上的书写，[31] 对于语言的发展，[32] 以及批判性思维 [33]。手写的影响并不局限于读写能力，在各类学术科目中都有体现。[34] 总之，有人认为它为高阶处理提供了基础。[35] 自这些研究发表以来，人们继续开展研究工作，获得的成果似乎指向了类似的方向。

上述所有益处与学习和认知发展息息相关。然而，也有传闻中的证据表明，手写在各种方面让我们受益良多。这包括对身体有益，尤其是在精神健康与幸福感方面，通过手来表达感受似乎能产生舒缓与疗愈的效果。手写也包含个人因素，我们得以表达自我个性。我们多数人会采用一种特别的风格，尤其是在青春期，手写反映了我们选择如何向世界展示自己，我们想要他人如何看待自己。更有一些实际的益处，手写在认知上和物质上都容易实现，也相对更低价。[36] 手写也很安全。就像一个 9 岁孩子最近所说的："你没法用黑客手段黑了手写！"

尽管成人对笔的使用可能在减少，我们依然能在所有这些证据中认识到手写对教育有显著的影响，如果它无法留存下来，那将会对儿童的学习产生不可估量的影响。

我们如何帮助这些面临严重手写困难的人？

鉴于我们都知晓手写的复杂性，看到有那么多孩子正在为掌握它而感到万分苦恼，你也不会意外。据估计，约有 10% ~ 34% 的在校生的手写能力不足以让他们在课堂上充分发挥潜能。[37] 在英国，孩子们在小学的最后一年，也就是 10—11 岁时，经水平测定，有五分之一的女孩和三分之一的男孩在进入中学时将无法达到书面作业的课程要求。[38] 虽然人们对这个高发数字一直保持警惕，依然有许多人面临这类问题。

为了正视这个问题，并提出有效的干预手段，明确并且理解这项困难的本质尤为关键。作为一项具有如此多面性的技能，问题甚至会出现在多个不同领域中。没有两个孩子的表现会是一模一样的。这一点可能有助于人们先看看我们期待有能力的书写者能够做什么。成功手写的精髓反映在七个方面：具有可读性，整洁，舒适地输出，流畅，迅速，以最小的意识投入就能完成，在任务的要求下能够经受时间的考验。[39] 要是这些目标得以实现，书写便会发展成为一种功能性工具，用于记录、交流、通过语言储存理念，并显现出上述所有优点。然而，若是能力水平无法达到这个层级，不仅孩子本身，他们的家长和老师的焦虑与抑郁也会加剧。提供特定形式的支持与干预手段变成了重中之重。

要评估手写能力，自然要关注笔迹。本篇的焦点在于检视书写的过程，所以我会认为仅仅在页面上改正错误的传统方法对孩童起不了多少作用，尤其是情节严重的地方。这并非唱衰优质教学的价值，确实有许多经历这些问题的人即使在课堂上接受了很好的教育，依然会如此。阻碍藏在更深的层次。混乱的一大根源可能来自孩子之间手写表现的差异性。对于一些孩子来说，字母和相连笔画的形成是错误的，而且手写往往有空间和方向上的错误，表明他们在感知与动作的联结上存在缺陷。还有其他情况，字迹不够整洁或难以阅读，这昭示了运动控制上存在更多单独的问题。基于此，书写的产出会更慢，需要投入过多的精力，同时反映出更多的不适与疲劳。[40] 相反，书写者可能也会匆匆忙忙，造成粗心的错误，影响可读性。任何人，或是说在这些领域中，都会经历这些问题。仅仅把孩童放置在“手写组”中，并让他们进行额外的练习并不会有多大帮助（也就是说，地毯式方案不解决问题）。每个个体都会在桌面上表现出自己的复杂性，一个量身定制的干预方案将会产生最佳效果。

鉴于书写过程是一个动态的系统，那便意味着，其中任何一个组成部分的技能一旦崩溃，就会影响到整体的高效产出。因此，一种更为明智的手段就是设法确定造成特定薄弱点的区域，并据此进行定向干预。为了使干预的效用最大化，起点必须定在针对孩童问题的精准评估上。教师与心理学家可以使用一系列评估工具（像是 DASH），它们提供的数据可展示任何特定人群的标准。[41] 这样一来，偏离标准的严重程度得以量化。衡量手写速度与可读性水平的测试对于辨识困难和经过干预后改善情况的量化最为有用。[42]

一些临床医师提供了一个对困难进行分类的框架，指向了书写过程中的缺陷与不足，而非在产出中找寻错误。举个例子，安妮·奥海尔（Anne O'Hare）使用“发展性书写障碍”（developmental dysgraphia，即书写能力障碍）这一整体术语时，提到了三个可能要考量的类别：第一类，“运动”，指的是那些由于运动协调能力差而导致困难的孩童；第二类，“视觉空间”，与那些在视觉感知上有缺陷的人有关；第三类，“语言”，指的是那些因为语言缺陷导致表现能力受到影响的人。[43] 这种给问题根源分类的手段与单纯关注手写笔迹中的错误相比，对于家长与老师可能更为有用。深入再看，如果在一次评估中发现一个小孩的运动协调性很差，可能符合发展性协调障碍的标准，那么一些改善运动能力的物理疗法可能会产生影响。另一方面来看，如果判断出视觉运动缺陷，在这一领域进行针对性的治疗会更适合。同样，如果困难与语言有关，则建议在这个领域进行干预。更细致的诊断将更具针对性，理想的话，也能产生更成功的补救措施。

培养有助于手写技能的潜在能力，也可以把挣扎中的孩子从失败的负

一名五岁孩童正在使用一块巨大的洞洞板

累中解脱出来。[44] 拒绝书写的意愿往往伴随着手写问题一同出现，这与任何身体缺陷一样，都是需要解决的重要问题。

重新激励灰心丧气的孩子，并为他们提供正确的支持，能够帮助他们再度点燃书写的乐趣，因此这是关键的步骤。可以使用具有吸引力的器械，在孩童不必接触纸笔的情况下，增强必要的运动与感知技能，特定的练习将活动与待改善的手写因素直接联系起来。这种手段对于一个小孩来说也很新颖，更能俘获他的兴趣。有一个案例用到了巨大的钉板和钉子（见本页图）。孩子可以通过用它们真实地组成各种字母形状的线条来获取对字母的理解。与材料的实质性接触可以加强手和手臂的相关部位。此外，所构建的图案可以迁移到纸上，变成字母笔画和字母形状，鼓励孩子们使用特定的空间和方向性语言来指导肌肉活动并巩固概念。

数字时代中手写的未来

本篇的最后一项任务便是要思考在未来社会能将手写带往何方？手写如何与产出文本的其他模式并存？想要对未来做出任何预测都需要参照过去与现在。可以见得，我们对于手写发挥作用的想法，以及其存续（或者消亡）的可能落在三个清晰的阶段上。第一阶段便是21世纪之初，技术发展突飞猛进之时。前文提到过，当时有一种说法，手写作品过不了几年就会被送入坟墓。紧接着的第二阶段产生了大量研究，去探索手写（可能存在）的价值。这一阶段不仅肯定了手写带来的益处，还为许多教育学家注入了奋力保护手写的热情。在某些阵营中出现了一波近似于卢德主义的狂热，他们拒绝使用现代技术，因为害怕技术会取代手写，并加速他们这一挚友的消亡。毫无疑问，强有力的证据表明了手写在学习与认知发展中具有独一无二的作用。但是，我们也要对社会目前与将来会重视的事物持有现实的态度。这便将我们带到了第三阶段，我们认识到手写与技术可以并存。我们无法让时光倒流。

鉴于这个原因，我认为我们应该鼓起勇气，为了未来重新去认识手写，并调整我们对手写的态度。手写很有可能不会再占据长久以来的统治地位，但它依然能为那些了不起的事物做出贡献。或许第一步，便是要在我们脑内对书写作为一种艺术形式与作为一项功能性工具加以区分。艺术形式聚焦在美学层面，以书法艺术为代表，具有美感与文化内涵。相比之下，作为功能性工具，手写触发或者说支持着一系列不同的认知过程，并刺激了书写中的创造力。二者在此并不一定会冲突。我相信只要我们不去混淆两者各自的贡献，手写就可以兼顾两者。举例来说，孩子们会在学习创造迷人飘逸的文字时找到乐趣，并沉迷于其中的动态。同样，他们还需要知道我们是否期望他们在日常作业中产出形态完美、具有美感的字迹；或是为了在有限的时间内（比如在考试中）提升产出效率，是否可以在整洁度上做出妥协。我们应该教育孩子书写在任何特定的情况下所带有的目的。接下来，如果我们相信手写是一项功能性工具，那就必须认清手写的哪些方面是这项任务中的基础。我会建议把可读性作为核心（如果我们想要产出足够多的内容去取得好成绩的话），流畅度与舒适度，还有速度，也同等重要。自动性已被证明是关键，这样书写者就不必把基本的资源从构建高质量文本所需的高阶处理中转移出来。所有这些因素在所引用的研究中都被认定为重要因素。我认为还有一点相关，那就是我们应该摒弃那种二元对立的态度：我们究竟应该提倡手写，还是把键盘输入作为一种技术选项？为何在我们进入了一个拥有众多技术的时代后，还要把自己限制在一两种转录手段中？毕竟，QWERTY 式键盘肯定已经过时了，它在未来几年内存活的可能性想必极低。年轻人应该能熟练地自由运用一些不同的文本传递方式，并且能够参与到许多正在研发的新方法中。他们会获得一个充满各种选项的工具箱，每个选项对于特定的目的有益，手写便是其中之一。关键点在于要确保有人去教授这一系列的传达机制和风格，这样一来转录能够尽可能地做到自动化。接下来，孩子们需要学习在针对每项任务时如何选择最佳工具：个人信件和记录笔记用手写，更长篇幅的作业用键盘输入。

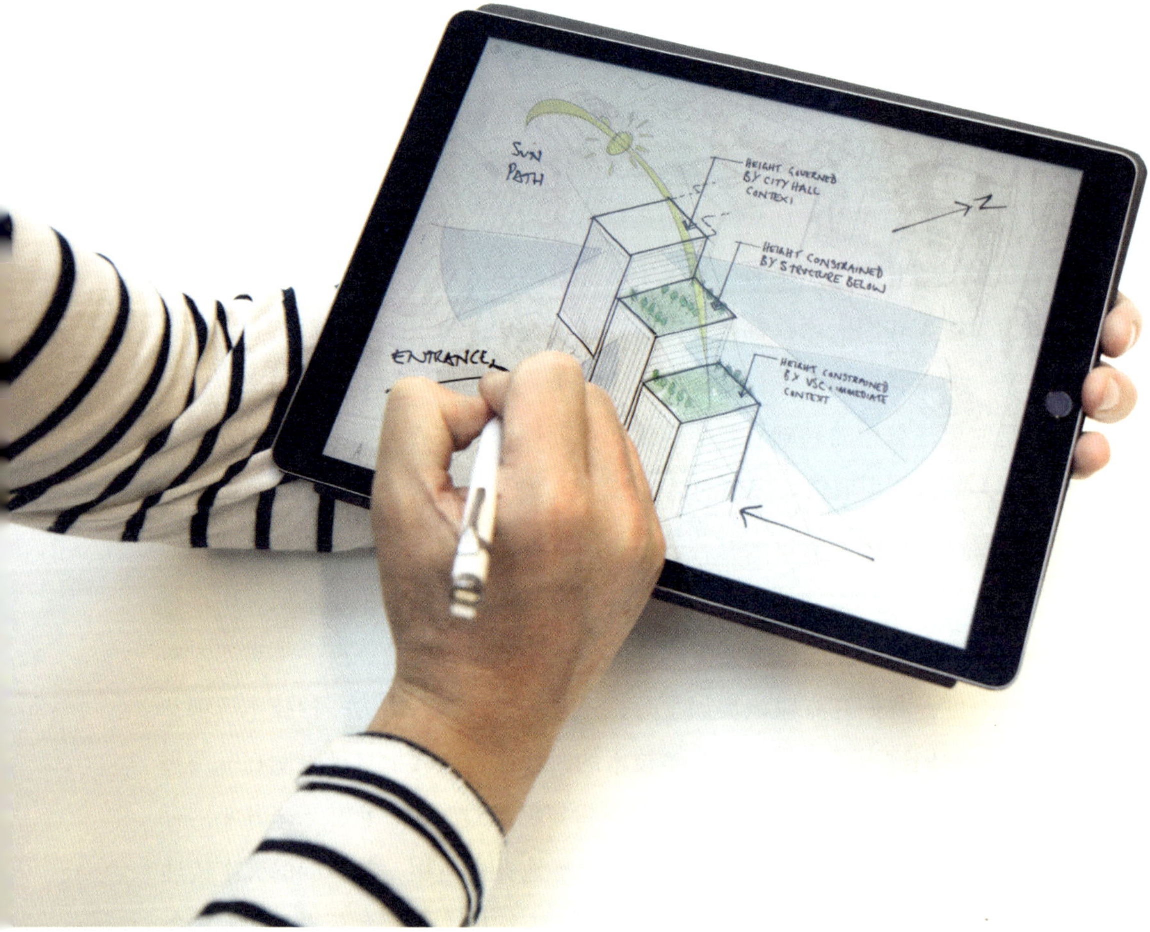

一名建筑师在数位板上做设计

弗吉尼亚·贝尔宁格[45]谈到了“混合型书写者”的发展，这些书写者可以用印刷体写出供阅读或注释的简单字母，能产出支持拼读的连笔字，他们也会使用键盘，用声控软件录音，使用屏幕滑动技术，并能操作数字平板电脑，以同样轻松的态度胜任所有任务。为什么不呢？他们生来就会这样，而且很快几乎就能全方位地超越他们的老师。

对于书写未来的方向，我最后想说说人机交互，以及我们要如何开发让双方各尽其能的工具。人们会发明出新的技术，用近乎奇迹的方式传达人类才华的精髓。数字化带来的高效令人惊叹，但人为投入的益处也不容小觑。我相信这会是一种共生关系。举个例子，建筑师设计一座楼房。他会选用触控笔在平板电脑上绘图，绘制完的图像可由软件进行转化，先是转化为 3D 图纸，再是转为模型。这样一来，通过图像技术，人际关系中个性化与创造性的优势能够在最大程度上发挥作用，并具备数字化的一切优势。一大波全新的书写工具——触控笔、手指——它们保留了手写形式的优点，也能取得书写的表达效果。

这一关系的影响必须是双向的。第 264 页的图片便是佐证书写增进数字化表达的一个实例。反之也成立；我们可以通过平板电脑、智能手机、（智能）白板、数字转换器和触控笔等各种设备带来的便利，以及能让孩子随时参与的激励因素，推断出手写的好处。如同前文所述，软件程序可以提供科学的测量手段。有证据表明它们对手写困难的诊断与研究均有不可或缺的作用。在开发各种不同手段的过程中或许会面临一些实际问题（我们怎样才能在一个滑溜的表面上更轻松地书写），但这些都是能够轻易解决的机械性问题。

寥寥几个案例仅是让我们得以一瞥这些发展可能把我们带往何处。显然，在未来还有更多的事物会降临。前方道路未知，迄今为止所有证据都表明，手写依然是这趟旅途上重要的组成部分。

焦点 4

一份 2000 岁的家庭作业

彼得·托特

大英图书馆书面文件的馆藏量可谓是世界之最。除了那些精心制作的稀世奇珍，有时那些平平无奇，甚至看上去惨不忍睹的物件同样耐人寻味，它们让我们得以一窥数个世纪，甚至数千年前普通人的日常生活。

图书馆藏有古代抄本，包括数以万计的莎草纸卷轴、羊皮卷，以及带有铭文的陶器，时间可追溯到公元前 8 世纪至公元前 3 世纪，文书的数量尤其丰富。由于埃及气候炎热，各类文字素材在沙地中得以幸存。它们保留了人们步入现代纪元之前完全不为人知的个人生活的片段。

在这些深埋的宝藏中有一件来自约 2000 年前，那是一册公元 2 世纪的笔记本。这本小小的笔记保存了一个学校孩童的完整作业。整个套件由两块木板组成，中间掏空，填满了蜡，人们可以用金属尖头笔在上面写字，还能用扁平的那头将蜡磨平。顶部边缘有两个孔洞作为装订孔，可以把绳子穿过去，将两块木板接在一起。底部的孔洞则是用于在运输时将小册子合起来的。这册设计利落的木质笔记本无论在尺寸上还是形态上都和我们的 Kindle 或 nook 阅读器相似，可以让一个古埃及小学生用作练习书写。

公元前 4 世纪亚历山大大帝征服埃及后，希腊语成为埃及行省的官方语言。但凡有谁想找到份差使，便需要学习读写希腊语。这本小册子的第

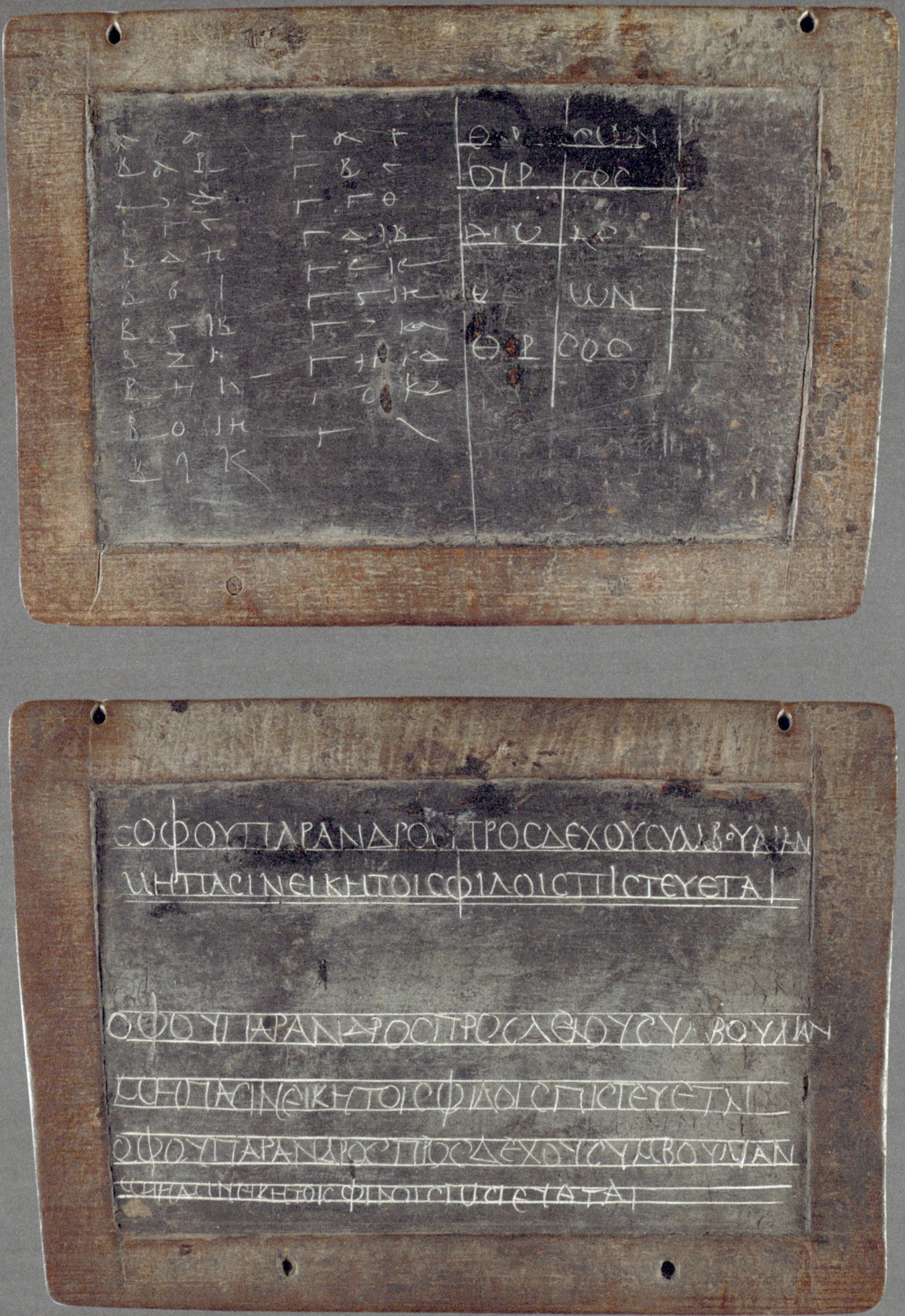
COΦΟΥΠΑΡΑΝΔΡΟCΠΡΟCΔΕΧΟΥCΥΜΒΟΥΛΙΑΝ
ΜΗΠΑCΙΝΕΙΚΗΤΟΙCΦΙΛΟΙCΠΙCΤΕΥΕΤΑΙ

一部分（对页下图）向我们展示了如何学习希腊语。在书写板的顶部，与长边平行的位置写着两行箴言：“从智者那里获取建议 / 相信你的每位朋友非是正确。”这些整洁的文字出自校长之手，供孩子在家抄写。在下方可以看到，这个小学生竭力完成了家庭作业，但是漏掉了第一个字母（C），字母 N 还跑了出去，写到了右侧的边缘上。他在下面又试着写了一遍，尽管这次没写出界，但第一个字母还是漏掉了。他最后一行写得很局促，挤在一块儿的字母悬在了横线下面。在另一面（上图），我们再度看到了老师的字迹。在左侧，他为孩子抄写了一份 1×1 到 3×10 的乘法表。在右侧，他又选取了一些以 th- 开头的单词让学生通过辨识音节来练习阅读。

这本巴掌大的小册子囊括了识读、算术和手写练习。它不仅是一份保存良好的 2000 年前无名孩童的作业，也预示了书写历史上的一场伟大革命，这种形式的书籍将彻底取代长期以来存在的卷轴。

对页图 两块一套的希腊语书写蜡版。埃及。公元 2 世纪。大英图书馆：Add MS 34186

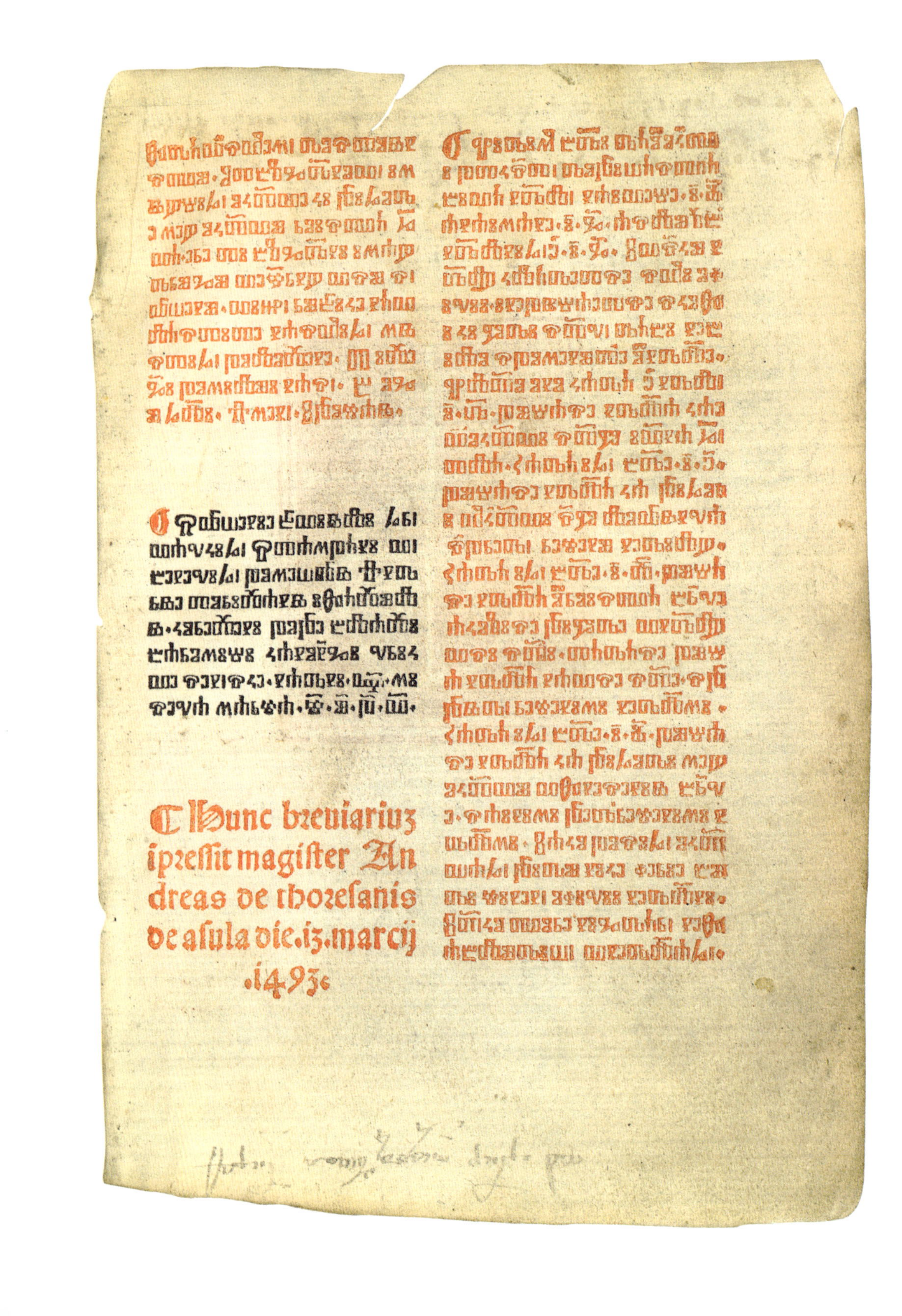

[illegible]

[illegible]

Hunc breviariu[m] i[m]pressit magister Andreas de thoresanis de asula die .iz. marcij .1493.

[illegible]

后记

书写与大英图书馆馆藏

Writing and The Collections Of The British Library

阿德里安·S. 爱德华兹

大英图书馆是世界上最大的书面文字储存库之一。据说，图书馆存有超过1500万件馆藏，尽管这一数字肯定包括了那些与文字无太大关联的形式，如照片、雕刻、图画和音频视频文件。官方统计，目前每年还会增加300万件物品。这些内容从归档的网站到电子期刊，从中世纪手抄本到文学论文，从平装小说到收藏级的印刷本，应有尽有。除了来自中东与美洲的原始文字，大部分的世界文字系统得以在大英图书馆的馆藏中尽数展现。实际上，根据图书馆2019年特展所做的研究表明，馆藏中最古老的书面文物并非先前认为的中国甲骨文（约公元前1300—公元前1050年），而是一组古埃及的石碑（stelae）和随葬的沙布提人偶（shabtis，约公元前1600—公元前1200年）。这组埃及文物是19世纪由摄影先驱威廉·亨利·福克斯·塔尔博特（1800—1877年）加入馆藏的。这些书面资料浩如烟海，大英图书馆作为保管方，充当探索一切书写形式的场所再合适不过了。

对页图　古代教会斯拉夫语祈祷书，以格拉哥里字母书写。印刷本。威尼斯：Andreas Torresanus，1493年。大英图书馆：IA. 21702

馆藏的发展

随着《英国图书馆法》在英国颁布，大英图书馆在1973年确立了当前的独立形态。不过，说到它的原始馆藏，可以追溯到久远之前。大量现有馆藏被集合到一起，打造出这座新机构。最庞大的馆藏则来自大英博物馆的三个部门：印刷书籍（包括国家科学技术借阅图书馆）、手抄本，以及东方书籍与抄本。这些馆藏由众人在16至19世纪间收藏的书籍与手抄本组成，这些人包括汉斯·斯隆爵士、罗伯特·克顿爵士，罗伯特·哈雷与爱德华·哈雷，托马斯·格伦威尔与乔治三世，还要加上打造英格兰王室至高图书馆的自爱德华四世（1442—1483年）到乔治二世（1683—1760年）历代君主。国家中央图书馆的馆藏在一开始就被纳入其中。九年后，印度事务部的图书馆和档案记录也进入了大英图书馆，其中每个机构都满满地收藏着来自西方世界的手写和印刷文本实物。除此以外，大英博物馆与印度事务都图书馆的亚洲书写系统馆藏尤为丰富。

自成立以来，大英图书馆就延续着大英博物馆的使命，采用各种手段搜集来自世界各地的书面文本。这也反映出大英图书馆力图成为一座国际研究资源中心与文化机构的宏愿。在英国出版或发行的任何印刷

古埃及晚期沙布提人俑。埃及，公元前664—公元前332年。大英图书馆：Talbot Shabti 2

书籍、杂志、报纸、地图与乐谱都要向大英博物馆提供一个副本，这一权力现在转移到了大英图书馆。随着出版性质的转变，关注点逐渐从印刷制品向电子媒体转移。这一点在法律上也有所反映，《非印刷型出版物法定缴存图书馆条例》于 2013 年将图书馆在英国境内的收集职责扩展到了数字出版物和英国的网站。现在资金依然投入于收集印刷品与手稿类的文物材料，不可避免的是，如今进入馆藏的大部分文本是以数字字节形式被接受的，这也反映了广阔世界中书写正在发生的变化。

概述与亮点

上文提到的古埃及文物与中国甲骨文并非大英图书馆馆藏中的代表性藏品。人们可以在网站上和无数的印刷出版物中找到大量有关这类资料的描述梗概，还可以通过互联网免费获取完整的目录。因此，以下概述仅限于选取某些重点，来展示书写历史研究人员能够利用的资源有多广泛。

文字系统

目前大英图书馆所收藏的文本中，由字母文字书写的文本占了最大比例。广义上的字母指的是由辅音与元音分别表示的语音符号，其中，用于英语、拉丁语、法语、德语与西班牙语的罗马字母构成了最庞大的部分。其他字母系统包括希腊语（尤其是自公元前 3 世纪以后的）、西里尔语，教会古斯拉夫语与格拉哥里字母，科普特语，垂直的蒙古文与满文，以及朝鲜谚文。每个类目都囊括了其字符集合的大量变体，以及单个字母形状的变化。图书馆中藏有的文献可谓无与伦比，有文书记录了过去 2000 年来罗马字母在英国的成型过程。从中世纪手抄本的字体（安色尔体、半安色尔体、早期哥特速写体等），到为印刷品设计的活字字体，再到专业人士的改编，如速记体以及维多利亚时期用于广告的“埃及风”大型展示字体。

除了这些字母文本，研究人员还找到了辅音音素文字（一般只写出辅音的文字）、元音附标文字（多数形态同时表示一个辅音与其固定的元音）和音节文字（每个字符都表示一整个音节）的实例，以及可被归类为起源于语标（表示意义的符号，可能附加表示发音的特征）的系统。尽管还能看到诸多包括阿拉姆字母以及粟特字母在内的其他文字，阿拉伯文（用于阿拉伯语、波斯语与奥斯曼土耳其语）与希伯来文是辅音音素文字的主要代表。元音附标文字主要与南亚与东南亚有联系。东印度公司与英国政府在印度的历史渊源，导致这个与地区有关的馆藏在大英图书馆中尤为丰富。馆藏文本涵盖了天城体（用于印地语、尼泊尔语、马拉塔语等）、孟加拉－阿萨姆文、古吉拉特文、古木基文、卡纳达文、马拉雅拉姆文、奥里亚文、泰米尔文、泰卢固文、藏文、缅文、高棉文、泰文、爪哇语与布吉语等等。馆藏中也有来自其他地区的元音附标文字，如埃塞俄比亚语与吐火罗文字。在各种音节文字中，最有代表性的要属来自日本的两套假名，还有一小部分音节文字来自北美洲（尤其是切罗基人、克里人、奥吉布瓦人与因纽特人的音节文字）和非洲西部（瓦伊音节文字）。由语素文字起源的系统主要以中国汉字为代表，包括它们的改写朝鲜文（朝鲜汉字）、日文（日本汉字）和历史上的越南文字（喃字）。实际上，大英图书馆藏有超过 3000 年历史的汉字资料，是迄今为止各类藏品中延续时间最长的。

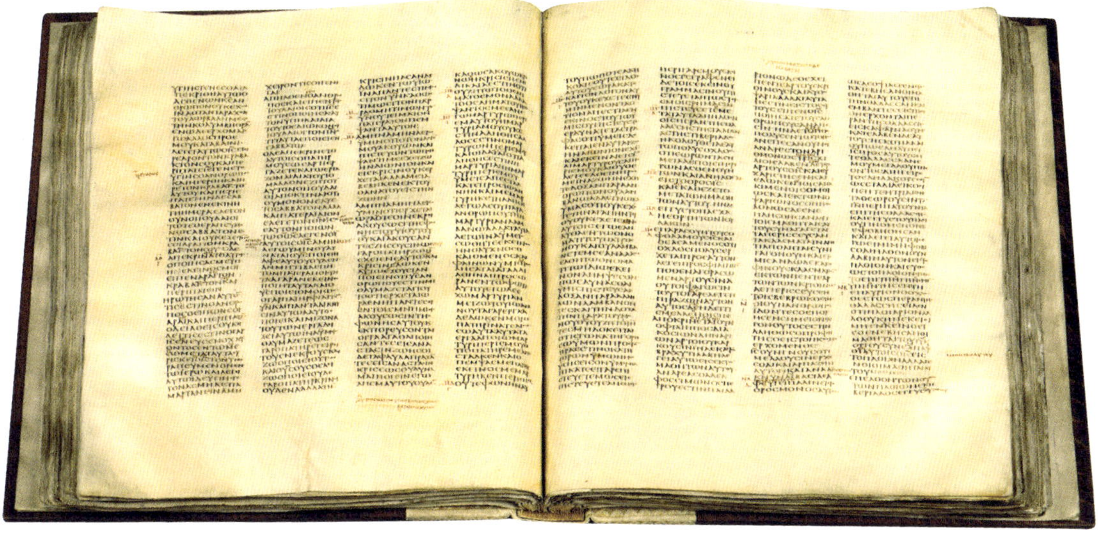

希腊语《圣经》，又名西奈抄本。抄本（羊皮纸）。以色列中北部（？）。4 世纪。大英图书馆：Add MS 43725, ff. 249v-250

手书藏品

大英图书馆中形成的馆藏主要聚焦在手书、印刷以及——近年来——数字化书写的形式上。如打字稿与贝叶书这类其他形式收藏的数量虽然稀少，但也相当重要。抄本手稿与打字稿的馆藏量是出了名地难以统计，因为有一些是以整体计数，又有一些是逐页来算。截至 2018 年 3 月，大英图书馆线上目录包含 2 441 447 个手稿与档案条目。这一数字的背后是世界各地书写传统蕴含的庞大多样性。大部分文件往往是用软毛笔或蘸墨的钢笔在纸上或羊皮纸（包括被称为“犊皮纸”的顶级羊皮纸）上写就的。馆藏中，横跨 24 个世纪的抄本资料中的高光部分包括《西奈抄本》（4 世纪，希

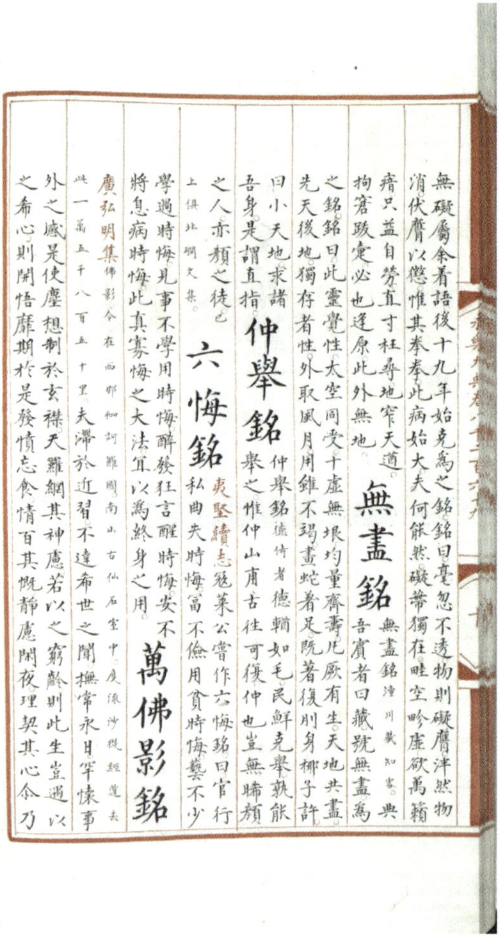

《永乐大典》。写本。中国，1562—1572 年。大英图书馆：Or. 11272, fol. 36v

腊字母）的大部分抄本、《林迪斯法恩福音书》（8 世纪，罗马字母）和 24 卷《永乐大典》（1562—1572 年，汉字）。这些出自顶级书法家的高质量手写文本获得了多方支持：日常通信，私人笔记与日记，机构、政府的档案。随着我们步入现代，越来越多与这些作品相关的手写与打字稿将会被计划出版。尽管有相当一部分文学、科学与政治档案在 20 世纪被转为打字稿，现在其中一部分已经以电子邮件、文字处理文件和电子表格等数字形式被接收，但今天人们依然能获取所有这些资料的原件。

除了这些在纸上与羊皮纸上呈现的手写作品，大英图书馆还保管了约 4000 件埃及陶片（ostraca）：一些记载了日常生活的破碎陶片或石头，上面的墨迹往往是希腊文或埃及通俗体。伴随着这些文物的，还有数以千计的古代莎草纸卷轴、手抄本和残片，往往是用苇管笔蘸墨以希腊文、拉丁文或科普特语写就。在馆藏中，不是所有的历史文本都是由一支钢笔或软毛笔蘸了墨水或色料在一个表面上完成的。棕榈叶上的文书——往往使用了一支尖利的书写笔在叶子上刻画，接着在浅浅的切口上擦上油脂与烟灰的混合物——长时间盛行于南亚与东南亚部分地区，图书馆也收藏了各类棕榈叶文书。还有一些来自埃及的希腊－罗马时期的书写蜡版，直接用尖笔在一层蜂蜡上写字，写时默认上面的文字之后可以擦除，如此反复使用。此外，还有少量镌刻在金属表面的文本，有一些诞生于罗马帝国时期，还有一些则来自近现代时期的印度（16 世纪）。最后，不得不说还有 484 件来自中国商代的甲骨文，每件都刻有早期形态的中国汉字。

印刷品

最早的印刷品是用木块制作的，这一过程叫作雕版印刷。这一技术最早可能发展于东亚，如馆藏中的一些日本雕版印刷本可以追溯到 8 世纪。以这种技术生产，现存最古老，并且可以确定确切日期的完整书籍要属一部中文版本的《金刚经》。从它的题签可得知，印刷匠人在 868 年 5 月 11 日完成了他们的工作。馆藏中的其他早期案例中包括朝鲜汉字和藏文。除了东亚地区，雕版印刷文本首次出现在了中东。这一技术被中世纪的埃及人用于制造纸质护身符。这项技术后来又进入欧洲，约 1450 至 1480 年间，人们在莱茵河谷地区制造了被称为“木刻本”的插图书籍。长久以来，大英图书馆以收藏了 35 册之多的木刻本而闻名，直到最近才发现 3 册中世纪阿拉伯木刻本，可能还有其他的木刻本有待鉴定。

“活字印刷”的概念也是发展自东亚。这类字模由木头或黏土制成，而且应用范围似乎有限。还不能确定大英图书馆中的部分文本到底是由木雕

《启示录》。木刻本（残卷）。德国。约 1468 年，大英图书馆：IB. 16, fol. 1r

版还是活字制作的。但有一点能确认，朝鲜的印刷商在 14 世纪末已经使用金属活字了。大英图书馆藏有约 50 部以这种方式印刷的来自朝鲜的早期作品，其中包括《春秋经传集解》（1442 年）。金属活字印刷技术传遍了整个东亚地区，但它是否影响了欧洲几乎发展于同时但稍晚的活字印刷技术，学术界仍然存在分歧。欧洲的这项技术始于 15 世纪 50 年代的德国美因茨，约翰内斯·古登堡（或其工坊）生产了一系列文书，最后打造出一部《圣经》、一批教廷赎罪券以及一部拉丁语语法。这些欧洲的第一批印刷品使用的是拉丁文，在 15 世纪末，印刷品使用了十几种其他语言文字，包括罗马字母、希腊文、希伯来文与格拉哥里字母。大英图书馆是这些 15 世纪西方印刷书籍（被称为“古版书”，incunabula）的主要收藏地，藏有 12 500 件藏品与 10 390 个版本。馆藏包括两件《古登堡圣经》全本、29 卷由威尼斯大师阿尔杜斯·马努提乌斯印制的图书，以及 79 卷由威廉·卡克斯顿在英国主持印制的图书。16 世纪，欧洲的印刷商创造了用于印刷阿拉伯文、叙利亚文和西里尔文所需的铅字字体，并将他们的技术带到了更远的大陆，从美洲（墨西哥，1539 年）开始，遍布了南亚（果阿，1556 年）和东南亚（马尼拉，1593 年）。

到 19 世纪末，世界上一切广泛的文字系统都可以通过金属活字印刷出来，通过大英图书馆的藏品可以了解到这些发展的大部分情况。以这种方式印刷的文本从世界级的珍品覆盖到了短时效的日常物品，后者包括传单、报纸、政治小册子和广告。其中一些确实制作不佳，但它们组成了重要的证据，展现了过去几代人是如何使用文字进行交流和分享理念、记录公共或私人活动以及娱乐消遣的。含有书面印刷实例的出版物——无论是用活字印刷，还是使用如平板印刷术这类 19 世纪初期之后开发的方法——都数量庞大。2018 年 3 月底，大英图书馆主要在线目录中的一份运行报告显示，有 15 756 786 部专著和 853 449 件期刊条目（包括报纸）。然而，这只是其中一部分，因为共有 7000 万份专利说明书和大量乐谱及地图藏品被计入了数目庞大的印刷文本中。

数字书写

尽管硬拷贝或“模拟”出版似乎暂时还能保住自己的地位，但从图书馆员的角度来看，电子出版似乎也有继续存在的可能，并且会很快挤压印刷出版物的空间，使后者在当代图书市场的份额成为少数。大英图书馆仍然收到大量的传统硬拷贝出版物，例如，在2017—2018年度，有72 859部英国专著和120 221件英国期刊是以法定送存方式获得的。仅仅是在两年前，这些数字高得多，达到了97 759部与162 622件。另一方面，全方位的法定送存方案目前对英国的电子出版物运作良好。最新的数字显示，电子媒体的接收量开始超过其同类印刷品的接收量：2017—2018年收录英国电子专著142 045部、英国电子期刊105 795件。在英国，越来越多的新作品只以数字格式发行，但还是有很多作品继续以纸质书和电子书的形式同时出版。在这些情况下，法律要求图书馆选择它希望接收法定送存的格式，它只能要求收录一种。因此，从印刷版到电子版的迁移正在出版商的基础上逐个进行操作，通常从学术和科学出版商开始。同时，通过一个被称为“网络采集”的过程，数千个托管在英国网域上的公共网站还被定期归档。通过发放一些许可，研究人员能够接触到创建于海外的数字出版物。当然，大英图书馆为了竭力保持其世界级研究馆藏的地位，还会继续从海外收购（实际上是通过捐赠接收）当今和古董级别的印刷出版物。

二级来源

图书馆不仅拥有原始文本，可作为书写本身的证据来研究，也拥有数量庞大的二级文献，那就是针对书写的过去、现在与未来，以及在世界各地的发展与使用的公开研究。在大英图书馆，有一部分书籍、文章与论文特别涉及馆藏中没有的原始实例，比如玛雅的石刻文或美索不达米亚的楔形文字。更广泛地说，还有无数文献牵涉密码、密码学以及破译过程。这包括针对那些尚未破解的文字的讨论，如来自克里特岛的线形文字 A、来自拉帕努伊岛的朗格朗格文、来自印度河谷的哈拉帕文。将英国的国家声音档案馆纳入大英图书馆也意味着研究者可以接触到对书法家和创意书写者开展的访谈 [作为“工艺之生”（Crafts Lives）项目的一部分]，他们当中有些人探讨了自己与书写活动本身的关系。

保管工作

面对这样一大批在国际上备受瞩目的藏品，伴随而来的责任不仅在于妥善的保存，与此同时还要保证它们便于查看的开放度。大英图书馆致力于为了下一代保护好所有的文本，因而花费了极大的心思去修复这些文物，维持它们的稳定性，并且妥善地安置它们。图书馆将所有的文物编入目录，保障它们的安全，这也有助于研究人员的探索。越来越多版权期外的资料被整本地数字化，生成的高清图像能够供人们通过线上目录随时随地调取查看。这些数字化图像上的文字经过光学字符识别（OCR）软件的处理得到强化，这使研究者能在大量的文本间快速查阅，找到他们想要寻觅的单词或词组。在某些情况下，这些庞大的数字化文字数据集合（图像与关联的 OCR 文本文件）可供免费下载，这鼓励了学术界与创意行业对其重复利用。数字化也有助于保护原文件免于不必要的操作，并促使人们以一种更考究的方式阅览，无论是图书馆阅览室中的研究者，还是展览项目中的普通大众。后者现在覆盖了本地展览与巡回展，以及频繁借用单件文物的由英国和海外其他文化机构举办的展览。

书写：创造你的印记

大英图书馆 2019 年这场书写主题特展给了策展人一个从全新角度思考这些馆藏的机会。《金刚经》《林迪斯法恩福音书》这样的珍宝曾频频在展览馆内公开展出，但鲜少会有如此集中的视角，聚焦在它们如何发挥作用，更深入地讲述书写发展的历程。特展也提供了一个机会，以一种我们理想中的愉悦方式，展现出日常物件的研究价值与文化价值，如学校里的抄写本、广告和商务信件。尽管我们在展馆中讲述的许多故事是全新的，仍然有一些是参观者通过教科书与电视纪录片就熟知的内容。没有什么能比亲身接触那些历史文献的原件更有收获了，或许我们还能获得一些人们前所未见的发现。通过这次特展，我们渴望凸显出藏品的丰富度，使它们可以作为所有人研究书写进程的资源，最重要的是激发参观者去思考自己与这项非凡发明的联动。

注释
Notes

引言

1. Baines，*Visual and Written Culture*，第 64—75 页。
2. 标题数据见 National Literacy Trust 网站：https://literacytrust.org.uk/parents-andfamilies/adult-literacy/。英国各地细节拆解（2011 年）参考：https://literacytrust.org.uk/information/what-is-literacy，2018 年 8 月 11 日访问。
3. https://wearesocial.com/us/blog/2018/01/globaldigital-report-2018，2018 年 8 月 11 日访问。
4. World Economic Forum 网站：https://www.weforum.org/agenda/2018/05/what-happens-in-aninternet-minute-in-2018，2018 年 8 月 11 日访问。
5. 在威尼斯出版商阿尔杜斯·马努提乌斯于 1501 年印刷的维吉尔作品里，意大利斜体首次出现在整本书中。
6. Coulmas，*The Writing Systems of the World*，第 2 页。
7. DeFrancis, *Visible Speech*，第 5 页；Gelb, *A Study*，第 12 页。

1　书写的起源

1. Robinson，*Cracking the Egyptian Code*，第 237 页。
2. DeFrancis，*Visible Speech*，第 4 页。
3. De Saussure，*General Linguistics*，第 111 页。
4. 引自 Duhoux，Palaima and Bennet，*Problems*，第 26 页。

5. Ventris，“A note”，第 200 页。
6. Robinson 引用，*The Man Who Deciphered Linear B*，第 14 页。
7. Mead and Modley 引用，“Communication”，第 58 页。
8. Robinson，*The Story of Writing*，第 8 页。

2 罗马字母系统

1. 私人信件，1983 年 2 月。
2. Johnston, *Writing & Illuminating, and Lettering* (1906)，第 416 页。
3. 见阿尔杜斯·马努提乌斯于 1501 年出版的维吉尔作品的版本记录。
4. 引自 *Histoire de l'Académie royale des Sciences* (1699) Jammes,“Académisme et Typographie”，第 72—73 页。
5. 引自富尼耶四开本字体样本前言 (Avis)，*Modèles des Caractères de l'Imprimerie (1742) Hutt*，*Fournier*，*the Compleat Typographer*，第 29 页。
6. 引自 Baskerville 写给法国皇家科学院院长的亲笔信（年份不详，可能是 1773 年）Pardoe，*John Baskerville of Birmingham*，第 131 页。
7. 引自现存于伯明翰测定局的匿名信笺（年份不详，可能是 1776 年），*John Baskerville of Birmingham*，第 140 页。
8. 引自 Fournier 的 *Manuel typographique*, Vol. II (1768) *Hutt, Fournier, the Compleat Typographer*，第 47 页。
9. 引自 Richard Austin, *Imperial Letter Foundry Specimen of Types*（Shoreditch, London, 1819）的前言，未编页码，James Mosley，*Typefoundry* 博客，“Richard Austin”，2007 年 2 月 14 日：typefoundry.blogspot.com/2007/02/scotch-roman.html，2018 年 9 月 6 日访问。

3 书写工具与材料

1. Fisher,“Ink”，第 68 页 .
2. Shinoda,“Sumi infinity”，第 79 页。
3. *Manchester Guardian*，1840 年 10 月 3 日，头版。
4. Ishikawa, *Taction*，第 1 页。
5. Schmandt-Besserat, *When Writing Met Art*，第 63—86 页。
6. Suchman,“Centers of Coordination”，第 41—62 页。
7. 更多对话分析见 Goodwin 和 Heritage,“Conversation analysis”，第 283—307 页。

焦点 2　双鸽牌中文打字机

1. 毛泽东，《论联合政府》（1945 年 4 月 24 日），双鸽牌打字机说明书引用，上海产，约 1964 至 1975 年间。大英图书馆收藏。

4　书写者的社群

1. Thornton, *Handwriting in America: A Cultural History*，第 43 页。
2. 出处同上，第 172 页。
3. Schimmel, *Calligraphy and Islamic Culture*，第 8—19 页。
4. Baskerville, “The Preface”，开篇页（未编页码）。
5. 见 Carr, “The Information by James Gleick: review”。

5　书写的未来

1. Mueller 和 Oppenheimer，“The pen is mightier”。
2. Buber, *I and Thou*，第 11 页。
3. Williams, *Stand Out of Our Light*，第 23 页。

6　手写：现在与未来

1. Schmidt 和 Lee，*Motor Control*。
2. Hutchinson Guest, *Labanotation*，第 15、29 页。
3. Alamargot 等，“Eye and pen: a new device to study the reading during writing”，第 287—99 页。
4. 出处同上。
5. 见案例，Prunty 等，“An examination of writing pauses”。
6. Sumner，Connelly 和 Barnett，“Children with dyslexia are slow writers because they pause more often”，第 1—18 页。
7. Rosenblum，Parush 和 Weiss，“The in air phenomenon”，第 933—954 页。
8. Marquardt 和 Mai，“A computational procedure for movement analysis in handwriting”，第 39—45 页。
9. 见案例，James，“How printing practice affects letter perception”；以及 Zwicker 等，“Smaller cerebellar growth and poorer neurodevelopmental outcomes in very preterm infants”。

10. Izadi-Najafabadi 等，“Participation of children with developmental coordination disorder”。
11. Schmidt 等，*Motor Control and Learning*。
12. Galbraith，Van Waes 和 Torrance，*Writing and Cognition*。
13. Apel，Wolter 和 Masterton，“Effects of phonotactic and orthotactic probabilities during fast mapping”，第 21—42 页。
14. Chu，“The effects of visual perceptual dysfunction on the development and performance of handwriting skills”，第 42—55 页 .
15. Berninger，“Development of language by hand and its connections with language by ear, mouth, and eye”，第 65—84 页 .
16. Chenoweth 和 Hayes，“Fluency in writing”，第 80—98 页 .
17. Myhill，“Becoming a designer: trajectories of linguistic development” .
18. Dockrell，“Causes of delays and difficulties in the production of written text” .
19. Van Galen，“Handwriting: issues for a psychomotor theory”，第 165—191 页 .
20. Kandel 和 Valdois，“The effect of orthographic regularity on children’ s handwriting production”，第 17 页；Kandel 和 Valdois，“French and Spanish-speaking children use different visual and motor units during spelling acquisition”，第 531—561 页。
21. McMaster 和 Roberts,“Handwriting in 2015: a main occupation for primary school-aged children”，第 38—50 页；Rosenblum，Weiss 和 Parush，“Handwriting evaluation for developmental dysgraphia: process versus product”，第 433—458 页 .
22. National Curriculum Assessment 2014。
23. Department for Education (DfE)，www.DfE.education.gov.uk/statistics；Marquardt 等，“Learning handwriting at school – a teachers’ survey”，第 82—89 页。
24. YouGov，2014，cdn.yougov.com/cumulus_uploads/document/2epvuor52x/YG-Archive。
25. Berninger 等，“Treatment of handwriting problems in beginning writers”，第 652—666 页；Jones 和 Christensen，“Relationship between automaticity in handwriting and students’ ability to generate written text”，第 1—6 页；Webb,“The relationship between handwriting and written composition”。
26. Connelly 和 Hurst，“The influence of handwriting fluency on writing quality’，第 5—57 页；Christensen，“The role of orthographic-motor integration in the production of creative and well-structured written text”，第 441—453 页；Christensen，“The critical role handwriting plays in the ability to produce high-quality written text”；Bourdin 和 Fayol，“Is graphic activity cognitively costly?”，第 183—196 页。
27. Webb，“The relationship between handwriting and written composition”。
28. Jones 和 Christensen，“Relationship between automaticity in handwriting and students’

ability to generate written text”，第 1—6 页。

29. Mueller 和 Oppenheimer，“The pen is mightier”，第 1159—1168 页。
30. Berninger，*Past*，*Present*，*and Future Contributions of Cognitive Writing Research*；James，“How printing practice affects letter perception”。
31. Berninger, *Past, Present, and Future Contributions of Cognitive Writing Research*; Graham 和 Santangelo，“A meta-analysis of the effectiveness of teaching handwriting”。
32. National Governors Association Center for Best Practices，*Common Core State Standards for English Language Arts*。
33. Peverly 和 Sumowski，“What variables predict quality of text notes”，第 104—117 页。
34. Case-Smith 等，“Effect of a coteaching handwriting program for first graders”，第 396—405 页；Anthony，Yang 和 Koedinger，“The benefits of handwritten input for students learning algebra”，第 521—523 页。
35. Berninger，*Past*，*Present*，*and Future Contributions of Cognitive Writing Research*；Peverly 和 Sumowski，“What variables predict quality of text notes”，第 104–17 页；Christensen，“The role of orthographic-motor integration in the production of creative and well-structured written text”，第 441—453 页。
36. Wollscheid，Sjaastad 和 Tømte，“The impact of digital devices vs. pen (cil) and paper on primary school students’ writing skills”，第 19—35 页。
37. Rosenblum，Weiss 和 Parush，“Handwriting evaluation for developmental dysgraphia: process versus product”，第 433—458 页；Smits-Engelsman，Niemeijer 和 van Galen，“Fine motor deficiencies in children diagnosed as DCD”，第 161—182 页。
38. Department for Education (DfE)，*Key Stage 2 SATS results*。
39. Department for Education and Employment (DfEE)，*Developing Early Writing*。
40. Case-Smith 和 Weintraub，“Hand function and developmental coordination disorder”。
41. Barnett 等，*Detailed Assessment of Speed of Handwriting*。
42. 出处同上。
43. O’Hare, “Dysgraphia and dyscalculia”。
44. Zwicker, “Effectiveness of occupational therapy in remediating handwriting difficulties in primary students”。
45. Berninger 等，“Early development of language by hand”。

参考文献

Biliography

序言

Baines, John, *Visual and Written Culture in Ancient Egypt* (Oxford: Oxford University Press, 2007)

Coulmas, Florian, *The Writing Systems of the World* (Oxford: Blackwell, 1989)

–, *Writing Systems: An Introduction to their Linguistic Analysis* (Cambridge: Cambridge University Press, 2003)

Daniels, Peter T., *An Exploration of Writing* (Sheffield: Equinox Publishing, 2018)

DeFrancis, John, *Visible Speech: The Diverse Oneness of Writing Systems* (Honolulu: University of Hawaii Press, 1989)

Gaur, Albertine, *A History of Writing*, revised edn (London: British Library, 1992)

Gelb, Ignace J., *A Study of Writing* (Chicago and London: Chicago University Press, 1963)

Sampson, Geoffrey, *Writing Systems* (Stanford, CA: Stanford University Press, 1985)

1 书写的起源

Clayton, Ewan, *The Golden Thread: The Story of Writing* (London: Atlantic Books, 2013)

Coe, Michael D., *Breaking the Maya Code*, second edn (London: Thames & Hudson, 1999)

Daniels, Peter T. and Bright, W. (eds), *The World's Writing Systems* (New York: Oxford University Press, 1996)

–, *An Exploration of Writing* (Sheffield: Equinox Publishing, 2018)

Darnell, John Coleman (ed.), *Two Early Alphabetic Inscriptions from the Wadi El-Hol* (Boston, MA: American Schools of Oriental Research, 2006)

DeFrancis, John, *Visible Speech: The Diverse Oneness of Writing Systems* (Honolulu: Hawaii University Press, 1989)

Duhoux, Yves, Palaima, Thomas G. and Bennet, John (eds), *Problems in Decipherment* (Louvain: Peeters, 1989)

Gardiner, Alan, 'The Egyptian origin of the Semitic alphabet' , *Journal of Egyptian Archaeology*, 3 (1916), pp. 1–6

Harris, Roy, *The Origin of Writing* (London: Duckworth, 1986)

Houston, Stephen D. (ed.), *The First Writing: Script Invention as History and Process* (New York: Cambridge University Press, 2004)

Mead, Margaret and Modley, Rudolf, 'Communication among all people, everywhere' , *Natural History*, 77:7 (1968), pp. 56–63

Pope, Maurice, *The Story of Decipherment: From Egyptian Hieroglyphs to Maya Script*, second edn (London: Thames & Hudson, 1999)

Robinson, Andrew, *Cracking the Egyptian Code: The Revolutionary Life of Jean-François Champollion* (London: Thames & Hudson, 2012)

–, *Lost Languages: The Enigma of the World's Undeciphered Scripts*, second edn (London: Thames

& Hudson, 2002)

–, *The Man Who Deciphered Linear B: The Story of Michael Ventris* (London: Thames & Hudson, 2002)

–, *The Story of Writing: Alphabets, Hieroglyphs and Pictograms*, second edn (London: Thames & Hudson, 2007)

–, *Writing and Script: A Very Short Introduction* (Oxford: Oxford University Press, 2009)

de Saussure, Ferdinand, *Course in General Linguistics*, trans. Roy Harris (London: Duckworth,

1983)

Schmandt-Besserat, Denise, *Before Writing: From Counting to Cuneiform*, Vol. 1 (Austin, TX: University of Texas Press, 1992)

Trustees of the British Museum, with an introduction by J. Hooker, *Reading the Past*, includes 'Cuneiform'，'Egyptian Hieroglyphs'，'Linear B and Related Scripts'，'The Early Alphabet'，'Greek Inscriptions' and 'Etruscan' (London: British Museum Press, 1990)

Unger, J. Marshall, *Ideogram: Chinese Characters and the Myth of Disembodied Meaning* (Honolulu: Hawaii University Press, 2004)

Ventris, Michael, 'A note on decipherment methods'，*Antiquity*, 27 (1953), pp. 200–6

2 罗马字母系统

Beaujon, Paul (Beatrice Warde), 'The "Garamond" types, XVI and XVII century sources considered'，article in *The Fleuron*, Vol. V (London: Curwen Press, 1926)

–, (ed.) in facsimile, *The 1621 Specimen of Jean Jannon, Paris and Sedan, Designer and Engraver of the Caractères de l'Université now owned by the Imprimerie Nationale* (Paris: Librairie Ancienne Honoré Champion, 1927)

Bischoff, Bernhard, *Latin Palaeography: Antiquity andthe Middle Ages*, translated by Dáibhí Ó Cróinín and David Ganz (Cambridge: Cambridge University Press, 1990)

Bishop, T.A.M., *English Caroline Minuscule* (Oxford: Oxford University Press, 1971)

Blumenthal, Joseph, *Art of the Printed Book, 1455–1955* (New York: Pierpont Morgan Library, 1984)

Bowman, Alan K. and Thomas, J. David, *Vindolanda: The Latin Writing Tablets* (London: Society for the Promotion of Roman Studies, 1983)

Boyle, Leonard E., *Medieval Latin Palaeography: A Bibliographical Introduction* (Toronto: University of Toronto Press, 1984)

Brown, Michelle P., *A Guide to Western Historical Scripts from Antiquity to 1600* (London: British Library, 1990)

–, *The Lindisfarne Gospels: Society, Spirituality and the Scribe* (London: British Library, 2003)

Carter, Harry, *A View of Early Typography up to about 1600* (Oxford: Oxford University Press, 1969.

Reprinted with an introduction by James Mosley, London: Hyphen Press, 2002)

Carter, Sebastian, *Twentieth Century Type Designers* (London and New York: W. W. Norton and Company, 1995)

Catich, Edward, *The Trajan Inscription in Rome* (Davenport, IA: Catfish Press, 1961)

–, *The Origin of the Serif: Brush Writing and Roman Letters* (Davenport, IA: Catfish Press, 1968, and Davenport, IA: St Ambrose University, 1992)

Chappell, Warren and Bringhurst, Robert, *A Short History of the Printed Word* (Vancouver: Hartley & Marks, 1999)

Clayton, Ewan, *Edward Johnston: Lettering and Life* (Ditchling: Ditchling Museum, 2007)

–, *The Golden Thread: The Story of Writing* (London: Atlantic Books, 2013)

–, 'John Baskerville the Writing Master', article in Caroline Archer-Parré and Malcolm Dick, *John Baskerville: Art and Industry in the Enlightenment* (Liverpool: Liverpool University Press, 2017)

De Hamel, Christopher, *The Book: A History of the Bible* (London, Phaidon, 2001)

De la Mare, Albinia C., *The Handwriting of Italian Humanists*, Vol. I (Oxford: Oxford University Press, 1973)

Dowding, Geoffrey, *An Introduction to the History of Printing Types* (London and New Castle, DE: British Library and Oak Knoll Press, 1998) Fairbank, Alfred J. and Wolpe, Berthold, *Renaissance Handwriting* (London: Faber & Faber, 1960)

Gordon, Arthur, *Latin Epigraphy* (Berkeley, CA and London: University of California Press, 1983)

Harling, Robert, *The Letter Forms and Type Designs of Eric Gill* (Westerham, Kent: Westerham Press, 1979)

Heal, Sir Ambrose, *The English Writing-Masters and Their Copy-books* (Cambridge: Cambridge University Press, 1931)

Howes, Justin, *Johnston's Underground Type* (London: Capital Transport, 2000)

Hutt, Allen, *Fournier, the Compleat Typographer* (London: Frederick Muller, 1972)

Jammes, André, ‘Académisme et typographie: the making of the romain du roi’, article in the *Journal of the Printing Historical Society*, No. 1 (London: Printing Historical Society, 1965)

Johnson, A.F., *Type Designs: Their History and Development* (London: Grafton and Co, 1959)

Johnston, Alastair, *Transitional Faces: The Lives and Work of Richard Austin, Type-cutter, and Richard*

Turner Austin, Wood-engraver (Berkeley, CA: Poltroon Press, 2013)

Johnston, Edward, *Writing & Illuminating, & Lettering* (London: John Hogg, 1906 and many reprints and new editions since)

Knight, Stan, *Historical Scripts* (New Castle, DE: Oak Knoll Press, 2003)

–, *Historical Types* (New Castle, DE: Oak Knoll Press, 2012)

Lowe, E.A. (ed.), *Codices Latini Antiquiores: A Palaeographical Guide to Latin Manuscripts Prior to the Ninth Century*, 11 vols plus supplement (Oxford: Clarendon, 1934–72)

–, *English Uncial* (Oxford: Clarendon Press, 1960)

Morison, Stanley, ‘Early Humanistic Script and the First Roman Type’, article in *The Library*, Fourth Series, Vol. 24, Nos 1 and 2 (Oxford, The Bibliographical Society, 1943)

–, *Four Centuries of Fine Printing* (London: Ernest Benn, 1949)

–, *On Type Designs: Past and Present* (London: Ernest Benn, 1962)

Mosley, James, *The Nymph and the Grot: The Revival of the Sanserif Letter* (London: Friends of St Brides Library, 1999)

Osley, Arthur S., ‘The Origins of Italic Type’, article in *Calligraphy and Palaeography* (London: Faber & Faber, 1965)

Pardoe, F.E., *John Baskerville of Birmingham: Letter founder and Printer* (London: Frederick Muller, 1975)

Parkes, Malcolm B., *English Cursive Book Hands, 1250–1500* (Ilkley: Scolar Press, 1969)

Steinburg, S.H., *Five Hundred Years of Printing* (London and New Castle DE: British Library and Oak Knoll Press, 1996)

Tschichold, Jan, *The New Typography*, translated by Ruari McLean (London and Berkeley, CA: University of California Press, 1998)

Ullman, B.L., *Ancient Writing and its Influence* (Cambridge, MA: MIT Press, 1969)
–, *The Origin and Development of Humanistic Script* (Rome: Edizioni di Storia e Letteratura, 1974)
Updike, Daniel Berkeley, *Printing Types: Their History, Forms, and Use* (Cambridge, MA: Harvard University Press, 1922, second edn 1937. Many reprints since)
Vervliet, Hendrik, *The Palaeotypography of the French Renaissance* (Leiden and Boston: Brill, 2008)
–, *French Renaissance Printing Types: A Conspectus* (London and New Castle DE: The Bibliographical Society/The Printing Historical Society and Oak Knoll Press, 2010)

焦点 1　卡克斯顿的首部《坎特伯雷故事集》印刷本

British Library, *Catalogue of Books Printed in the XVth Century Now in the British Library (BMC). Part 11: England* (' t Goy-Houten: Hes & De Graaf, 2007)
Hellinga, Lotte, *Caxton in Focus: The Beginning of Printing in England* (London: British Library, 1982)

3　书写工具与材料

Baines, Phil and Haslam, Andrew, *Type and Typography*, second edn (London: Lawrence King, 2005)
Barrett, Timothy, *Japanese Papermaking: Traditions,*
Tools, Techniques (New York: Weatherhill, 1984)
Berman, Brenda and Stirling, Annet, *Heavens Above: Incisive Letterwork: Brenda Berman & Annet Stirling* (Fowey: Ian Grant, 2005)
Bigelow, Charles and Day, D., 'Digital Typography', *Scientific American* Vol. 248:2 (August 1983), pp. 94–105
–, and Ruggles, L. (eds), 'The computer and the hand in type design', *Visible Language*, XIX (1985), pp. 5–9

Bierbrier, M.L. (ed.), *Papyrus: Structure and Usage* (London: British Museum Press, 1986)

Bodoni, Giambattista, *Manuale tipographico del cavaliere Giambattista Bodoni* (Parma: Presso la vedova, 1818)

Clayton, Ewan, ‘John Baskerville the Writing Master: calligraphy and type in the seventeenth and eighteenth centuries’, in Caroline Archer-Parré and Malcolm Dick, *John Baskerville: Art and Industry in the Enlightenment* (Liverpool: Liverpool University Press, 2017), pp. 113–32

–, ‘Workplaces for writing’, in Michael Gullick, *Pen in Hand: Medieval Scribal Portraits, Colophons and Tools* (Walkern: Red Gull Press, 2006), pp. 1–17

Cooley, Alison E., *The Cambridge Manual of Latin Epigraphy* (Cambridge: Cambridge University Press, 2012)

Davies, M., *The Gutenberg Bible* (London: Pomegranate/British Library, 1997)

Fisher, M. Thérèse, ‘Ink’, in C.M. Lamb (ed.), *The Calligrapher's Handbook* (London: Faber and Faber

1956), pp. 65–74

Fournier, Pierre-Simon, *Manuel typographique*, Vols I and II (Paris: Barbou, 1764–6)

Gaur, Albertine, *Writing Materials of the East* (London: British Library, 1979)

Gleick, James, *The Information* (London: Fourth Estate, 2011)

Goodwin, Charles and Heritage, John, ‘Conversation analysis’, in *Annual Review of Anthropology*, Vol. 19 (1990), pp. 283–307

Gullick, Michael, *Pen in Hand: Medieval Scribal Portraits, Colophons and Tools* (Walkern: Red Gull Press, 2006) Hazeldine, Gillian, *Contemporary Calligraphy: How To Use Formal Scripts Today* (London: Hale, 2011)

Hunter, David, *Papermaking: History and Technique of an Ancient Craft* (New York: Dover, 1978)

Hutton, Dorothy, ‘Pigments and media’, in H. Child (ed.), *The Calligrapher's Handbook* (London: A&C Black, 1985), pp. 45–56

Ingmire, Thomas, *Codicii* (San Francisco, CA: Scriptorium of St Francis, 2003)

Ishikawa, Kyuyo, *Taction: The Drama of the Stylus in Oriental Calligraphy* (Kyoto: International

House Press, 2011)

Jackson, Donald, 'Gilding' , in H. Child (ed.), *The Calligrapher's Handbook* (London: A&C Black, 1985), pp. 177–97

–, 'Preparation of quills and reeds' , in H. Child (ed.), *The Calligrapher's Handbook* (London: A&C Black,

1985), pp. 15–36

Ja' far, Mustafa, *Arabic Script: Naskh Script for Beginners* (London: British Museum Press, 2002)

Johnston, Edward, *Formal Penmanship and Other Papers*, ed. Heather Child (London: Lund Humphries, 1971)

–, *Writing & Illuminating, & Lettering* (London: Hogg 1906, later editions Pitman, A&C Black, Dover)

Lei Lei, Qu, *Chinese Script: Standard Script for Beginners* (London: British Museum Press, 2004)

Lyons, Martyn, *A History of Reading and Writing in the Western World* (New York and London: Palgrave Macmillan 2010)

Mansour, Nassar, *Sacred Script Muhaqqaq in Islamic Calligraphy* (New York and London: I. B. Tauris, 2011)

McWilliams, Mary and Roxburgh, David J., *Traces of the Calligrapher: Islamic Calligraphy in Practice, c. 1600–1900* (Houston, TX: Museum of Fine Arts, 2007)

Monro, Alexander, *The Paper Trail* (London: Allen Lane, 2014)

Ogborn, Miles, *Indian Ink: Script and Print in the Making of the East India Company* (Chicago, IL and London: University of Chicago, 2007)

Osley, Arthur S., *Scribes and Sources* (London: Faber & Faber, 1980)

Pardoe, F.E., *John Baskerville of Birmingham: Letter founder and Printer* (London: Frederick Muller, 1975)

Petroski, Henry, *The Pencil: A History* (New York: Knopf, 2002)

Reynolds, Lloyd J., 'Notes on movement involving touch' , in Arthur S. Osley (ed.), *Calligraphy and Paleography* (London: Faber & Faber, 1965), pp. 197–206

Schmandt-Besserat, Denise, *When Writing Met Art: From Symbol to Story* (Austin, TX: University of Texas Press, 2007)

Seipel, Wilfried (ed.), *Der Turmbau zu Babel: Ursprung und Vielhaft von Sprache und Schrift: eine Ausstellung des Kunsthistorischen Museums Wien für die Europäische Kulturhauptstadt Graz 2003* (Milano: Skira, 2003)

Senefelder, Alois, *The Invention of Lithography,* trans. J. Muller (New York: Fuch & Lang, 1911)

Shinoda, Toko, 'Sumi infinity' , *Kateigaho International Edition*, trans. E. Seidensticker (Tokyo: Kateigaho, Autumn 2003), pp. 72–87

Smith, Douglas K. and Alexander, Robert C., *Fumbling the Future: How Xerox Invented, and Then Ignored, the First Personal Computer* (Lincoln, NE: iUniverse, 1999)

Somerville, Sam, 'Parchment and vellum' , in H. Child (ed.), *The Calligrapher's Handbook* (London: A&C Black, 1985), pp. 59–83

Steinberg, Jonathan, *Fountain Pens: Their History and Art* (New York: Universe, 2002

Steinberg, S.H., *Five Hundred Years of Printing* (London: Faber & Faber, 1959)

Suchman, Lucy, 'Centers of Coordination: a case study and some themes' in L.B. Resnick, R. Säljö, C.

Pontecorvo and B. Burge (eds), *Discourse, Tools, and Reasoning: Essays on Situated Cognition* (Berlin: Springer-Verlag, 1997), pp. 41–62

Twyman, Michael, *Printing 1770–1970* (London: Eyre and Spottiswoode, 1970)

焦点 2　双鸽牌中文打字机

Mullaney, Thomas S., *The Chinese Typewriter: A Global History of the Information Age* (Cambridge, MA: MIT Press, 2017)

Reed, Christopher A., *Gutenberg in Shanghai* (Vancouver: University of British Columbia Press, 2005)

4 书写者的社群

Allworth, Edward, *Nationalities of the Soviet East: Publications and Writing Systems: A Bibliographical Directory and Transliteration Tables for Iranian-and Turkic-Language Publications, 1818–1945, Located in U.S. Libraries* (New York: Columbia University Press, 1971)

Barrass, Gordon S., *The Art of Calligraphy in Modern China* (London: British Museum Press, 2002)

Baskerville, John, 'The Preface' in John Milton,

Paradise Lost (London: J. and R. Tonson, 1758)

Benson, John H., *The First Writing Book: The Operina of 1523 Ludovico degli Arrighi* (New Haven, CT and London: Yale University Press, 1954)

Billeter, Jean François, *The Chinese Art of Writing* (New York: Skira Rizzoli, 1990)

Camille, Michael, *Image on the Edge: The Margins of Medieval Art* (London: Reaktion Books, 1992)

Carr, Nicholas, 'The Information by James Gleick: review' , https://www.thedailybeast.com/the information-by-james-gleick-review-by-nicholas-carr, accessed 28/08/2018

Clayton, Ewan (ed.), *Edward Johnston: Lettering and Life* (Ditchling: Ditchling Museum, 2007) DeFrancis, John, *The Chinese Language: Fact and Fantasy* (Honolulu: University of Hawaii Press, 1984)

Edgren, J.S., 'The history of the book in China' , in Michael F. Suarez, S.J. and H.R. Woudhuysen (eds), *The Oxford Companion to the Book* (Oxford: Oxford University Press, 2010), pp. 353–65

Hanebutt-Benz, Eva-Maria, Glass, Dagmar and Roper, Geoffrey (eds), *Middle Eastern Languages and the Print Revolution: A Cross-Cultural Encounter: A Catalogue and Companion to the Exhibition* (Westhofen: WVA-Verlag Skulima, 2002) Howes, Justin, *Johnston's Underground Type* (London: Capital Transport, 2000)

Johnston, Priscilla, *Edward Johnston* (London: Faber & Faber, 1959)

Kornicki, P.F., 'The history of the book in Japan' , in Michael F. Suarez, S.J. and H.R.

Woudhuysen (eds), *The Oxford Companion to the Book* (Oxford: Oxford University Press, 2010), pp. 375–85

Lewis, Geoffrey, *The Turkish Language Reform: A Catastrophic Success* (Oxford and New York: Oxford University Press, 1999)

McDermott, Joseph P., *A Social History of the Chinese Book: Books and Literati Culture in Late Imperial China* (Hong Kong: Hong Kong University Press, 2006)

McKillop, Beth, 'The history of the book in Korea' , in Michael F. Suarez, S.J. and H.R. Woudhuysen (eds), *The Oxford Companion to the Book* (Oxford: Oxford University Press, 2010), pp. 366–73

McWilliams, M. and Roxburgh, D., *Traces of the Calligrapher: Islamic Calligraphy in Practice, c.1600– 1900* (Houston, TX: Museum of Fine Art, 2007)

Ogborn, Miles, *Indian Ink: Script and Print in the Making of the East India Company* (Chicago, IL and London: University of Chicago, 2007)

Omniglot: The Online Encylopedia of Writing Systems and Languages, http://omniglot.com/, accessed 8/9/18

Porter, Venetia, *World into Art: Artists of the Modern Middle East* (London: British Museum Press, 2006)

Roper, Geoffrey (ed.), *Historical Aspects of Printing and Publishing in Languages of the Middle East: Papers from the Third Symposium on the History of Printing and Publishing in the Languages and Countries of the Middle East, University of Leipzig, September 2008* (Leiden and Boston, MA: Brill, 2014)

–, (ed.), *The History of the Book in the Middle East* (Burlington, VT: Ashgate, 2013)

Sadgrove, Philip (ed.), *History of Printing and*

Publishing in the Languages and Countries of the Middle East (Oxford: Oxford University Press, 2004)

Schimmel, Annemarie, *Calligraphy and Islamic Culture* (London: I. B. Tauris, 1990)

Thornton, Tamara Plakins, *Handwriting in America: A Cultural History* (New Haven, CT and London: Yale University Press, 1996)

Tsien, Tsuen-hsuin, *Written on Bamboo and Silk*, second edn (Chicago, IL: University of

Chicago Press, 2004)
Turner, Fred, *From Counter Culture to Cyberculture* (Chicago, IL: University of Chicago Press, 2006)
Whalley, Joyce Irene, *English Handwriting, 1540–1853* (London: Her Majesty' s Stationery Office, 1969)
Xu, Bing, *XuBing: cong Tianshudao Di shu XuBing: Book from the Sky to Book from the Ground* (Taipei: The Eslite Corp., 2014)

焦点 3 灵巧与多元：一封来自摩苏尔的双语信件

Nājī Zayn al-Dīn, Musawwar al-khatt al-'arabī (Baghdād: Matbū'āt al-mujamma' al-'Ilmī al-'irāqī, 1968)

5 书写的未来

Borgman, Albert, *Holding On To Reality: The Nature of Information at the Turn of the Millennium* (Chicago, IL: University of Chicago Press, 1999)
Buber, Martin, *I and Thou* (New York: Charles Scribner' s Sons, 1958)
Burgert, Hans-Joachim, *The Calligraphic Line: Thoughts on the Art of Writing* (Berlin: Burgertpresse, 1989)
Chartier, Roger, *The Order of Books* (Stanford, CA: Stanford University Press, 1994)
Clayton, Ewan, *The Golden Thread: The Story of Writing* (London: Atlantic, 2013)
Ellul, Jacques, *The Technological Society* (New York: Vintage Books, 1964)
Gelb, Ignace J., *A Study of Writing* (Cambridge: Cambridge University Press, 1963)
Levy, David, *Mindful Tech: How to Bring Balance to Our Digital Lives* (New Haven, CT and London: Yale University Press, 2016)
–, *Scrolling Forward: Making Sense of Documents in the Digital Age* (New York: Arcade, 2001)
MacCarthy, Fiona, *William Morris: A Life For Our Time* (London: Faber & Faber, 1994)
Marinetti, Filippo Tommaso, 'Destruction of syntax – imagination without strings – words

in freedom'(1913), in Umbro Apollonio (ed.), *Futurist Manifestos* (New York: The Viking Press, 1973), pp. 95–106

Milne, Esther, *Letters, Postcards, Email: Technologies of Presence* (New York and London: Routledge, 2010)

Mueller, Pam and Oppenheimer, Daniel, 'The pen is mightier than the keyboard: advantages of longhand over laptop note taking', *Psychological Science*, 25:6 (2014), pp. 1159–68

Neuenschwander, Brody, *Textasy* (Ghent: Imschoot, 2006)

Sasson, Rosemary, *Handwriting in the Twentieth Century* (London and New York: Routledge, 1999)

Schmandt-Besserat, Denise, *Before Writing: From Counting to Cuneiform* (Austin, TX: University of Texas Press, 1992)

Thornton, Tamara Plakins, *Handwriting in America: A Cultural History* (New Haven, CT and London: Yale University Press, 1996)

Williams, James, *Stand Out of Our Light: Freedom and Resistance in the Attention Economy* (Cambridge: Cambridge University Press, 2018)

6 手写：现在与未来

Alamargot, D., Chesnet, D., Dansac, C. and Ros, C., 'Eye and pen: a new device to study the reading during writing', *Behavior Research Methods, Instruments and Computers*, 38:2 (2006), pp. 287–99

–, Dansac, C., Chesnet, D. and Fayol, M., 'Parallel processing before and after pauses: a combined analysis of graphomotor and eye movements during procedural text production', in M. Torrance, L. Van Waes and D. Galbraith (eds), *Studies in Writing and Cognition: Research Applications* (Oxford: Elsevier, 2007), pp. 13–29

Anthony, L., Yang, J. and Koedinger, K.R., 'The benefits of handwritten input for students learning algebra', *Artificial Intelligence in Education*, 7 (2007), pp. 521–3

Apel, K., Wolter, J. and Masterton, J., 'Effects of phonotactic and orthotactic probabilities during fast mapping on 5-year-olds' learning to spell', *Developmental Neuropsychology*,

29 (2006), pp. 21–42

Barnett, A., Henderson, S.E., Scheib, B. and Schulz, C., *Detailed Assessment of Speed of Handwriting* (Cambridge: Pearson Education, 2007)

Berninger, V. W., 'Development of language by hand and its connections with language by ear, mouth, and eye', *Topics in Language Disorders*, 20:4 (2000), pp. 65–84

–, Abbott, R.D., Jones, J., Wolf, B.J., Gould, L., Anderson-Youngstrom, M. and Apel, K., 'Early development of language by hand: composing, reading, listening, and speaking connections; three letter-writing modes; and fast mapping in spelling', *Developmental Neuropsychology*, 29: 1 (2006), pp. 61–92.

–, (ed.), *Past, Present, and Future Contributions of Cognitive Writing Research to Cognitive Psychology* (New York and Hove: Psychology Press, 2012)

–, Vaughan, K.B., Abbott, R.D., Abbott, S.P., Rogan, L.W., Brooks, A., Reed, E. and Graham, S., 'Treatment of handwriting problems in beginning writers: transfer from handwriting to composition', *Journal of Educational Psychology*, 89:4 (1997), pp. 652–66

Bourdin, B. and Fayol, M., 'Is graphic activity cognitively costly? A developmental approach', *Reading and Writing*, 13 (2000), pp. 183–96

Case-Smith, J., Holland, T., Lane, A. and White, S., 'Effect of a coteaching handwriting program for first graders: one group pretest–postest design', *American Journal of Occupational Therapy*, 66:4 (2012), pp. 396–405

–, and Weintraub, N., 'Hand function and developmental coordination disorder', in S.A. Cermak and D. Larkin (eds), *Developmental Coordination Disorder* (Albany, NY: Delmar Thomson Learning, 2002), pp. 157–71

Chenoweth, N.A. and Hayes, J.R., 'Fluency in writing: generating text in L1 and L2', *Written Communication*, 18 (2001), pp. 80–98

Christensen, C.A., 'The critical role handwriting plays in the ability to produce high-quality written text', in R. Beard, D. Myhill, J. Riley and M. Nystrand (eds), *The Handbook of Writing Development* (London: Sage Publishers, 2009), pp. 284–99

–, 'The role of orthographic-motor integration in the production of creative and well-structured written text for students in secondary school', *Educational Psychology*, 25:5

(2005), pp. 441–53

Chu, S., ‘The effects of visual perceptual dysfunction on the development and performance of handwriting skills’, *Handwriting Today*, 2 (2000), pp. 42–55

Connelly, V. and Hurst, G., ‘The influence of handwriting fluency on writing quality in later primary and early secondary education’, *Handwriting Today*, 2 (2001), pp. 5–57

Department for Employment and Education (DfEE), *Developing Early Writing*, DfES Publications, 2001,

http://www.dfes.gov.uk/achievingsuccess, accessed 8/9/18

Department for Education (DfE), 2014, http://www. DfE.education.gov.uk/statistics, accessed 8/9/18

–, *Key Stage 2 SATS results*, DfE, 2018, https://schoolsweek.co.uk/key-stage-2-sats-results-2018-64- achieve-expected-standard/, accessed 8/9/18

Dockrell, J., ‘Causes of delays and difficulties in the production of written text’, in R. Beard, D. Myhill, M. Nystrand and J. Riley (eds), *The Sage Handbook of Writing Development* (London: Sage, 2009), pp. 489–505

Galbraith, D., Van Waes, L. and Torrance, M., *Writing and Cognition: Research Applications* (Amsterdam: Elsevier, 2007)

Graham, S. and Santangelo, T., ‘A meta-analysis of the effectiveness of teaching handwriting’, *Handwriting in the 21st Century* (Washington, DC: US Educational Summit, 2012), https://www.hw21summit.com/media/zb/hw21/files/H2948_HW_Summit_White_Paper_eVersion.pdf, accessed 8/9/2018

Hutchinson Guest, Ann, *Labanotation or Kinetography Laban: The System of Analyzing and Recording Movement* (New York: Theatre Arts Books, 1954)

Izadi-Najafabadi, S., Ryan, N., Ghafooripoor, G., Gill, K. and Zwicker, J.G., ‘Participation of children with developmental coordination disorder’, *Research in developmental disabilities* (2018), in press.

James, K.H., ‘How printing practice affects letter perception: an educational cognitive neuroscience perspective’, *Handwriting in the 21st Century* (Washington, DC: US Educational Summit, 2012), https://www.hw21summit.com/media/zb/hw21/files/H2948_

HW_Summit_White_Paper_eVersion. pdf, accessed 8/9/18

Jones, D. and Christensen, C.A., 'Relationship between automaticity in handwriting and students' ability to generate written text', *Journal of Educational Psychology*, 91 (1999), pp. 1–6

Kandel, S. and Valdois, S., 'The effect of orthographic regularity on children's handwriting production', *Current Psychology Letters,* 17:3 (2005), pp. 1–11

–, 'French and Spanish-speaking children use different visual and motor units during spelling acquisition', *Language & Cognitive Processes*, 21:5 (2006), pp. 531–61

Marquardt, Christian, Meyer, Diaz M., Schneider, Manuela and Hilgemann, René, 'Learning handwriting at school – a teachers' survey on actual problems and future options', *Trends in Neuroscience and Education*, 5(3) (2016), pp. 82–9

–, and Mai, N., 'A computational procedure for movement analysis in handwriting', *Journal of Neuroscience Methods*, 52:1 (1994), pp. 39–45

McMaster, E. and Roberts, T., 'Handwriting in 2015: a main occupation for primary school-aged children in the classroom?', *Journal of Occupational Therapy, Schools, & Early Intervention*, 9:1 (2016), pp. 38–50

Mueller, Pam and Oppenheimer, Daniel, 'The pen is mightier than the keyboard: advantages of longhand over laptop note taking', *Psychological Science*, 25:6, (2014), pp. 1159–68

Myhill, D., 'Becoming a designer: trajectories of linguistic development', in R. Beard, D. Myhill, J. Riley and M. Nystrand (eds), *The Sage Handbook of Writing Development* (London: Sage, 2009)

National Curriculum Assessment, UK, 2014 https://www.gov.uk/government/collections/nationalcurriculum, accessed 8/9/18

National Governors Association Center for Best Practices, Council of Chief State School Officers, *Common Core State Standards for English Language Arts*, Appendix A (Washington DC, 2010) http://www.corestandards.org/assets/Appendix_A.pdf, accessed 8/9/18

National Literacy Trust, *Young People's Writing in 2011: Findings from the National Literacy Trust's Annual Literacy Survey*, 2012, www.literacytrust.org.uk/, accessed 8/9/18

O'Hare, A., 'Dysgraphia and dyscalculia', in K. Whitmore, H. Hart and G. Willens (eds),

A Neurodevelopmental Approach to Specific Learning Disorders (London: Mac Keith Press, 1999)

Peverly, S.T. and Sumowski, J.F., 'What variables predict quality of text notes and are text notes related to performance on different types of tests?' , *Applied Cognitive Psychology*, 26:1 (2012), pp. 104–17

Prunty, M.M., Barnett, A.L., Wilmut, K. and Plumb, M.S., 'An examination of writing pauses in the handwriting of children with developmental coordination disorder' , *Research in Developmental Disabilities*, 35:11 (2014), pp. 2894–905

Rosenblum, S., Parush, S. and Weiss, P.L., 'The in air phenomenon: temporal and spatial correlates of the handwriting process' , *Perceptual & Motor Skills*, 96:3, (2003), pp. 933–54

–, Weiss, P. and Parush, S., 'Handwriting evaluation for developmental dysgraphia: process versus product' , *Reading & Writing: An Interdisciplinary Journal*, 17 (2004), pp. 433–58

Schmidt, R.A. and Lee, T.D., *Motor Control and Learning* (Champaign, IL: Human Kinetics, 2011)

Schmidt, R.A., Lee, T., Winstein, C., Wulf, G., and Zelaznik, H., *Motor Control and Learning, 6th Edition* (Champaign, IL: Human Kinetics, 2018)

Shorter Oxford Dictionary, sixth edn (Oxford: Oxford University Press, 2007)

Smits-Engelsman, B.C., Niemeijer, A.S. and van Galen, G.P., 'Fine motor deficiencies in children diagnosed as DCD based on poor grapho-motor ability' , *Human Movement Science*, 20:1 (2001), pp. 161–82

Sumner, E., Connelly, V. and Barnett, A.L., 'Children with dyslexia are slow writers because they pause more often and not because they are slow at handwriting execution' , *Reading & Writing: An Interdisciplinary Journal*, 10:6 (2012), pp. 1–18

Van Galen, G.P., 'Handwriting: issues for a psychomotor theory' , *Human Movement Science*, 10 (1991), pp. 165–91

Webb, Angela, 'The relationship between handwriting and written composition in children with developmental coordination disorder' , PhD thesis, University College London, 2013

Wollscheid, S., Sjaastad, J. and Tømte, C., 'The impact of digital devices vs. pen (cil) and paper on primary school students' writing skills – a research review' , *Computers &*

Education, 95 (2016), pp. 19–35 *YouGov, 2014*, cdn.yougov.com/cumulus_uploads/document/2epvuor52x/YG-Archive, accessed 8/9/18

Zwicker, J.G., 'Effectiveness of occupational therapy in remediating handwriting difficulties in primary students: cognitive versus multisensory interventions', MA thesis, University of Victoria, Canada, 2005

–, J.G., Miller, S.P., Grunau, R.E., Chau, V., Brant, R., Studholme, C. and Tam, E.W. (2016), 'Smaller cerebellar growth and poorer neurodevelopmental outcomes in very preterm infants exposed to neonatal morphine', *The Journal of Pediatrics*, 172, pp. 81–7

–, and Izadi-Najafabadi, S., 'Brain changes associated with CO-OP intervention for children with DCD', *Presentation to DCD UK conference* (London: Brunel University, 2018)

焦点 4　一份 2000 岁的家庭作业

Brashear W.M., 'A Trifle', *Zeitschrift für Papyrologie und Epigraphik* 86 (1991), pp. 231–2

Kenyon F.G., 'Two Greek school tablets', *Journal of Hellenic Studies* 29 (1909), pp. 29–40: 39–40

For tablets and papyri in the BL, see https://www.bl. uk/help/find-papyri, and in general https://www. trismegistos.org

后记　书写与大英图书馆馆藏

Attar, Karen (ed.), 'British Library', in CILIP Rare Books and Special Collections Group, *Directory ofRare Books and Special Collections in the United Kingdom and the Republic of Ireland*, third edn (London: Facet Publishing, 2016)

British Library, *Annual Report and Accounts 2016/17* (London: British Library, 2017) and online at http://www.bl.uk/aboutus/annrep/index.html, accessed 8/9/18

–, *Living Knowledge: The British Library 2015–2023* (London: British Library, 2015) and online at https://www.bl.uk/projects/living-knowledge-the british-library-2015-2023, accessed 8/9/18

Harris, Phil R., *A History of the British Museum Library, 1753–1973* (London: British Library, 1998)

Nixon, Margaret, A.E., *The British Library: Guide to the Catalogues and Indexes of the Department of Manuscripts*, third revd edn (London: British Library, 1998)

Omniglot: The Online Encyclopedia of Writing Systems and Languages, http://omniglot.com/, accessed 8/9/18

图片来源

Illustration Credits

所有图片版权归大英图书馆理事会所有，以下除外：

(a= 上，b= 下，l= 左，r= 右）

10 © 大英博物馆受托人委员会；021 Patrick Cabrol/ 派许摩尔史前考古中心 /akg-images；023 © 大英博物馆受托人委员会；027 大都会艺术博物馆，纽约；031 © 大英博物馆受托人委员会；033 © 阿什莫林博物馆，牛津大学；037，039，042，043 © 大英博物馆受托人委员会；052 梵蒂冈教廷图书馆；054a © 大英博物馆受托人委员会；054b《国家地理》图库 /Alamy Stock Photo；059 梵蒂冈教廷图书馆；079l 奥格斯堡主教管区档案馆；099r Courtesy James Mosley；108 © 大英博物馆受托人委员会；112 大都会艺术博物馆，纽约；113b © 大英博物馆受托人委员会；114 © Flavia Soprani/Dreamstime.com；118，120 Courtesy Ewan Clayton；130 Photo Stokes Photo Ltd，courtesy of the Crafts Council；143 Courtesy Ewan Clayton；145 Cardiff Council Flat Holm Project；189r © 伦敦交通博物馆，隶属伦敦交通局；194 © 徐冰工作室；196 © eL Seed；214 Jim Goldstein/Alamy Stock Photo；217 Thomas Lohnes/Getty Images；231 © Brody Neuenschwander；233 © Mark Noad，Letter Exchange；237 AF Archive/Alamy Stock Photo；242 © Sarinya Pinngam/Dreamstime.com；244 Mary Evans/SZ Photo/Scherl；253，261，264 Courtesy Angela Webb.